行业会计比较
(第2版)

韩兴国 主编

清华大学出版社
北　京

内 容 简 介

本书结合高职高专教育的特点和教学要求,以最新的《企业会计准则》《政府会计准则》和《小企业会计准则》为依据编写而成。本书按照项目化教学课改思路进行编写,共有8个教学项目,分别介绍行业认知、政府会计核算、商品流通企业会计核算、施工企业会计核算、房地产开发企业会计核算、运输企业会计核算、餐饮旅游服务业会计核算、农村集体经济组织及农民专业合作社会计核算等。本书以行业为背景,以特色经济业务为内容,以与其他行业特别是工业企业比较为主要方法,循序渐进,突出应用性与实践性。另外,各项目均设有能力(知识、素质、思政)目标、任务引入、任务小结、任务考核等,有利于学生更好地掌握理论知识,提高实践能力。

本书既可以作为高职高专院校会计学专业、财务管理专业及其他管理类专业的教学用书,也可以作为各类经济管理人员及自学者的学习用书。

本书封面贴有清华大学出版社防伪标签,无标签者不得销售。
版权所有,侵权必究。举报: 010-62782989,beiqinquan@tup.tsinghua.edu.cn。

图书在版编目(CIP)数据

行业会计比较 / 韩兴国主编. —2版. —北京: 清华大学出版社,2022.8
ISBN 978-7-302-61293-3

Ⅰ. ①行… Ⅱ. ①韩… Ⅲ. ①部门经济—会计—对比研究—高等职业教育—教材 Ⅳ. ①F235-03

中国版本图书馆CIP数据核字(2022)第113813号

责任编辑: 高 屾
封面设计: 孔祥峰
版式设计: 思创景点
责任校对: 马遥遥
责任印制: 朱雨萌

出版发行: 清华大学出版社
  网 址: http://www.tup.com.cn, http://www.wqbook.com
  地 址: 北京清华大学学研大厦A座 邮 编: 100084
  社 总 机: 010-83470000 邮 购: 010-62786544
  投稿与读者服务: 010-62776969, c-service@tup.tsinghua.edu.cn
  质 量 反 馈: 010-62772015, zhiliang@tup.tsinghua.edu.cn
印 装 者: 三河市少明印务有限公司
经 销: 全国新华书店
开 本: 185mm×260mm 印 张: 17 字 数: 446千字
版 次: 2017年1月第1版 2022年8月第2版 印 次: 2022年8月第1次印刷
定 价: 58.00元

产品编号: 090462-01

第2版前言

2019年1月国务院印发的《国家职业教育改革实施方案》指出：职业教育与普通教育是两种不同教育类型，具有同等重要地位。其明确了建立健全学校设置、师资队伍、教学教材、信息化建设、安全设施等办学标准，引领职业教育服务发展，为服务现代制造业、现代服务业、现代农业发展和职业教育现代化提供制度保障与人才支持。教育部等九部门于2020年9月印发的《职业教育提质培优行动计划(2020—2023年)》，提出实施职业教育"三教"改革攻坚行动，加强职业教育教材建设，完善职业教育教材规划、编写、审核、选用使用、评价监管机制，对接主流生产技术，注重吸收行业发展的新知识、新技术、新工艺、新方法，校企合作开发专业课教材。在国家和省级规划教材不能满足教学的情况下，鼓励职业学校编写反映自身特色的专业教材。中共中央办公厅、国务院办公厅于2021年10月印发的《关于推动现代职业教育高质量发展的意见》，提出改进教学内容与教材，完善"岗课赛证"综合育人机制，按照生产实际和岗位需求设计开发课程，开发模块化、系统化的实训课程体系，提升学生实践能力，及时更新教学标准，将新技术、新工艺、新规范、典型生产案例及时纳入教学内容。

2019年3月18日，习近平总书记在学校思想政治理论课教师座谈会上进一步强调，我们党立志于中华民族千秋伟业，必须培养一代又一代拥护中国共产党领导和我国社会主义制度、立志为中国特色社会主义事业奋斗终身的有用人才。为完成以立德树人为根本，以报国强国为己任的办学指导思想，本书将思政元素融入课程内容，探索思政课程向课程思政的转变途径。

为了适应新的形势，编者以《企业会计准则》《小企业会计准则》《政府会计准则》为依据，结合自己长期的教学及社会实践编写了本书。本书按照项目化教学课改思路进行编写，以业务介绍与财务核算相结合，实现初步业财融合。本书共有8个教学项目，每个项目设有一个项目情境，引入一项思政元素。本书适用于各类财经类院校最后一学期所开设的课程，特别是针对高职高专院校大三学生，同时，对于刚参加工作的会计人员也有借鉴作用。本书充分考虑了职业教育的特点和时代特征，注重理论知识与实际操作的紧密结合，以应用能力的培养为主线，帮助学生尽快适应各行业用人单位要求。本书具有以下特点：

(1) 深入贯彻《国家职业教育改革实施方案》精神，符合工学结合的要求，突出应用性，强化操作性，以提高解决实际问题的能力；

(2) 内容上以行业为依托，以就业为导向，结合"双证书"培养，突出服务业；

(3) 立足岗位，注重培养岗位技能；

(4) 结构安排上，以"理论结合实践"为原则。

第二版在保持第一版图书特色的基础上，更新了部分案例；同时，针对增值税改革，更新了增值税税率的计算部分。为了贯彻落实教育部印发的《高等学校课程思政建设指导纲要》，把思想政治教育贯穿人才培养体系，全面推进高校课程思政建设，发挥好每门课程的育人作用，提高高校人才培养质量，本书增设了"思政目标""思政小天地"和"项目情境"板块，引导学生了解各行业发展情况，更加坚定中国道路自信，培养其为经济发展做贡献的工匠精神。

为了方便教师教学，本书提供丰富的教学资源，包括PPT电子教学课件、配套习题答案等。教师可通过扫描右侧二维码获取。

教学资源

本教材由辽宁金融职业学院会计学院韩兴国负责编写，在编写过程中借鉴了有关专家的理论和观点，参阅了有关的书籍和资料，在政府会计、商品流通企业会计、房地产开发企业会计部分，辽宁省气象局姬晓慧、沈阳中城集团杨松、辽宁利盟国资有限公司刘鹏给出了具体意见，在此一并表示衷心的感谢。

由于编者水平有限，书中疏漏和不当之处在所难免，恳请广大读者批评指正。

编 者

2022年4月

目录

项目一 行业认知 ……………………………… 1
  任务 行业差异比较 ……………………… 3
    一、我国现行行业划分 ………………… 3
    二、行业会计核算与企业会计准则 …… 5
    三、各行业会计核算的总体差异 ……… 5
    四、行业会计比较的项目安排 ………… 7
    五、如何学习行业会计比较 …………… 8

项目二 政府会计核算 …………………………… 11
  任务一 部门预算业务 …………………… 13
    一、预算法律制度的构成 ……………… 13
    二、部门预算 …………………………… 14
    三、国家预算的级次划分及构成 ……… 14
    四、预算收入与预算支出 ……………… 15
    五、预算组织程序 ……………………… 16
    六、决算 ………………………………… 19
    七、违法责任 …………………………… 20
  任务二 政府采购与国库集中支付
        业务 …………………………… 22
    一、政府采购法律制度的构成 ………… 22
    二、国库集中支付 ……………………… 26
  任务三 政府会计业务 …………………… 31
    一、政府会计概述 ……………………… 31
    二、主要资产业务会计核算 …………… 37
    三、主要负债业务核算 ………………… 47
    四、收入与预算收入 …………………… 49
    五、费用与支出 ………………………… 51
    六、期末盈余及结余核算 ……………… 53

项目三 商品流通企业会计核算 ……………… 60
  任务一 商品流通会计业务 ……………… 61
    一、商品流通企业会计 ………………… 62
    二、商品流通企业的会计核算方法 …… 63
    三、商品流通企业会计科目表 ………… 64
  任务二 批发企业会计核算 ……………… 66
    一、商品购进业务的核算 ……………… 66
    二、批发企业商品销售核算 …………… 73
    三、批发企业商品储存的核算 ………… 82
  任务三 零售企业会计核算 ……………… 85
    一、零售企业商品购进业务的核算 …… 85
    二、零售企业商品销售的核算 ………… 89
    三、零售商品储存的核算 ……………… 94
  任务四 鲜活商品会计核算 ……………… 98
    一、鲜活商品购进的核算 ……………… 99
    二、商品销售的核算 …………………… 100
    三、商品储存的核算 …………………… 100

项目四 施工企业会计核算 …………………… 103
  任务一 施工企业业务 …………………… 104
    一、施工企业合同费用 ………………… 105
    二、合同成本核算 ……………………… 106
  任务二 施工成本会计核算 ……………… 112
    一、材料费用的核算 …………………… 112
    二、周转材料核算 ……………………… 115
    三、人工费用的核算 …………………… 119
    四、机械作业的核算 …………………… 120
    五、其他直接费用的核算 ……………… 123
    六、施工间接费用的核算 ……………… 124
  任务三 已完工程计算与预付款 ………… 129
    一、已完工程 …………………………… 129
    二、工程备料款核算 …………………… 131
    三、预收发包单位工程款与预付
        分包单位款 ………………………… 133
  任务四 结算工程价款 …………………… 134

一、合同收入的内容和确认条件……135
二、工程价款结算设置的主要账户…136
三、合同收入和合同费用的确认
　　方法……………………………136
四、相关会计信息的披露……………139
五、施工企业工程价款核算举例……140

项目五　房地产开发企业会计核算………144
任务一　房地产开发业务……………146
一、房地产开发企业会计核算
　　特点……………………………146
二、房地产开发企业的经营范围……147
三、房地产开发企业会计科目………148
四、房地产开发企业开发成本
　　项目……………………………149
五、账户设置和核算程序……………152
任务二　开发成本的核算……………154
一、土地开发成本核算………………155
二、房屋开发成本的核算……………158
三、配套设施开发成本的核算成本…162
四、代建工程开发成本的核算………164
任务三　开发产品核算………………166
一、房地产开发企业"营改增"……167
二、开发产品的种类及核算…………167
三、分期收款开发产品的核算………168
四、周转房的核算……………………169
五、商品房销售的处理………………171

项目六　运输企业会计核算……………176
任务一　交通运输企业业务与财务
　　　　　核算………………………178
一、运输企业…………………………178
二、运输企业会计的特点……………179
三、交通运输企业存货的种类………180
四、燃料的核算………………………181
五、轮胎的核算………………………183
六、运输收入与增值税账务处理……185
七、营业成本的核算…………………186
任务二　铁路运输企业业务与财务
　　　　　核算………………………192

一、铁路运输企业业务特点…………192
二、铁路运输企业的会计核算特点…192
三、铁路运输收入进款及营运资金的
　　会计核算………………………194
任务三　航空运输企业业务与财务
　　　　　核算………………………200
一、民航运输企业……………………200
二、民航运输企业会计………………200
三、器材收发业务的核算……………201
四、民航收入的核算…………………203
五、主营业务成本的核算……………206

项目七　餐饮旅游服务业会计核算………209
任务一　旅游业业务与财务核算……211
一、旅游餐饮服务企业会计的特点…211
二、旅行社营业收入的核算…………212
三、旅行社营业成本的核算…………215
任务二　餐饮、酒店业务与财务
　　　　　核算………………………217
一、餐饮企业营业成本的核算………218
二、餐饮企业销售结算方式…………219
三、饮食制品销售价格的确定………220
四、餐饮企业营业收入的核算………221
五、酒店营业收入的内容和收费的
　　基本方式………………………223
六、客房出租率和租金收入率………224
七、客房收入的核算…………………225
八、酒店营业成本的核算……………226

项目八　农村集体经济组织及农民专业
　　　　　合作社会计核算……………229
任务一　农村集体经济组织业务与
　　　　　财务核算…………………231
一、农村集体经济组织及会计的
　　特点……………………………231
二、应收款项类………………………235
三、库存物资…………………………236
四、农户资产类………………………236
五、固定资产核算……………………242
六、对外投资类………………………244

七、应付职工薪酬类 …………… 246
八、一事一议资金类 …………… 246
九、"公积公益金"科目 ………… 247

任务二 农民专业合作社会计核算 …………… 250
一、农民专业合作社组织会计 ……… 250
二、合作社资产的核算 …………… 253
三、合作社负债的核算 …………… 257
四、合作社所有者权益的核算 ……… 259

参考文献 ………………………………… 263

项目一 行业认知

🔍 能力目标

1. 能根据《国民经济行业分类》国家标准对社会经济组织进行分类。
2. 能根据《企业会计准则》《政府会计准则》《小企业会计准则》对社会组织会计核算进行总体划分。

🔍 知识目标

掌握各行业同工业企业会计在成本、存货管理与核算方面的总体差异。

🔍 素质目标

1. 培养将各学科知识融会贯通的素质,能将基础会计、财务会计和财务管理等课程知识更好地应用于行业实践工作。
2. 培养能应用现有知识去认识、分析和解决行业新问题的能力。

🔍 思政目标

1. 了解各行业发展数据,初步了解国家经济发展状况。
2. 通过数据增强民族自豪感,坚持发展道路自信,培养为经济发展做贡献的工匠精神。

项目情境

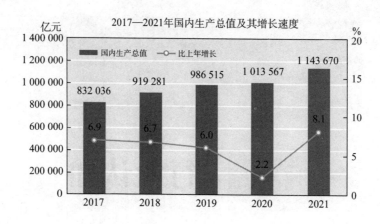

……

一、综合

初步核算,全年国内生产总值[1] 1 143 670 亿元,比上年增长 8.1%,两年平均增长[2] 5.1%。

……

二、农业

全年粮食种植面积 11 763 万公顷,比上年增加 86 万公顷……全年粮食产量 68 285 万吨,比上年增加 1 336 万吨,增产 2.0%。

……

三、工业和建筑业

全年全部工业增加值 372 575 亿元,比上年增长 9.6%。规模以上工业增加值增长 9.6%。

……

四、服务业

全年批发和零售业增加值 110 493 亿元,比上年增长 11.3%;交通运输、仓储和邮政业增加值 47 061 亿元,增长 12.1%;住宿和餐饮业增加值 17 853 亿元,增长 14.5%;金融业增加值 91 206 亿元,增长 4.8%;房地产业增加值 77 561 亿元,增长 5.2%;信息传输、软件和信息技术服务业增加值 43 956 亿元,增长 17.2%;租赁和商务服务业增加值 35 350 亿元,增长 6.2%。全年规模以上服务业企业营业收入比上年增长 18.7%,利润总额增长 13.4%。

……

八、财政金融

全年全国一般公共预算收入 202 539 亿元,比上年增长 10.7%,其中税收收入 172 731 亿元,增长 11.9%。全国一般公共预算支出 246 322 亿元,比上年增长 0.3%。全年新增减税降费约 1.1 万亿元。

……

资料来源:国家统计局《2021 年国民经济和社会发展统计公报》。

---

[1] 国内生产总值、三次产业及相关行业增加值、地区生产总值、人均国内生产总值和国民总收入绝对数按现价计算,增长速度按不变价格计算。

[2] 两年平均增速是指以 2019 年同期数为基数,采用几何平均的方法计算的增速。

思考：
1. 查询国民经济和社会发展统计公报，阐述我国经济发展的重要行业有哪些？
2. 为什么农业是第一产业？
3. 我国各行业快速发展说明了哪些问题？

任务　行业差异比较

任务引入

1. 小贺作为一名高职院校会计专业的毕业生获得了一份到某集团公司工作的面试机会，他非常重视，查阅了该集团相关资料后，怀着激动、期待而又忐忑的心情参加了面试。面试官给小贺提了一个会计方面的问题：

集团作为行业的龙头企业，在国家产业政策和社会需求引导下，为实现企业社会责任，获得更好的持续发展，目前正在转型，实行多种经营，集团涉足地产公司、商业、酒店等多个产业。如果你是我集团的会计人员，对集团各单位工作人员，如施工工人、商场营业员、酒店客房部工作人员工资的会计核算如何进行？

小贺最终成功进入了该集团工作。你认为小贺是如何回答面试官问题的？

2. 如果你已经从事出纳工作几年，有一定的工作经验，现有一个与你现在所从事行业不相关单位的会计工作岗位，你有信心应聘成功并适应工作吗？

3. 如何核算下列人员工资？教师本月工资 50 万元(事业单位)、商场售货员工资 50 万元(零售企业)、施工现场机械操作人员工作 50 万元(施工企业)、交通运输企业司乘人员工资 50 万元(运输企业)、合作社临时工工资 50 万元(专业合作社)。

一、我国现行行业划分

《国民经济行业分类》国家标准于 1984 年首次发布，分别于 1994 年、2002 年、2011 年和 2017 年进行修订，并于 2019 年进行了部分修改。修改后的行业主要包括：A. 农、林、牧、渔业；B. 采矿业；C. 制造业；D. 电力、热力、燃气及水生产和供应业；E. 建筑业；F. 批发和零售业；G. 交通运输、仓储和邮政业；H. 住宿和餐饮业；I. 信息传输、软件和信息技术服务业；J. 金融业；K. 房地产业；L. 租赁和商务服务业；M. 科学研究和技术服务业；N. 水利、环境和公共设施管理业；O. 居民服务、修理和其他服务业；P. 教育；Q. 卫生和社会工作；R. 文化、体育和娱乐业；S. 公共管理、社会保障和社会组织；T. 国际组织。

我国在"十一五"规划中明确指出，在全面发展第一、第二和第三产业经济的同时，逐步减少第一产业在国民经济中的比重，适当增加第二产业，全面提高第三产业在国民经济中的比重和地位。目前，我国把产业结构分为三类。

第一类以农业为主，所谓无农不稳，农业包括：A. 农、林、牧、渔业。

第二类以工业为主，所谓无工不强，工业包括：B. 采矿业；C. 制造业；D. 电力、热力、燃气及水生产和供应业；E. 建筑业。

第三类为服务业，所谓无商不富，除以上行业外均划为第三类服务业，第三产业分为流通和服务两部分。

《中华人民共和国 2021 年国民经济和社会发展统计公报》显示，2021 年全国国内生产总值 1 143 670 亿元，约 18 万亿美元，比上年增长 8.1%，两年平均增长 5.1%。其中，第一产业增加值 83 086 亿元，比上年增长 7.1%；第二产业增加值 450 904 亿元，增长 8.2%；第三产业增加值 609 680 亿元，增长 8.2%。第一产业增加值占国内生产总值比重为 7.3%，第二产业增加值比重为 39.4%，第三产业增加值比重为 53.3%，第三产业占比超过 50%。同期美国 GDP 总量约 23 万亿美元，中国经济总量约占美国的 79%，稳居世界第二位。

流通部门包括：F. 批发和零售业；G. 交通运输、仓储和邮政业；H. 住宿和餐饮业；I. 信息传输、软件和信息技术服务业；K. 房地产业；O. 其他服务业中的旅游业。

服务分为市场提供的服务和公共部门提供的服务，包括：J. 金融业；L. 租赁和商务服务业；M. 科学研究和技术服务业；N. 水利、环境和公共设施管理业；O. 居民服务、修理和其他服务业；P. 教育；Q. 卫生和社会工作；R. 文化、体育和娱乐业；S. 公共管理、社会保障和社会组织；T. 国际组织。

如按与经济的相关程度，以是否以营利为主要目的划分，国民经济各行业总体分为营利部门和非营利部门，营利部门一般分为以下八类。

(1) 农业，指从事农业、林业、牧业、渔业等生产经营活动的企业。农业是我国国民经济的基础，不仅提供人类生活所需的农副产品，还为工业提供原料、资金和劳动力。

(2) 工业，指从事工业性产品(或劳务)生产经营的企业，主要包括采掘、自来水、电力煤气等企业。工业企业在国民经济中起主导作用，是国民经济生产的物质技术基础。

(3) 商品流通企业，指专门负责组织各类商品流通的企业，主要包括商业、粮油、供销、医药及图书发行等。商品流通企业在国民经济中起着十分重要的作用，是连接生产、分配和消费之间的桥梁和纽带。

(4) 旅游餐饮服务业，是指以旅游资源及服务设施为条件，向消费者提供劳务的服务性企业，主要包括旅游、餐饮、宾馆、娱乐、美发、洗染及照相等。旅游业是集交通运输、工业、商业等为一体的行业，它的大力发展必将带动其他行业的发展，旅游餐饮服务业已成为国民经济中的一支重要力量。

(5) 交通运输业，指利用交通工具专门从事运输生产或直接为运输生产服务的企业，包括公路、铁路、水路、航空及邮电通信企业，只有通过交通运输业其他行业的产品才能进入生产和消费领域。

(6) 建筑安装业，又称施工企业，指从事土木建筑工程、安装工程的企业，主要包括建筑、安装和装饰等公司。建筑安装业的产品是其他部门生产和人类生活的必要条件。

(7) 房地产开发企业，是从建筑安装业分离出来的新兴行业，指从事房地产开发、经营、管理和服务的企业，经营范围包括规划设计、土地开发、工程施工、销售和物业管理等多个方面。

(8) 金融保险业，指专门经营货币和信用业务的企业，主要包括银行业、证券业和保险业。金融保险业通过信用中介，把社会各方面的资金汇集起来，提供给需要的企业使用，提高全社会资金的使用效率，满足经济发展对资金的需求。我国的金融保险业正处于起步阶段，其发展较快，为各行业的发展提供了重要的资金支持。

我国的非营利组织包括两类：一类是教育、科技、文化、体育、卫生、广播、社会福利等非营利性事业组织；另一类是为社会公共服务的国家、党政机关，社会团体及军队等行政机构。

二、行业会计核算与企业会计准则

在我国，现行的会计体系总体可以划分为两类，一类是非营利组织会计，包括政府会计和民间非营利组织会计，是现代会计中与企业会计相对应的另一分支，是适用于各级政府部门、行政单位和各类非营利组织的会计体系。政府与非营利组织不以营利为目的，一般不直接生产物质产品，而是通过各自的业务(服务)活动，为上层建筑、生产建设和人民生活服务，该类会计以 2017 年 1 月 1 日实施的《政府会计准则》及 2019 年 9 月 1 日财政部印发的《政府会计制度》为依据。另一类是企业会计，企业会计核算依据有两个，《企业会计准则》于 2007 年 1 月 1 日开始实施，针对各行业(不对外筹集资金、经营规模较小的企业，以及金融保险企业除外)会计核算的共性部分制定了一套通用的、统一的会计规范，对各行业会计的确认、计量、记录、报告全过程做出了规定。《企业会计准则》在强调企业会计核算共性要求的同时，适度地照顾到了一些行业特色。《小企业会计准则》于 2011 年 10 月 18 日由中华人民共和国财政部以财会〔2011〕17 号文件形式印发，其适用于在中国境内设立的不对外筹集资金、经营规模较小的企业。这里的"不对外筹集资金"是指不公开发行股票和债券，"经营规模较小则是指《中小企业标准暂行规定》中界定的小企业，不包括以个人独资及合伙形式设立的小企业"。三部会计准则不可能也没有必要对所有行业的会计核算做出具体详细的规定，各行业的特殊性与其行业在国民经济中的地位和作用紧密联系在一起，有些行业制定并保留了有自己特色的会计核算制度，行业会计在进行会计核算时应注意以下两点。

1. 所提供的会计信息必须符合《企业会计准则》的规定

会计信息的社会化是市场经济对企业统一会计信息的要求，不同企业之间的会计信息要有可比性，包括：各会计要素的划分及命名；会计报表的名称、格式、内容及编制方式；会计要素的确认与计量都必须符合《企业会计准则》的标准。企业应当按照企业会计准则及其指南规定，设置会计科目进行财务处理，在不违反会计准则的确认、计量和报告规定的前提下，可以根据本单位实际情况自行增设、分拆、合并会计科目，企业不存在的交易或事项，可以不设相关会计科目，对于明细科目，企业可按附录中的规定自行设置。这项规定实质上给各个行业企业会计核算提供了一定的空间，也更符合企业经营业务对会计核算的共性要求。

2. 会计信息必须能够全面反映各行业生产经营的特点

在体现共性的同时，为体现行业管理的特殊需要，行业会计在符合《企业会计准则》的前提下，还要充分反映各行业本身的特点。新《企业会计准则》不可能也没有必要对所有行业的会计核算做出具体详细的规定，因此在保证《企业会计准则》权威性的前提下，保留和废止了部分行业会计制度，形成有合有分、分合适度的会计核算体系。

三、各行业会计核算的总体差异

我国的行业会计比较是在 20 世纪 60 年代国外会计比较研究与发展的基础上形成的，比较会计是以世界各国的会计理论与实务为研究对象，运用比较的方法研究两个或两个以上国家会计理论和实务之间的差异和相互影响，以促进各国会计的协调和会计国际化，以理论研究为重点，有利于加强国际经济交流与合作，促进资本跨国投资。

行业会计比较只是比较会计的一个分支，它是通过不同行业会计特殊核算内容和特殊核算方法，阐明其相同、相似和相异之处，以提高不同行业特殊业务的会计信息的相关性。行业会计比较就是基于这一点，立足于统一会计思想的基础上，拓宽会计领域，以适应企业多元化、集团化经营的需要。本书从以下几个方面介绍行业会计的特点。

(一) 会计核算对象的差异

会计对象是社会再生产过程中能以货币表现的资金及其运动。凡是特定主体能够以货币表现的资金运动，都是会计核算和会计监督的内容，也就是会计的对象。具体来说，会计对象是指企事业单位在日常经营活动或业务活动中所表现出的资金运动，即资金运动构成了会计核算和会计监督的内容，由于各行业的经济活动、业务范围和职责权限不同，会计核算和监督的内容也必然不同：商品流通企业包括批发与零售业务，其会计核算对象包括批发企业商品流转核算、零售企业的商品流转核算等内容。施工企业包括建筑工程、安装工程、修缮工程、装饰工程和其他工程作业等，会计核算对象包括合同成本核算、工程价款结算等核算内容。工业企业有生产，商品流通企业无生产，服务业有产品及服务，村集体有农业资产，每个行业都有自身的特殊核算对象。

(二) 会计要素、会计等式的差异

企业会计要素包括资产、负债、所有者权益、收入、费用和利润，而政府会计要素包括财务会计要素和预算会计要素。财务会计要素包括资产、负债、净资产、收入和费用。预算会计要素包括预算收入、预算支出和预算结余。

企业会计基本等式为

$$资产＝负债＋所有者权益$$

政府会计基本等式为

$$资产－负债＝净资产$$

$$预算收入－预算支出＝预算结余$$

由于行政事业单位的非营利性质、本身业务活动较为简单，以及纳入财政预算管理等管理要求，政府会计具有明显区别于企业会计的特点。

(三) 存货核算上的差异

由于不同行业的企业从事不同的生产经营活动需要有不同类型的存货，因此，存货比较能够反映行业生产经营的特点。工业企业的存货成本包括买价、运杂费、税金、挑选整理费等内容，而商业企业的存货更多地体现为所购进待销售的各项商品，因此商业企业存货成本按进价或售价来记录，进价即买价，不含其他费用，售价即含销售税金的销售价格；施工企业如果实行甲方供料，将有大宗材料物资的核算，工业企业对于材料采购成本在会计核算上要求将购入材料所发生的各项直接支出计入相应材料采购成本；而施工企业的建设物资由于采购程序比较复杂，采购费用较高，专设了相应会计科目(如"采购保管费"科目)核算各项采购支出，并在一定的期间内合理摊销到各项材料的采购成本中。

(四) 成本费用核算方面的差异

制造业成本费用项目一般包括料、工、费三个项目，而施工企业由于工程项目的长期性和复杂性，其成本费用一般包括工程施工过程中所耗用的原材料、人工费、机械使用费、其他直接费及施工管理费用等，两者相比较，施工企业由于有较多的机械作业，因此在成本费用中单列出机械使用费。商业企业、运输企业由于没有生产的产品，人工费用直接计入损益，餐饮企业由于产品的特殊性，通过损益科目来核算成本，而合作社人工费用分为社员和非社员工资，非社

员工资通过成员往来核算。

(五) 收入确认方法的差异

按照权责发生制的要求，工业企业、商业企业是在转移产品的所有权时确认收入的实现，但有相当大部分的餐饮服务业只能按收付实现制来确认收入的实现，行政事业单位的收入一般按收付实现制来确认，施工企业由于周期长，如果合同结果能够可靠估计，一般采用完工百分比法确认收入。

(六) 固定资产确认及核算方法的差异

企业固定资产价值认定标准为2 000元，行政单位固定资产认定标准为1 000元，村集体组织固定资产价值认定标准为500元。由于企业性质的特殊性，行政事业单位对资产有特殊的规定，比如高校的图书档案作为固定资产来管理，可以不计提折旧。对于村集体牲畜资产，对成龄前后的饲养支出会计核算方法不相同，在折旧上要求也不一致。

(七) 财务管理上的差异

由于不同行业的行业特征及企业控制的重点不同，其财务管理亦有区别。

1. 融资财务管理的差异

相对于工业企业而言，施工企业产品实施的周期长，产品占用的资金较多，对于筹资成本，施工企业远比工业企业关注，因此施工企业的预算分析控制均包括财务费用分析，而工业企业的预算分析较少有财务费用分析的内容。

2. 固定资产财务管理的差异

工业企业、商业企业、旅游餐饮服务企业固定资产的财务管理较多注重固定资产的日常维护与更新，相对于其他企业而言，施工企业的固定资产有更多的租赁行为，因此固定资产的财务管理还包括自有资产与租入资产、融资租赁与经营租赁的管理，以及闲置资产的出租利用等。

3. 存货财务管理的差异

工业企业、商业企业、旅游餐饮服务企业对存货的财务管理除了日常的收、发、存控制外，还包括提高存货的周转利用率、减少存货的资金占用比率。施工企业对存货的财务管理除了上述企业财务管理的要求外，还突出表现在对施工过程材料、周转材料，尤其是无价值材料(摊销完的材料)的管理控制。

4. 往来款项管理的差异

工业企业、商业企业对于应收款项远比其他行业关注，也更容易采取相关的收款政策影响应收款。对于应付款项，各行业采取的方法及影响效果相差不大，均根据企业实际而定。

四、行业会计比较的项目安排

根据高职会计专业的专业设置情况及就业、考试需求，本教材的主要内容包括政府会计、商品流通企业会计、施工企业会计、房地产开发企业会计、运输企业会计、旅游餐饮服务企业会计、农村集体经济组织与农民专业合作社会计等内容，重点阐述了各行业成本、收入的典型会计核算方法，由于一些学校单独开设了"金融企业会计"或"银行会计学"课程，本书省去了该部分内容。

1. 政府会计

为应对学生助理会计师考试，本书增加了政府会计内容，介绍了相关法律法规及政府会计要素及会计科目设置，包括预算制度、政府采购制度、国库集中收付制度，以及政府会计财务核算与预算核算。

2. 商品流通企业会计

商品流通企业会计的内容包括商品流通企业会计核算的基本知识、批发企业商品流转核算、零售企业的商品流转核算三大部分内容，重点介绍了商品购进、商品销售、商品储存三大环节核算，全面系统地介绍了批发企业会计核算常用的进价金额核算法和零售企业会计核算中常用的售价金额核算法。

3. 施工企业会计

施工企业会计的内容是以《企业会计准则第15号——建造合同》和《施工企业会计核算办法》为依据编写的，主要包括施工企业的基本知识、合同成本核算、工程结算等核算内容，介绍了施工企业会计核算的特点和内容，重点介绍了合同成本的分类、核算对象、核算程序、核算方法等，包括施工企业原材料、周转材料、人工费用、辅助生产费用、机械作业、临时设施等会计科目的核算内容及方法。该部分还将工程结算部分作为财务会计的拓展，详细介绍了合同收入、合同费用的确认方法及账务处理，对"营改增"后的会计核算进行了适当探索。

4. 房地产开发企业会计

房地产开发企业会计的内容主要介绍开发产品成本，包括土地开发成本、房屋开发成本、配套设施开发成本、待建工程开发成本，以及每个成本下土地征用及拆迁补偿费、前期工程费、建筑安装工程费、基础设施费、公共配套设施费、开发间接费用6个成本项目的归集和分配，同时，对"营改增"后的会计核算及预售款方式销售房地产收入账务处理进行了适当分析。

5. 运输企业会计

运输企业会计的内容主要介绍交通运输企业会计核算方法，重点介绍存货、燃料、轮胎、运输收入和营运成本的核算。

6. 旅游餐饮服务企业会计

旅游餐饮服务企业会计的内容介绍了旅游餐饮服务企业会计核算对象的多样性、成本核算的特殊性和货币结算的涉外性等特点；介绍了旅游企业营业收入与营业成本的核算；介绍了"领料制"和"以存计销"两种餐饮企业饮食品成本计算方法，重点介绍了"销售毛利法"和"成本加成法"两种食品定价方法；介绍了酒店业房屋出租率和租金收入率的计算及二者的关系；介绍了"营改增"后对服务业特别是旅游业营业额及销项税的计算的特殊方法。

7. 农村集体经济组织与农民专业合作社会计

农村集体经济组织与农民专业合作社会计的内容介绍了这两类经济组织的特点，重点介绍了相关会计科目的设置及重点科目的会计核算，包括农业资产、对外投资、一事一议资金、专项应付款、应付盈余、内部往来或成员往来等科目核算。

五、如何学习行业会计比较

1. 带着任务学

针对大三学生毕业实习方向，建议其带着任务选择行业认真学习，比如想考取助理会计师，就要对事业单位会计核算进行认真学习，学完该章节，可基本掌握5分考试题，如果想到商业企业就业，就要认真学习流通企业会计。

2. 分清核算对象

行业会计重点讲述的是各行业与工业企业会计核算的区别，不同的会计核算对象，会计核算方法一定不相同。

3. 掌握处理方法

对于没有生产过程的经营企业(如商品流通企业和酒店业都没有生产的产品)，可以通过销售费用核算大量的人工费，但不代表所有人工费都通过销售费用核算。

4. 比较分析

本书介绍了商品进销差价率、采购保管费分配率、毛利率、成本加成率等专门方法，以及商品采购、物资采购、工程施工等大量新会计科目，注意与工业企业相似方法与科目做比较分析。

任务小结

无农不稳，无工不强，无商不富。在我国，目前把产业结构分为三类：第一类为农业，第二类为工业，第三类为服务业。行业总体分为经济部门和非经济部门，经济部门一般分为工业、农业、商品流通企业、旅游餐饮服务业、交通运输业、建筑安装业、房地产开发企业、金融保险业。非经济部门包括两类，一类是非营利性事业组织，另一类是国家、党政机关，社会团体及军队等行政机构。以是否以营利为主要目的划分，国民经济各行业总体分为营利部门和非营利部门，现行的会计总体可以划分为两类，一类是预算会计，也称非营利组织会计，另一类是企业会计。

《企业会计准则》在强调企业会计核算共性要求的同时，适度地照顾到了一些行业特色，《小企业会计准则》适用于在中国境内设立的不对外筹集资金及经营规模较小的企业。《政府会计准则》适用于政府与事业单位会计核算，三部准则不可能也没有必要对所有行业的会计核算做出具体详细的规定。

我国的行业会计比较是在20世纪60年代国外会计比较研究与发展的基础上形成的，由于各行业的经济活动、业务范围和职责权限不同，会计核算和监督的内容也必然不同，表现在会计核算对象、会计要素、会计等式、存货、成本、收入、固定资产及财务管理上的差异。

任务考核

一、填空题

1. 目前我国把产业结构分为三类：第一类以(　　)为主，包括林业、牧业、渔业。第二类以(　　)为主，包括制造业、采掘、自来水、电力、蒸汽、热水、煤气、建筑等行业。第三类为(　　)。
2. 我国的行业会计比较是在20世纪60年代国外(　　)研究与发展的基础上形成的。
3. 各行业运用的会计可以分为两类，一类是(　　)，另一类是(　　)。
4. 政府的会计要素包括(　　)和(　　)两类。
5. 一般情况下，企业固定资产价值认定标准为(　　)元，行政单位固定资产认定标准为(　　)元，村集体组织固定资产价值认定标准为(　　)元。
6. 商业企业存货成本按(　　)或(　　)来记录。

7. 商业企业、运输企业由于没有生产的产品，人工费用直接计入(　　)。
8. 行政事业单位的收入一般按(　　)来确认。
9. 高校的(　　)作为固定资产来管理，可以(　　)。

二、选择题

1. 行业会计在进行会计核算时应注意(　　)。
   A. 必须符合《企业会计准则》的规定　　B. 全面反映各行业生产经营的特点
   C. 符合管理者的特定要求　　D. 符合所有者的管理需求
2. 各行业会计上的差异主要表现在(　　)。
   A. 会计核算对象上的差异　　B. 财务管理上的差异
   C. 收入的差异　　D. 会计要素的差异
3. 目前我国颁布的会计准则有(　　)。
   A. 《企业会计准则》　　B. 《事业单位会计准则》
   C. 《小企业会计准则》　　D. 《行政单位会计准则》

任务拓展

知识链接

由于行业的特殊性，交通运输企业对汽油、柴油等燃料的核算通过专用会计科目"燃料"来进行，根据不同的燃料领用制度，采取"满油箱制"和"盘存制"两种会计核算方法，"满油箱制"要求月末加油时加满油箱，使油箱期初、期末车存燃料是一个固定数。

关键词汇中英对照

工业企业会计	Industrial Enterprise Accounting
行政单位会计	Accounting of Governmental Units
事业单位会计	Accounting for Non-profit Organizations
商品流通企业会计	Accounting of Commercial Enterprises
施工企业会计	Accounting of Construction Enterprises
房地产开发企业会计	Real Estate Accounting
运输企业会计	Transport Enterprise Accounting
旅游餐饮服务业会计	Tourism catering service accounting
专业合作社会计	Accounting of Professional Cooperatives

项目二 政府会计核算

🔍 能力目标

1. 能够根据预算法简单做出预算单位收入、支出预算。
2. 能够根据《中华人民共和国政府采购法》完成预算单位政府采购工作。
3. 能够根据《政府会计准则》《政府会计制度》完成预算单位财务会计核算。

🔍 知识目标

1. 掌握预算收入种类、预算编制流程,掌握预算管理权限。
2. 掌握政府采购执行方式、采购方式、当事人与账户体系。
3. 掌握预算单位会计要素、会计科目及其对应的主要经济业务。

🔍 素质目标

1. 培养学生根据收入合理安排支出的量入为出、注重绩效的素质。
2. 培养学生遵守法律,严格执行法律、法规、规章制度的素质。
3. 培养学生根据财务数据理解预算单位经济状况及社会服务能力的素质。

🔍 思政目标

1. 培养学生不忘初心,以人民为中心的根本立场。
2. 培养学生厉行节约的生活作风。
3. 培养学生"修身,齐家,治国,平天下"的道德情怀。

🔍 思政小天地

1.《礼记》中指出:"凡事预则立,不预则废。"《论持久战》中指出:"没有事先的计划和准备，就不能获得战争的胜利。"事预则立，谋而后动，可见做预算在政府工作中极为重要。

2.《礼记》中指出："古之欲明明德于天下者，先治其国；欲治其国者，先齐其家；欲齐其家者，先修其身；欲修其身者，先正其心；欲正其心者，先诚其意；欲诚其意者，先致其知，致知在格物。物格而后知至，知至而后意诚，意诚而后心正，心正而后身修，身修而后家齐，家齐而后国治，国治而后天下平。"政府财务工作者必先修身正心。

🔍 项目情境

付刚和付强两兄弟同时大学毕业。付刚进入一家国有企业采购部工作，而付强通过考试成为一名国家审计部门的公务员，两人单位同时需要采购一批电脑。付刚通过到三好街电脑经销商处询价，比较配置，最终采购了一批配置较好、价格较高的电脑；弟弟也想通过同样的办法采购单位的电脑，他的想法却遭到了领导的批评。同样是采购电脑，为什么不能像哥哥单位一样采购电脑呢，付强心中充满了疑惑。

思考：
1. 为什么哥哥的做法可行，弟弟的做法却行不通？
2. 弟弟应该如何实施采购行为？
3. 你认为在采购的过程中有哪些风险管控点？

🔍 会计核算流程图

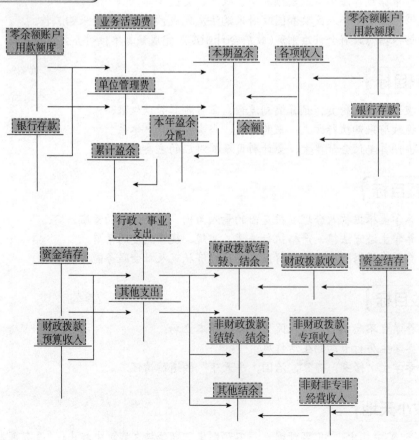

任务一 部门预算业务

任务引入

表 2-1 为某市某一年的经费定额标准，适用于纳入预算管理的单位。国家预算是指经法定程序批准的，国家在一定期间内预定的财政收支计划，是国家进行财政分配的依据和宏观调控的重要手段。国家预算作为财政分配和宏观调控的主要手段，具有分配、调控和监督职能。国家预算的作用是国家预算职能在经济生活中的具体体现，通过国家预算的编制和执行，便于掌握国民经济的运行状况、发展趋势及出现的问题，从而采取对策措施，促进国民经济稳定协调发展。

表 2-1 经费定额标准表

20××年公用经费、车辆经费定额标准表

项目	单位	定额标准/万元
公用经费(万元/人)	人大、市委、政府、政协	2.5
	行政单位	1.5
	参公事业单位	1.2
	事业单位	0.8
	法院	2.6
	检察院	3.3
	公安局	2.9
	司法局	2.1
车辆经费(万元/辆)	所有预算单位	3
离休人员公用经费(万元/人)	副处级以上	0.12
	一般离休干部	0.1

一、预算法律制度的构成

预算可以规范政府收支行为，强化预算约束。预算法律制度是国家经过法定程序制定的，用以调整国家预算关系的法律、行政法规和相关规章制度。我国的预算法律制度主要由《中华人民共和国预算法》《中华人民共和国预算法实施条例》及有关国家预算管理的其他法规制度构成。

(一)《中华人民共和国预算法》

预算法是财政法律制度的核心，是民主的财政法治国家的基石。1951 年国务院颁布了《预算决算暂行条例》，沿用了 40 年。1991 年国务院发布了《国家预算管理条例》。1994 年第八届全国人民代表大会第二次会议通过了《中华人民共和国预算法》(以下简称《预算法》)，自 1995 年 1 月 1 日起施行。2018 年 12 月 29 日第十三届全国人民代表大会常务委员会第七次会议通过第十三届全国人民代表大会常务委员会第七次会议决定，对《中华人民共和国预算法》做出修改。《中华人民共和国预算法》是我国第一部财政基本法律，是我国国家预算管理工作的根本性法律,是制定其他预算法规的基本依据。

(二)《中华人民共和国预算法实施条例》

为保证《预算法》的有效实施,《中华人民共和国预算法实施条例》于1995年11月22日经国务院第三十七次常务委员会通过,其对预算法中的有关法律概念、预算管理方法和程序做了更为详细的解释和具体规定。《中华人民共和国预算法实施条例》对规范政府的财政预算起到了重要作用,使我国的政府财政预算纳入法制轨道。2020年8月,国务院总理李克强签署国务院第729号令,对条例进行修订,自2020年10月1日起施行。

二、部门预算

实行部门预算是提高财政工作质量的重要环节,是建立公共财政框架的关键性措施,是市场经济国家实行财政预算管理的基本组织形式。一是部门作为预算编制的基础单元,财政预算从部门编起,从基层单位编起;二是财政预算要落实到每一个具体部门,预算管理以部门为依托,改变财政资金按性质归口管理的做法,将各类不同性质的财政性资金统一编制到使用这些资金的部门;三是部门本身要有严格的资质要求,限定直接与财政发生经费领拨关系的一级预算会计单位为预算部门。因此,部门预算可以说是一个综合预算,既包括行政单位预算,又包括其下属的事业单位预算;既包括正常经费预算,又包括资本性支出预算;既包括预算内收支计划,又包括预算外收支计划和部门其他收支计划。

三、国家预算的级次划分及构成

我国国家预算级次结构是根据国家政权结构、行政区域划分和财政管理体制的要求而确定的,实行一级政府一级预算,共分为5级预算,具体包括:中央预算;省(自治区、直辖市)政府预算;地市(自治州)政府预算;县(自治县、旗、市)政府预算;乡(镇)政府预算。国家预算的构成由以下4个部分组成。

(一) 中央预算

中央预算是中央政府的年度财政收支计划,是国家预算的重要组成部分,它规定中央财政各项收入来源和数量、中央财政支出的各项用途和数量,反映中央的方针政策。

(二) 地方预算

地方预算是地方各级政府的年度财政收支计划,也是国家预算的重要组成部分。地方预算的构成与其政权构成一致,我国地方预算由省(自治区、直辖市)、省辖市(自治州、直辖市辖区)、县(自治县、市、旗)、乡(镇)4级组成。

(三) 总预算

总预算是指政府的财政汇总预算。按照国家行政区域划分和政权结构可相应划分为各级次的总预算,如我国中央总预算、省(自治区、直辖市)总预算、市总预算、县总预算等。国家总预算根据中央各部门预算和地方预算汇编而成,包括中央预算和地方预算。

(四) 部门单位预算

部门单位预算是指部门、单位的收支预算。部门预算是由政府各部门编制的,是反映政府各部门所有收入和支出情况的政府预算。部门预算的实施,加强了预算管理,增强了政府工作的透明度,是防止腐败的重要手段和预防措施,是当前财政改革的重要内容。单位预算是国家预算的基本组成部分,是各级政府的直属机关就其本身及所属行政、事业单位的年度经费收支所汇编的预算。

全国预算由中央预算和地方预算组成,地方预算由各省、自治区、直辖市总预算组成。地方各级总预算由本级预算和汇总的下一级总预算组成;下一级只有本级预算的,下一级总预算即指下一级的本级预算。

四、预算收入与预算支出

预算由预算收入和预算支出组成,预算包括一般公共预算、政府性基金预算、国有资本经营预算、社会保险基金预算。一般公共预算是对以税收为主体的财政收入,安排用于保障和改善民生、推动经济社会发展、维护国家安全、维持国家机构正常运转等方面的收支预算。

(一) 预算收入

预算收入指在预算年度内通过一定的形式和程序,有计划地筹措到的归国家支配的资金,是实现国家职能的财力保证。根据我国《预算法》的规定,一般公共预算收入包括税收收入、行政事业性收费收入、国有资源(资产)有偿使用收入、转移性收入和其他收入。

1. 税收收入

税收收入是指国家依据其政治权力向纳税人强制征收的收入,具有强制性、无偿性和固定性三大特征。税收收入是国家按照预定标准,向经济组织和居民无偿地征收实物或货币所取得的一种财政收入,是国家预算资金的重要来源。目前,我国财政收入中绝大部分都是依靠税收收入而取得的。在我国的税收收入结构中,流转税和所得税居于主体地位。

2. 行政事业性收费收入

行政事业性收费收入是指国家机关、事业单位、代行政府职能的社会团体及其他组织根据法律、行政法规、地方性法规等有关规定,依照国务院规定程序批准,在向公民、法人提供特定服务的过程中,因按照成本补偿和非营利原则向特定服务对象收取一定费用而获得的。

3. 国有资源(资产)有偿使用收入

国有资源和资产有偿使用收入包括国有自然资源有偿使用收入、社会公共资源有偿使用收入和行政事业单位国有资产有偿使用收入。

4. 转移性收入

转移性收入是指国家、单位、社会团体对居民家庭的各种转移支付和居民家庭间的收入转移,包括:政府对个人收入转移的离退休金、失业救济金、赔偿等;单位对个人收入转移的辞退金、保险索赔、住房公积金、家庭间的赠送和赡养等。

5. 其他收入

其他收入是指除上述各项收入以外的纳入预算管理的收入。

(二) 预算支出

一般公共预算支出按照其功能分类,包括一般公共服务支出,外交、公共安全、国防支出,农业、环境保护支出,教育、科技、文化、卫生、体育支出,社会保障及就业支出和其他支出。一般公共预算支出按照其经济性质分类，包括工资福利支出、商品和服务支出、资本性支出和其他支出。

五、预算组织程序

国家预算和各级地方预算由中央和地方各级政府财政部门编制，一般采取自上而下和自下而上相结合的办法。从法定程序看，由国务院下达关于编制下一年度预算草案的指示和要求，各省(自治区、直辖市)和中央各部门根据指示和要求，结合本省和本部门实际，编制本省、本部门预算草案，在规定的时间内上报财政部；财政部汇总编制出国家预算草案，并附文字说明。预算草案是指各级政府、各部门、各单位编制的未经法定程序检查和批准的预算收支计划。

(一) 预算年度

预算年度又称财政年度或会计年度，是编制政府预算时规定的收支起止期限，通常为一年。目前，世界各国普遍采用的预算年度有两种：一种是历年制预算年度，即从每年的 1 月 1 日起至同年的 12 月 31 日止。另一种是跨年制预算年度，即人为地确定一个预算年度的起止日期，从某年某月某日起至次年某月某日止。预算收入和预算支出以人民币元为计算单位。

(二) 部门预算编制流程

部门预算编制采取"两上两下"的标准程序(见图 2-1)。部门预算从基层编起，部门负责审核、汇总、分析与综合，在此基础上编制部门收支预算建议计划并报同级财政部门审核。财政部门统一掌握预算编制政策和标准，审核确定部门预算。预算编制主要包括支出、收入、政府采购的预算数编制，以及预算审核、批复等功能，主要流程如下：

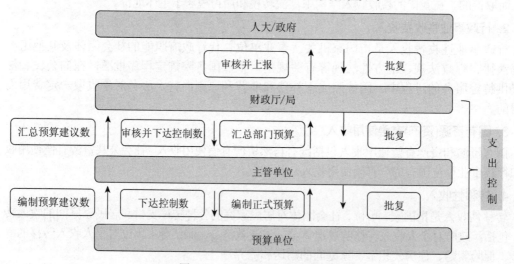

图 2-1 "两上两下"预算编制流程

(1) 财政部门统一设置好基础数据、定额数据，并下发给各单位；
(2) 各预算编制单位根据基础数据、定额编制初步预算建议数，并层层上传给财政部门(一上)；
(3) 财政管理部门审核单位预算建议数，下达预算控制数，并下传(一下)；
(4) 各预算编制单位在控制数范围内编制正式预算，并层层上传给财政部门(二上)；

(5) 财政部门审核各部门预算，通过政府/人大批准批复各单位各项预算，并将批复数回传给各单位(二下)。

(三) 部门预算编制的具体步骤

第一步，建立预算编审班子，确认责任主体。根据新《中华人民共和国会计法》的规定，单位的会计行为、财务行为主体是法人代表。因此，单位应建立以法人代表为主、由财会部门参加的预算编审班子。建立的预算编审班子要明确分工，严格规定各自的工作职责，以保证预算编制任务的完成。预算编审班子要根据上年度的预算执行情况和本年度经济发展情况，综合考虑各方面的因素，制定本部门本单位本年度的总体目标。

第二步，做好编制前的准备工作。

(1) 对各预算单位的各项财产物资进行全面清查登记，对债权债务进行认真核实，理清资金来源渠道和支出结构情况，在全面弄清"家底"的基础上做到账账相符、账实相符。

(2) 摸清单位人员编制、实有人数和人员经费支出结构，对人员情况登记造册，并做好编制和人员情况的核对。各部门各单位要严格按照人事部门核定的人员登记造册，本部门本单位无权增加或者减少人员，各部门各单位要严格执行人事部门和劳动与社会保障部门核定的标准，本部门本单位无权增加或减少人员经费的开支标准。属于完成专项工作任务的临时用工，编制预算时不在人员经费中反映。

(3) 真实报告清产核资工作结果，对资产清查中发现的资产盘盈盘亏、资产损失等问题，按国家有关规定和清产核资政策，经申报和核实后进行账务处理。

(4) 针对暴露出的矛盾和问题，建立健全各项管理制度，堵塞各种管理漏洞，促进提高国有和集体资金的使用效益。

(5) 认真分析上年度收入和支出结构，把握本年度收入和支出中的有利和不利因素，以及增收节支的潜力。

第三步，编制收入预算，分析具体的收入项目、征收次数。

第四步，编制支出预算，支出预算要充分体现各级预算应当遵循统筹兼顾、勤俭节约、量力而行、讲求绩效和收支平衡的原则。第一个方面是工资福利支出，包括在职人员的工资、津贴、奖金、加班费、各类社会保险，按照人事部门核定的人数和人员经费的标准(其中一部分按照社保部门核定的标准)直接计算编制。第二个方面是商品和服务支出，包括办公费、印刷费、咨询费、手续费、水费、电费、邮电费、取暖费、物业管理费等。第三个方面是资本性支出，包括基本建设和设备购置等支出。第四个方面是对个人和家庭补助支出，包括离退休费、助学金等。第五个方面是其他支出，包括补助、补贴、转移性支出、赠与、国家赔偿等。

第五步，本部门本单位的预算经财会部门层层汇总审核后，报经预算编审班子对照本年度的总体目标，进一步审核和研究后，形成本部门本单位的预算建议数，同时还要编写好预算编制说明书，一同上报财政部门。

第六步，财政部门根据本地区经济发展情况、本地区的财力可能、政府及有关方面政策、文件规定和各部门各单位的实际情况，对各部门各单位的预算建议数进行审核，下达各部门各单位的预算控制数。

第七步，各部门各单位根据财政部门下达的预算控制数对本部门本单位的预算建议数进行调整，编制本部门本单位的预算，上报财政部门。

第八步，财政部门根据人民代表大会批准的预算及时下达到各部门各单位。

(四) 预算的审批

国务院在全国人民代表大会举行会议时,向大会作关于中央和地方预算草案的报告;地方各级政府在本级人民代表大会举行会议时,向大会作关于本级总预算草案的报告。中央预算由全国人民代表大会审查和批准,地方各级政府预算由本级人民代表大会审查和批准。乡、民族乡、镇政府应当及时将经本级人民代表大会批准的本级预算报上一级政府备案。县级以上地方各级政府应当及时将经本级人民代表大会批准的本级预算及下一级政府报送备案的预算汇总,报上一级政府备案。县级以上地方各级政府将下一级政府依照前款规定报送备案的预算汇总后,报本级人民代表大会常务委员会备案。国务院将省、自治区、直辖市政府依照前款规定报送备案的预算汇总后,报全国人民代表大会常务委员会备案。

(五) 预算的执行

各级预算由本级政府组织执行,具体工作由本级政府财政部门负责。预算年度开始后,各级政府预算草案在本级人民代表大会批准前,本级政府可以先按照上一年同期的预算支出数额安排支出;预算经本级人民代表大会批准后,按照批准的预算执行。政府财政部门负责预算执行的具体工作,具体如下。

1. 预算收入的执行

预算收入征收部门,必须依照法律、行政法规的规定,及时、足额征收应征的预算收入。不得违反法律、行政法规规定,擅自减征、免征或者缓征应征的预算收入,不得截留、占用或者挪用预算收入,有预算收入上缴任务的部门和单位,必须依照法律、行政法规和国务院财政部门的规定,将应当上缴的预算资金及时、足额地上缴国家金库(以下简称国库),不得截留、占用、挪用或者拖欠。各项预算收入的减征、免征或者缓征,必须按照有关法律、行政法规和财政部的有关规定办理。

2. 预算支出的执行

按照预算拨款,即按照批准的年度预算和用款计划拨款,不得办理无预算、无用款计划、超预算、超计划的拨款,不得擅自改变支出用途;按照规定的预算级次和程序拨款,即根据用款单位的申请,按照用款单位的预算级次和审定的用款计划,按期核拨,不得越级办理预算拨款;按照进度拨款,即根据各用款单位的实际用款进度和国库库款情况拨付资金。各级政府、各部门、各单位应当加强对预算支出的管理,严格执行预算和财政制度,不得擅自扩大支出范围、提高开支标准;严格按照预算规定的支出用途使用资金;建立健全财务制度和会计核算体系,按照标准考核、监督,提高资金使用效益。

3. 预算调整

预算调整是指经全国人民代表大会批准的中央预算和经地方各级人民代表大会批准的本级预算,在执行中因特殊情况需要增加支出或者减少收入,使原批准的收支平衡的预算的总支出超过总收入,或者使原批准的预算中举借债务的数额增加,而发生的预算收支指标的增减变化。预算调整的主要形式是预算的追加、追减。在原定预算支出规模之外按照法定程序增加预算支出数额称为追加预算支出;在原定预算支出规模之外按照法定程序减少预算收入数额称为减征预算收入。预算调整方案由政府财政部门负责具体编制,在预算调整方案中应当列明调整的原因、项目、数额、措施及有关说明,经本级政府审定后,提请本级人民代表大会常务委员会审查和批准。

六、决算

决算是指经法定程序批准的,用以反映预算执行结果的会计报告。决算草案,是指各级政府、各部门、各单位编制的未经法定程序审查和批准的预算收支的年度执行结果。当国家预算执行进入终结阶段时,要根据年度执行的最终结果编制国家决算。它反映年度国家预算收支的最终结果,是国家经济活动在财政上的集中反映。决算收入表明国家建设资金的主要来源、构成和资金积累水平,决算支出体现了国家各项经济建设和社会发展事业的规模和速度。

政府预算的执行也反映了政府在国民经济和社会发展等方面的经济和社会政策的成就,也反映了政府在一定时期的绩效,因此,政府决算对政府本身具有非常重要的意义。

通过政府决算的编制,可以得到政府预算的最终执行的实际数,对这些数据进行全面分析,可以得到当年年度内预算编制、预算执行、预算管理、预算平衡及预算资金使用效果和监督的经验教训,为以后年度政府预算管理提供宝贵经验,同时,还可以为以后制定新的经济政策提供重要依据。

(一) 政府决算草案的编制流程和主要内容

1. 拟订和下达编审决算草案的通知

财政部应当在每年第四季度部署编制决算草案的原则、要求、方法和报送期限,制发中央各部门决算、地方决算及其他有关决算的报表格式。县级以上地方政府财政部门根据财政部的部署,编制本级政府各部门和下级政府决算草案的原则、要求、方法和报送期限,制发本级政府各部门决算、下级政府决算及其他有关决算的报表格式。地方政府财政部门根据上级政府财政部门的部署,制定本行政区域决算草案和本级各部门决算草案的具体编制办法。各部门根据本级政府财政部门的部署,制定所属各单位决算草案的具体编制办法。

2. 进行年终清理

政府财政部门、各部门、各单位在每一预算年度终了时,应当清理核实全年预算收入、支出数字和往来款项,做好决算数字的对账工作。不得把本年度的收入和支出转为下年度的收入和支出,不得把下年度的收入和支出列为本年度的收入和支出;不得把预算内收入和支出转为预算之外,不得随意把预算外收入和支出转为预算之内;决算各项数字应当以经核实的基层单位汇总的会计数字为准,不得以估计数字替代,不得弄虚作假。

3. 制定和颁布决算表格

决算表格是决算资料的系统化。一般情况下,在发布决算编审草案的同时,财政部门和执行预算的有关部门,还要制定和颁布各种统一的决算表格,主要包括财政决算收支总表、决算收入明细表、决算支出明细表。

4. 编制各级预算和决算说明书

我国政府决算的编制程序与预算的编制程序大致相同,主要是从执行预算的基层单位开始,自上而下,逐级编制,由各级财政部门汇总编成本级决算,主要包括单位决算的编制和地方各级总决算的编制两个方面。单位决算是各级决算编制的基础,其核心内容是各类决算报表数字。各级地方政府总决算是由本级财政部门编制的,是对本级预算执行情况的总结。

(二) 政府决算的审批程序

根据《预算法》的规定,政府决算的审批程序如下。

(1) 财政部应当根据中央各部门决算草案汇总编制中央决算草案,报国务院审定后,由国务院提请全国人民代表大会常务委员会审查和批准。

(2) 县级以上地方各级政府财政部门根据本级各部门决算草案汇总编制本级决算草案，报本级政府审定后，由本级政府提请本级人民代表大会常务委员会审查和批准。

(3) 乡、民族乡、镇政府根据财政部门提供的年度预算收入和支出的执行结果，编制本级决算草案，提请本级人民代表大会审查和批准。

对于年度预算执行中上下级财政之间按照规定需要清算的事项，应当在决算时办理结算。

七、违法责任

各级政府及有关部门违反预算法律规定，可责令改正，追回骗取、使用的资金，有违法所得的没收违法所得，对单位给予警告或者通报批评；对负有直接责任的主管人员和其他直接责任人员可依法给予降级、撤职、开除的处分。

任务小结

国家预算是指经法定程序批准的，国家在一定期间内预定的财政收支计划，是国家进行财政分配的依据和宏观调控的重要手段。国家预算作为财政分配和宏观调控的主要手段，具有分配、调控和监督职能。我国的预算法律制度主要由《中华人民共和国预算法》《中华人民共和国预算法实施条例》及有关国家预算管理的其他法规制度构成。我国国家预算实行一级政府一级预算，共分为五级预算。全国预算由中央预算和地方预算组成，地方预算由各省、自治区、直辖市总预算组成。预算收入指在预算年度内通过一定的形式和程序，有计划地筹措到的归国家支配的资金。预算支出划分为中央预算支出和地方预算支出。部门预算编制采取"两上两下"的标准程序，部门预算从基层编起，部门负责审核、汇总、分析与综合，在此基础上编制部门收支预算建议计划并报同级财政部门审核。中央预算由全国人民代表大会审查和批准，地方各级政府预算由本级人民代表大会审查和批准。决算是预算执行的总结，当国家预算执行进入终结阶段，要根据年度执行的最终结果编制国家决算。国家决算反映年度国家预算收支的最终结果，是国家经济活动在财政上的集中反映。

任务考核

一、填空题

1. 国家预算是指经法定程序批准的，国家在一定期间内预定的(　　)。
2. 国家预算作为财政分配和宏观调控的主要手段，具有(　　)、(　　)、(　　)职能。
3. 部门作为预算编制的基础单元，财政预算从(　　)编起，从基层单位编起。
4. 国家预算和各级地方预算由中央和地方各级政府财政部门编制，一般采取(　　)和(　　)相结合的办法进行。
5. 部门预算编制采取(　　)的标准程序。
6. 中央预算由全国人民代表大会审查和批准，地方各级政府预算由(　　)审查和批准。
7. 任何单位和个人不得擅自决定(　　)、(　　)、(　　)应征的预算收入。
8. 严格执行预算和财政制度，不得擅自(　　)、(　　)、(　　)。
9. 我国政府决算从执行预算的(　　)开始，(　　)，(　　)，由各级财政部门汇总编成本级决算。
10. 决算是指经法定程序批准的，用以反映(　　)的会计报告。

11. 按照预算拨款，即按照批准的(　　)和(　　)拨款。

二、选择题

1. 国家预算的构成由(　　)组成。
   A. 中央预算　　B. 地方预算　　C. 总预算　　D. 部门和单位预算
2. 预算收入包括(　　)。
   A. 税收收入　　B. 行政事业性收费　　C. 专项收入　　D. 其他收入
3. 支出预算要充分体现(　　)的原则。
   A. 以收定支　　　　　　　　　B. 统筹兼顾、勤俭节约
   C. 量力而行、讲求绩效　　　　D. 收支平衡
4. 编制支出预算包括(　　)。
   A. 工资福利支出　　　　　　　B. 商品和服务支出
   C. 资本性支出　　　　　　　　D. 其他支出
5. 中央预算由(　　)审查和批准。
   A. 国务院　　　　　　　　　　B. 全国人民代表大会
   C. 全国人民代表大会常委会　　D. 中国人民政治协商会议
6. 预算支出包括(　　)。
   A. 经济建设支出　　B. 人员经费支出　　C. 国家管理费用支出　　D. 国防支出
7. 预算调整的主要形式包括(　　)。
   A. 追加预算支出　　B. 追减预算支出　　C. 减征预算收入　　D. 追加预算收入

三、简答题

1. 简述单位预算编制的具体步骤。
2. 简述"两上两下"的预算编制流程。

四、综合测评

假定某预算单位主任科员的应发工资定额标准平均为 5 000 元，人员支出与公用支出按 1∶1 安排，根据相关保险、住房公积金政策，试测算该名公务员的支出定额。

任务拓展

知识链接

行政单位的经常性支出按性质分为人员经费支出和公用经费支出。人员经费支出是指直接用于公务员个人部分的支出，具体包括基本工资、补助工资、其他工资、职工福利费、社会保障费等。公用经费支出是指行政单位为完成工作任务用于设备设施的维持性费用支出，以及直接用于公务活动的支出，具体包括公务费、业务费、修缮费、设备购置费、其他费用等。《预算法》规定各部门、各单位不得擅自改变预算支出的用途。

关键词汇中英对照

预算收入	Budget Revenue
预算支出	Budget Outlays
决算	Actual Budget
公共财政	The Public Finances

任务二 政府采购与国库集中支付业务

任务引入

项目情境中,付刚所在单位为国有企业,不实行预算管理,而付强所在单位为政府机关,采购电脑所需经费通过任务一我们知道应该纳入预算管理,应该在年度预算里有该项目的政府采购预算。即使有政府采购预算,付强也不能直接到销售单位进行采购。

甲单位是纳入预算管理的事业单位。20××年6月,甲单位拟采购一台办公仪器设备,该项目已经纳入本年预算,经政府采购机构批准,财政部门审核,采用询价方式进行采购,甲单位对三家供应商进行了询价,对三家供应商一次性报出的价格进行比较,最终选定报价最低的单位进行采购,设备价款通过直接支付的方式进行。

根据以上资料,请回答如下问题:
(1) 能否只对一家供应商进行询价?
(2) 供应商能否进行二次报价?
(3) 直接支付会计核算方式如何?

一、政府采购法律制度的构成

通过规范政府采购行为,可以提高政府采购资金的使用效益,维护国家利益和社会公共利益,保护政府采购当事人的合法权益,促进廉政建设。目前,我国政府采购法律制度由《中华人民共和国政府采购法》(以下简称《政府采购法》)和《中华人民共和国招投标法》两部基本法性质的法律和国务院各部门特别是财政部颁布的一系列部门规章,以及各省和较大城市颁布的地方性法规和政府规章组成,如《政府采购信息公告管理办法》《政府采购货物和服务招标投标管理办法》等。政府采购法律制度是一个完整的体系,除了政府采购基本法外,还有与之相配套的招标投标法、合同法、产品质量法、反不正当竞争法,以及有关政府采购的部门规章、地方性法规和地方政府规章等。我国《政府采购法》于2002年6月制定,2003年1月1日起实施,2014年08月31日第十二届全国人民代表大会常务委员会第十次会议进行了修正。它是规范政府采购活动的一部基本法律,在规范我国政府活动、维护国家利益和社会公共利益、保护政府采购当事人各方的合法权益等方面,都发挥着非常重要的作用。

(一) 政府采购的基本制度

1. 集中采购和分散采购相结合的采购模式

我国政府采购规定,政府采购实行集中采购和分散采购相结合的采购模式。纳入集中采购目录的政府采购项目,应当实行集中采购。属于分散采购的,采购人可以自行采购,也可以委托采购代理机构采购。政府采购法所称的集中采购,是指采购人将列入集中采购目录的项目委托集中采购机构代理采购或者进行部门集中采购的行为;所称分散采购,是指采购人将采购限额标准以上的未列入集中采购目录的项目自行采购或者委托采购代理机构代理采购的行为。

2. 信息公开制度

政府采购的信息应当在政府采购监督管理部门指定的媒体上及时向社会公开发布,但涉及商业秘密的除外。

3. 采购本国货物政策

政府采购应当采购本国货物、工程和服务，但有下列情形之一的除外：需要采购的货物、工程或者服务在中国境内无法获取或者无法以合理的商业条件获取的；为在中国境外使用而进行采购的；其他法律、行政法规另有规定的。

(二) 政府采购的概念

根据《政府采购法》的规定，政府采购是指各级国家机关、事业单位和团体组织，使用财政性资金采购依法制定的集中采购目录以内的或者采购限额标准以上的货物、工程和服务的行为。采购是指以合同方式有偿取得货物、工程和服务的行为，包括购买、租赁、委托、雇用等。

1. 政府采购的主体范围

政府采购的主体即采购人，是指依法进行政府采购的国家机关、事业单位和团体组织，主要包括政府采购管理机关、政府采购机关、采购单位、政府采购社会中介机构、供应商、政府采购资金管理部门。《政府采购法》没有将国有企业纳入政府采购的主体范围。

2. 政府采购的资金范围

政府采购资金为财政性资金。按照财政部的现行规定，财政性资金是指预算内资金、预算外资金，以及与财政资金相配套的单位自筹资金的总和。国家机关、事业单位和团体组织的采购项目既使用财政性资金又使用非财政性资金的，使用财政性资金采购的部分，适用政府采购法及政府采购法实施条例，财政性资金与非财政性资金无法分割采购的，统一适用政府采购法。

3. 政府集中采购目录和政府采购限额标准

政府集中采购目录和采购限额标准由省级以上人民政府确定并公布。属于中央预算的政府采购项目，其集中采购目录和政府采购限额标准由国务院确定并公布；属于地方预算的政府采购项目，其集中采购目录和政府采购限额标准由省、自治区、直辖市人民政府或者其授权的机构确定并公布。

4. 政府采购的对象范围

政府采购的对象范围包括货物、工程和服务。货物是指各种形态和种类的物品，包括原材料、燃料、设备、产品等。工程是指建设工程，包括建筑物和构筑物的新建、改建、扩建、装修、拆除、修缮等。服务是指除货物和工程以外的其他政府采购对象。

(三) 政府采购的原则

1. 公开透明原则

政府采购的资金来源于纳税人上缴的收入，只有坚持公开透明，才能为供应商参加政府采购提供公平竞争的环境，为公众对政府采购资金的使用情况进行有效的监督创造条件。公开透明要求政府采购的各类信息必须公开，凡是涉及采购的法规、规章、政策、方式、程序、采购标准、开标活动、中标或成交结果、投诉和司法处理决定等，都要向社会公众或相关供应商公开，绝对不允许搞暗箱操作和幕后交易。

2. 公平竞争原则

在采购方式上，公开招标为政府采购的主要方式，同时，在竞争性谈判采购和询价采购方式中引入竞争机制，规定参加谈判或被询价的供应商不得少于三家，严格禁止阻挠和限制供应商自由进入地区、行业政府采购市场和排斥供应商参与竞争的行为等。

3. 公正原则

政府采购法规定，采购人不得对供应商实行差别待遇和歧视待遇；任何单位和个人不得要求采购人向指定的供应商采购；邀请招标是通过随机方式选择三家以上符合条件的供应商向其发出邀请；严格按照采购标准和采购程序确定中标、成交供应商；对竞争性谈判采购的谈判小组、询价采购的询价小组人员组成、人数等提出了要求；赋予供应商质疑、投诉、行政诉讼的权利，并在总则中规定了政府采购活动中利害关系人的回避制度。

4. 诚实信用原则

要求政府采购当事人在政府采购活动中，本着诚实、守信的态度履行各自的权利和义务，讲究信誉，兑现承诺，不得散布虚假信息，不得有欺骗、串通、隐瞒等行为，不得伪造、变造、隐匿、销毁需要依法保存的采购文件，不得规避法律法规。

(四) 政府采购当事人

政府采购当事人是指在政府采购活动中享有权利和承担义务的各类主体，包括采购人、供应商和采购代理机构等。采购人是政府采购中货物、工程和服务的直接需求者。作为政府采购的采购人是依法进行政府采购的国家机关、事业单位和团体组织，供应商是指向采购人提供货物、工程或者服务的法人、其他组织或者自然人。采购代理机构是指具备一定条件，经政府有关部门批准而依法拥有政府采购代理资格的社会中介机构。一般采购代理机构的资格由国务院有关部门或省级人民政府有关部门认定，主要负责分散采购的代理业务。集中采购机构是进行政府集中采购的法定代理机构，由设区的市、自治州以上人民政府根据本级政府采购项目组织集中采购的需要设立。

(五) 政府采购方式

政府采购可以采用公开招标、邀请招标、竞争性谈判、单一来源、询价及国务院政府采购监督管理部门认定的其他采购方式。其中，公开招标应作为政府采购的主要方式。

1. 公开招标

公开招标是指采购人或其委托的政府采购代理机构以招标公告的方式邀请不特定的供应商参加投标竞争，从中择优选择中标供应商的采购方式。采购人采购货物或者服务应当采用公开招标方式的，其具体数额标准，属于中央预算的政府采购项目，由国务院规定；属于地方预算的政府采购项目，由省、自治区、直辖市人民政府规定；因特殊情况需要采用公开招标以外的采购方式的，应当在采购活动开始前获得设区的市、自治州以上人民政府采购监督管理部门的批准。

采购人不得将应当以公开招标方式采购的货物或者服务化整为零或者以其他任何方式规避公开招标采购。在一个财政年度内，采购人将一个预算项目下的同一品目或者类别的货物、服务采用公开招标以外的方式多次采购，累计资金数额超过公开招标数额标准的，属于以化整为零方式规避公开招标，但项目预算调整或者经批准采用公开招标以外方式采购除外。

2. 邀请招标

邀请招标是指采购人或其委托的政府采购代理机构以投标邀请书的方式邀请三家或三家以上特定的供应商参与投标的采购方式。

符合下列情形之一的货物或者服务，可以依照法律采用邀请招标方式采购：

(1) 具有特殊性，只能从有限范围的供应商处采购的；

(2) 采用公开招标方式的费用占政府采购项目总价值比例过大的。

3. 竞争性谈判

竞争性谈判是指采购人或其委托的政府采购代理机构通过与多家供应商就采购事宜进行

谈判，经分析比较后从中确定中标供应商的采购方式。

符合下列情形之一的货物或者服务，可以依照法律采用竞争性谈判方式采购：
(1) 招标后没有供应商投标或者没有合格标的或者重新招标未能成立的；
(2) 技术复杂或者性质特殊，不能确定详细规格或者具体要求的；
(3) 采用招标所需时间不能满足用户紧急需要的；
(4) 不能事先计算出价格总额的。

4. 单一来源

单一来源是指在采购人采购不具备竞争条件的物品，只能从唯一的供应商取得采购货物或服务的情况下，直接向该供应商协商采购的采购方式。

符合下列情形之一的货物或者服务，可以依照法律采用单一来源方式采购：
(1) 只能从唯一供应商处采购的；
(2) 发生了不可预见的紧急情况不能从其他供应商处采购的；
(3) 必须保证原有采购项目一致性或者服务配套的要求，需要继续从原供应商处添购，且添购资金总额不超过原合同采购金额10%的。

5. 询价

询价是指采购人向三家以上潜在的供应商发出询价单，对各供应商一次性报出的价格进行分析比较，按照符合采购需求、质量和服务相等且报价最低的原则确定中标供应商的采购方式。采购的货物规格、标准统一、现货货源充足且价格变化幅度小的政府采购项目，可以依照法律采用询价方式采购。

(六) 政府采购程序

负有编制部门预算职责的部门在编制下一财政年度部门预算时，应当将该财政年度政府采购的项目及资金预算列出，报本级财政部门汇总。货物或者服务项目采取邀请招标方式采购的，采购人应当从符合相应资格条件的供应商中，通过随机方式选择三家以上的供应商，并向其发出投标邀请书。货物和服务项目实行招标方式采购的，自招标文件发出之日起至投标人提交投标文件截止之日止，不得少于20日。在招标采购中，出现下列情形之一的，应予废标：
(1) 符合专业条件的供应商或者对招标文件做实质响应的供应商不足三家的；
(2) 出现影响采购公正的违法、违规行为的；
(3) 投标人的报价均超过了采购预算，采购人不能支付的；
(4) 因重大变故，采购任务取消的。

废标后，采购人应当将废标理由通知所有投标人。

采购人与中标、成交供应商应当在中标、成交通知书发出之日起30日内，按照采购文件确定的事项签订政府采购合同。政府采购项目的采购合同自签订之日起7个工作日内，采购人应当将合同副本报同级政府采购监督管理部门和有关部门备案。供应商对政府采购活动事项有疑问的，可以向采购人提出询问，采购人应当及时做出答复，但答复的内容不得涉及商业秘密。供应商认为采购文件、采购过程和中标、成交结果使自己的权益受到损害的，可以在知道或者应知其权益受到损害之日起7个工作日内，以书面形式向采购人提出疑问。采购人应当在收到供应商的书面质疑后7个工作日内做出答复，并以书面形式通知质疑供应商和其他有关供应商，但答复的内容不得涉及商业秘密。

二、国库集中支付

(一) 国库集中支付制度及账户体系

国库集中收付是指以国库单一账户体系为基础,将所有财政性资金都纳入国库单一账户体系管理,收入直接缴入国库和财政专用户,支出通过国库单一账户体系支付到商品和劳务供应者或用款单位的一项国库管理制度。建立国库单一账户体系后,相应取消各类收入过渡性账户,预算单位的财政性资金逐步全部纳入国库单一账户管理。一般情况下,国库单一账户体系(见图2-2)由如下账户构成。

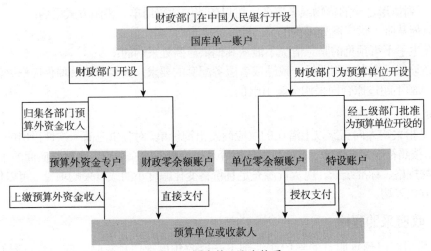

图2-2 国库单一账户体系

(1) 财政部门在中国人民银行开设国库单一账户,按收入和支出设置分类账,收入账按预算科目进行明细核算,支出账按资金使用性质设立分账册。

(2) 财政部门按资金使用性质在商业银行开设财政零余额账户;在商业银行为预算单位开设单位零余额账户。

(3) 财政部门在商业银行开设预算外资金专户,按收入和支出设置分类账。

(4) 经国务院和省级人民政府批准或授权财政部门开设特殊过渡性专户(以下简称特设账户)。

(二) 涉及对象

国库集中收付不仅是财政部门内部的资金管理系统,该系统的运行还会涉及相关的单位、银行(见图2-3),主要包括以下4个方面。

(1) 财政部门,包括各业务科室、国库科、国库支付中心等。

(2) 预算单位,主要是指财政局下属的各级预算单位,包括一级预算单位、二级预算单位和基层预算单位等。

(3) 银行,主要是指国库单一账户体系的开户银行,包括人民银行和商业银行。

(4) 供应商,主要是指财政资金的支付对象,如外部的往来单位或预算单位。

(三) 月度用款计划管理

(1) 基层预算单位根据预算指标和实际需求编制分月用款计划,按直接支付、授权支付,分预算内外资金、分款项、项目编制。

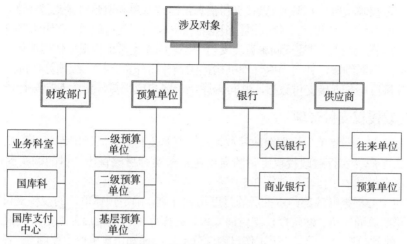

图 2-3 国库集中收付涉及对象

(2) 一级预算单位按预算管理级次，层层收集、汇总下属用款单位的分月用款计划，上报财政国库管理机构及有关职能处室。

(3) 财政国库管理机构根据年度预算指标及库款预测等情况，在征求各职能处室意见的基础上，研究确定分直接支付、授权支付的各部门汇总的分月用款计划数，批复到一级预算部门；同时，将分月用款计划通知给财政国库支付执行机构。

(4) 财政国库执行机构将收到的分月用款计划分基层单位登记录入，并据此监督、控制预算单位的支出。

（四）财政直接支付管理

财政直接支付，由财政部门开具支付令，通过国库单一账户体系，直接将财政资金支付到收款人或用款单位账户。实行财政直接支付的支付包括工资支出、购买支出和转移支出。财政直接支付具体工作流程如图 2-4 所示。

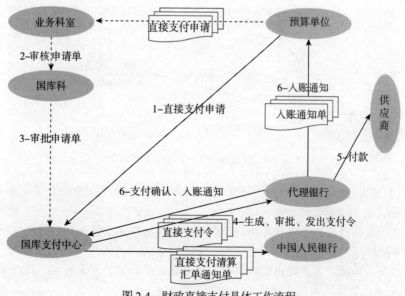

图 2-4 财政直接支付具体工作流程

一级预算单位汇总下级单位的支付申请，填写"财政直接支付申请书"报国库执行机构，国库执行机构审核确认后，开具财政直接支付清算汇总通知单和财政直接支付凭证，经国库管理机构签发送人民银行、代理银行。代理银行根据直接支付凭证支付款项，向用款单位开具财政直接支付入账通知书，并将支付凭证回单返至支付中心。国库支付机构根据代理银行回单，记录各个预算单位的支出明细账，并向国库管理机构提供预算内外资金按一级预算单位汇总的支付信息。代理银行每日汇总直接支付数据，并与国库单一账户或预算外资金专户进行资金清算。

(五) 财政授权支付管理

财政授权支付，预算单位根据财政授权，自行开具支付令，通过国库单一账户体系将资金支付到收款人账户。实行财政授权支付的支出包括未实行财政直接支付的购买支出和零星支出。财政授权支付具体工作流程如图2-5所示。

国库支付中心根据财政部门审批后的月度用款计划，确定预算单位的授权支付额度，开具授权支付汇总清算通知单、财政授权支付通知单，经国库部门盖章后分别报人民银行和代理银行；代理银行收到授权通知后在一个工作日内向分支机构通知预算单位用款额度，各分支机构向预算单位发授权支付到账通知书；预算单位支用授权额度时，填财政授权支付凭证送代理银行，代理银行在单位用款额度内根据授权支付凭证办理支付，代理银行按照额度控制支出；月度授权额度可以累加使用；代理银行按日、旬、月向支付机构报财政支出日(旬、月)报表，国库执行机构按照代理银行的日、旬、月报，按日列报财政支出，并向国库管理部门报送日、旬、月报。代理银行每日汇总授权支付数据，报国库单一账户(人民银行)，人民银行根据授权汇总清算单额度和累计额度余额，每日以实际发生的财政性资金支付金额和代理银行填制的划款申请与代理银行清算。

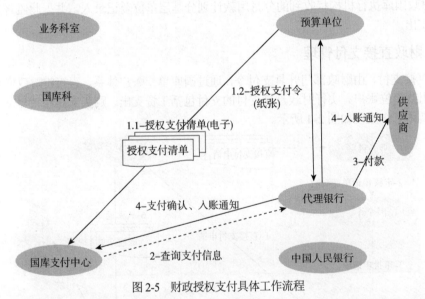

图2-5 财政授权支付具体工作流程

【例2-1】接项目情境引入部分，付强所在政府审计部门如果计划采购笔记本电脑100台，价款100万元，如何进行？

(1) 付强所在部门应在当年预算编制时向单位预算编审班子提出采购计划，把采购电脑的资金纳入下年预算管理，预算经"两上两下"的程序批准后可在下一年实施采购。

(2) 在进行采购时，首先提出用款计划，经财政主管科室、预算科室、政府采购办等机构批准后委托采购代理机构在指定机构发布政府采购信息，公开招标采购。付强所在部门应提供拟采购电脑的技术指标、供货时间、供货地点、售后服务等信息。

(3) 付强应与随机选取的政府采购评标专家一起对参与投标的供应商的投标文件进行评价，选取满足合同需要且报价较低的供应商签订政府采购合同。

(4) 提供用款计划和政府采购合同，按合同要求执行财政直接支付流程，把货款支付给供货商。根据财政直接支付入账通知书和供货发票进行账务处理。

借：固定资产　　　　　　　　　1 000 000
　　贷：财政拨款收入　　　　　　　1 000 000
借：行政支出　　　　　　　　　　1 000 000
　　贷：财政拨款预算收入　　　　　1 000 000

任务小结

政府采购是指各级国家机关、事业单位和团体组织，使用财政性资金采购依法制定的集中采购目录以内的或者采购限额标准以上的货物、工程和服务的行为。政府采购的主体是指依法进行政府采购的国家机关、事业单位和团体组织。政府采购的原则包括公开透明原则、公平竞争原则、公正原则、诚实信用原则。政府采购实行集中采购和分散采购相结合。采购人采购纳入集中采购目录的政府采购项目，应当实行集中采购。政府采购可以采用公开招标、邀请招标、竞争性谈判、单一来源、询价及国务院政府采购监督管理部门认定的其他采购方式。国库集中收付是指以国库单一账户体系为基础，将所有财政性资金都纳入国库单一账户体系管理，收入直接缴入国库和财政专用户，支出通过国库单一账户体系支付到商品和劳务供应者或用款单位的一项国库管理制度。实行国库集中支付的事业单位，财政资金的支付方式包括财政直接支付和财政授权支付。

任务考核

一、填空题

1.《政府采购法》没有将(　　)纳入政府采购的主体范围。

2.《政府采购法》规定，政府采购实行(　　)和(　　)相结合。

3. 询价是指采购人向(　　)以上潜在的供应商发出询价单，对各供应商(　　)进行分析比较。

4. 货物和服务项目实行招标方式采购的，自招标文件发出之日起至投标人提交投标文件截止之日止，不得少于(　　)。

5. 政府采购资金为财政性资金，财政性资金是指(　　)、(　　)，以及与财政资金相配套的(　　)的总和。

6. 采购人不得将应当以公开招标方式采购的货物或者服务(　　)或者以其他任何方式(　　)公开招标采购。

7. 采购人与中标、成交供应商应当在中标、成交通知书发出之日起(　　)内，按照采购文件确定的事项签订政府采购合同。

8. 国库集中收付是指以国库(　　)体系为基础，将所有(　　)资金都纳入(　　)体系管理。

二、选择题

1. 政府采购当事人包括(　　)。
　A. 采购人　　　B. 供应商　　　C. 采购代理机构　　　D. 询价小组

2. 政府采购的原则包括( )。
   A. 公开透明原则　　B. 公平竞争原则　　C. 公正原则　　D. 诚实信用原则
3. 在招标采购中，出现( )的，应予废标。
   A. 符合专业条件的供应商或者对招标文件做实质响应的供应商不足三家的
   B. 出现影响采购公正的违法、违规行为的
   C. 投标人的报价均超过了采购预算，采购人不能支付的
   D. 因重大变故，采购任务取消的
4. 实行国库集中支付的事业单位，财政资金的支付方式包括( )。
   A. 财政直接支付　　B. 财政授权支付　　C. 单位直接支付　　D. 单位授权支付
5. 政府采购的基本制度包括( )。
   A. 集中采购和分散采购相结合　　　　B. 信息公开制度
   C. 采购本国货物政策　　　　　　　　D. 价格最低
6. 政府采购主体是指( )。
   A. 各级国家机关　　B. 事业单位　　C. 团体组织　　D. 国有企业
7. 政府采购对象包括采购目录内和采购标准限额以上的( )。
   A. 货物　　B. 工程　　C. 工具　　D. 服务
8. 国库集中收付涉及对象包括( )。
   A. 财政部门　　B. 人民银行　　C. 商业银行　　D. 收款人
9. 实行财政直接支付的支付包括( )。
   A. 工资支出　　B. 购买支出　　C. 转移支出　　D. 零星支出

三、综合测评

某市环境保护局拟在市区主干道路做一块液晶广告屏幕，屏幕价值100万元，安装费10万元，请利用所学知识帮助环保局完成工作任务。

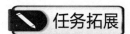

任务拓展

知识链接

政府采购中的评标委员会

评标委员会由采购人代表和有关技术、经济等方面的专家组成，成员人数应当为5人以上单数。其中，技术、经济等方面的专家不得少于成员总数的2/3。采购数额在300万元以上、技术复杂的项目，评标委员会中技术、经济方面的专家人数应当为5人以上单数。评审专家应当具备以下条件：

(1) 具有较高的业务素质和良好的职业道德，在政府采购的评审过程中能以客观公正、廉洁自律、遵纪守法为行为准则；

(2) 从事相关领域工作满8年，具有本科(含本科)以上文化程度，高级专业技术职称或者具有同等专业水平，精通专业业务，熟悉产品情况，在其专业领域享有一定声誉；

(3) 熟悉政府采购、招标投标的相关政策法规和业务理论知识，能胜任政府采购评审工作；

(4) 本人愿意以独立身份参加政府采购评审工作，并接受财政部门的监督管理；

(5) 没有违纪违法等不良记录；

(6) 财政部门要求的其他条件。

关键词汇中英对照

政府采购　　　　　　　Government Procurement
公开招标　　　　　　　Public Bidding/Open Tendering
财政性资金　　　　　　Public Funding/Public Financial Capital
财政直接支付　　　　　Direct Payment of Public Finance
财政授权支付　　　　　Authorize Payment of Public Finance

任务三　政府会计业务

任务引入

我国现行政府会计核算标准体系基本上形成于 1998 年前后，主要涵盖财政总预算会计、行政单位会计与事业单位会计。改革前我国政府会计体系包括《财政总预算会计制度》《行政单位会计制度》《事业单位会计制度》《医院会计制度》《基层医疗卫生机构会计制度》《高等学校会计制度》《中小学校会计制度》《科学事业单位会计制度》《彩票机构会计制度》《地质勘查单位会计制度》《测绘事业单位会计制度》《国有林场与苗圃会计制度(暂行)》《国有建设单位会计制度》等制度。多项制度并存，体系繁杂、内容交叉、核算口径不一，造成不同部门、单位的会计信息可比性不高，同样业务行政和事业单位的会计标准不同，会计政策不同，导致政府财务报告信息质量较低。

党的十八届三中全会提出了"建立权责发生制的政府综合财务报告制度"的重大改革举措，2014 年新修订的《预算法》对各级政府提出按年度编制以权责发生制为基础的政府综合财务报告的新要求。2015 年以来，财政部相继出台了《政府会计准则——基本准则》和存货、投资、固定资产、无形资产、公共基础设施、政府储备物资等 6 项政府会计具体准则，以及固定资产准则应用指南，并从 2019 年 1 月 1 日起施行《政府会计制度》。

接本项目情境引入部分，付强所在政府审计部门采购的笔记本电脑 100 台，价款 100 万元，通过报预算、政府采购、贷款支付等程序，已经采购完毕投入使用，行政单位为非营利组织，其采购的电脑作为固定资产已经入账，对该批电脑是否需要进行折旧？行政单位固定资产折旧与企业固定资产折旧有哪些区别？政府是否对所有固定资产项目计提折旧？

一、政府会计概述

政府会计是指用于确认、计量、记录和报告政府和事业单位财务收支活动及其受托责任的履行情况的会计体系，是一门用于确认、计量、记录政府受人民委托管理国家公共事务和国家资源、国有资产的情况，报告政府公共财务资源管理的业绩及履行受托责任情况的专门会计。各级政府、各部门、各单位为政府会计主体，是指与本级政府财政部门直接或者间接发生预算拨款关系的国家机关、军队、政党组织、社会团体、事业单位和其他单位。军队、已纳入企业财务管理体系的单位和执行《民间非营利组织会计制度》的社会团体，可不施行政府会计。

(一) 政府会计假设、记账规则及会计报告

政府会计主体应当对其自身发生的经济业务或者事项进行会计核算，以持续运行为前提，划分会计期间，分期结算账目，按规定编制决算报告和财务报告。会计期间至少分为年度和月度。会计年度、月度等会计期间的起讫日期采用公历日期。政府会计核算应当以人民币作为记账本位币。发生外币业务时，应当将有关外币金额折算为人民币金额计量，同时登记外币金额。政府会计核算应当采用借贷记账法记账。

政府会计主体应当编制决算报告和财务报告。决算报告的目标是向决算报告使用者提供与政府预算执行情况有关的信息，综合反映政府会计主体预算收支的年度执行结果，有助于决算报告使用者进行监督和管理，并为编制后续年度预算提供参考和依据。政府决算报告使用者包括各级人民代表大会及其常务委员会、各级政府及其有关部门、政府会计主体自身、社会公众和其他利益相关者。财务报告的目标是向财务报告使用者提供与政府的财务状况、运行情况(含运行成本，下同)和现金流量等有关的信息，反映政府会计主体公共受托责任履行情况，有助于财务报告使用者做出决策或者进行监督和管理。政府财务报告使用者包括各级人民代表大会常务委员会、债权人、各级政府及其有关部门、政府会计主体自身和其他利益相关者。政府财务报告包括政府综合财务报告和政府部门财务报告。政府综合财务报告是指由政府财政部门编制的，反映各级政府整体财务状况、运行情况和财政中长期可持续性的报告。政府部门财务报告是指政府各部门、各单位按规定编制的财务报告。政府决算报告应当包括决算报表和其他应当在决算报告中反映的相关信息和资料。财务报表包括会计报表和附注，会计报表至少应当包括资产负债表、收入费用表和现金流量表，政府会计主体应当根据相关规定编制合并财务报表。

(二) 政府会计要素与会计等式

1. 预算会计要素

预算会计要素包括预算收入、预算支出与预算结余。预算收入是指政府会计主体在预算年度内依法取得的并纳入预算管理的现金流入。预算支出是指政府会计主体在预算年度内依法发生并纳入预算管理的现金流出。预算收入和预算支出一般在实际收到或实际支付时予以确认，以实际收到或支付的金额计量。预算结余是指政府会计主体预算年度内预算收入扣除预算支出后的资金余额，以及历年滚存的资金余额。预算结余包括结余资金和结转资金。结余资金是指年度预算执行终了，预算收入实际完成数扣除预算支出和结转资金后剩余的资金。结转资金是指预算安排项目的支出年终尚未执行完毕或者因故未执行，且下年需要按原用途继续使用的资金。

$$预算收入-预算支出=预算结余$$

2. 财务会计要素

政府财务会计要素包括资产、负债、净资产、收入和费用。

资产是指政府会计主体过去的经济业务或者事项形成的，由政府会计主体控制的，预期能够产生服务潜力或者带来经济利益流入的经济资源。服务潜力是指政府会计主体利用资产提供公共产品和服务以履行政府职能的潜在能力。经济利益流入表现为现金及现金等价物的流入，或者现金及现金等价物流出的减少。

资产按照流动性，分为流动资产和非流动资产。流动资产是指预计在1年内(含1年)耗用或者可以变现的资产，包括货币资金、短期投资、应收及预付款项、存货等。非流动资产是指

流动资产以外的资产，包括固定资产、在建工程、无形资产、长期投资、公共基础设施、政府储备资产、文物文化资产、保障性住房和自然资源资产等。

资产的计量属性主要包括历史成本、重置成本、现值、公允价值和名义金额。历史成本是指资产按照取得时支付的现金金额或者支付对价的公允价值。重置成本是指资产按照现在购买相同或者相似资产所需支付的现金金额。现值是指资产按照预计从其持续使用和最终处置中所产生的未来净现金流入量的折现金额。公允价值是指资产按照市场参与者在计量日发生的有序交易中，出售资产所能收到的款项。无法采用上述方法计量的，采用名义金额(即人民币1元)计量。

负债是指政府会计主体过去的经济业务或者事项形成的，预期会导致经济资源流出政府会计主体的现时义务。现时义务是指政府会计主体在现行条件下已承担的义务。未来发生的经济业务或者事项形成的义务不属于现时义务，不应当确认为负债。负债按照流动性，分为流动负债和非流动负债。流动负债是指预计在1年内(含1年)偿还的负债，包括应付及预收款项、应付职工薪酬、应缴款项等。非流动负债是指流动负债以外的负债，包括长期应付款、应付政府债券和政府依法担保形成的债务等。

负债的计量属性主要包括历史成本、现值和公允价值。历史成本是指按照因承担现时义务而实际收到的款项或者资产的金额，或者承担现时义务的合同金额，或者按照为偿还负债预期需要支付的现金。现值是指按照预计期限内需要偿还的未来净现金流出量的折现金额。公允价值是指按照市场参与者在计量日发生的有序交易中，转移负债所需支付的价格。

净资产是指政府会计主体资产扣除负债后的净额。

收入是指报告期内导致政府会计主体净资产增加的、含有服务潜力或者经济利益的经济资源的流入。

费用是指报告期内导致政府会计主体净资产减少的、含有服务潜力或者经济利益的经济资源的流出。

$$资产 - 负债 = 净资产$$

$$资产 = 负债 + 净资产$$

$$收入 - 费用 = 本期盈余(净资产)$$

(三) 政府会计核算模式

政府会计构建了"财务会计和预算会计适度分离并相互衔接"的会计核算模式。

一是"双功能"。在同一会计核算系统中实现财务会计和预算会计双重功能，通过资产、负债、净资产、收入、费用5个要素进行财务会计核算，通过预算收入、预算支出和预算结余三个要素进行预算会计核算。

二是"双基础"。财务会计采用权责发生制，预算会计采用收付实现制，国务院另有规定的依照其规定。

三是"双报告"。通过财务会计核算形成财务报告，通过预算会计核算形成决算报告。其主要体现在：一是对纳入部门预算管理的现金收支进行"平行记账"。对于纳入部门预算管理的现金收支业务，在进行财务会计核算的同时也应当进行预算会计核算。对于其他业务，仅需要进行财务会计核算。二是财务报表与预算会计报表之间存在勾稽关系。通过编制"本期预算结余与本期盈余差异调节表"并在附注中进行披露，从而揭示财务会计和预算会计的内在联系。

(四) 会计信息质量要求

1. 真实性

政府会计主体应当以实际发生的经济业务或者事项为依据进行会计核算,如实反映各项会计要素的情况和结果,保证会计信息真实可靠。

2. 全面性

政府会计主体应当将发生的各项经济业务或者事项统一纳入会计核算,确保会计信息能够全面反映政府会计主体预算执行情况和财务状况、运行情况、现金流量等。

3. 相关性

政府会计主体提供的会计信息,应当与反映政府会计主体公共受托责任履行情况及报告使用者决策或者监督、管理的需要相关,有助于报告使用者对政府会计主体过去、现在或者未来的情况做出评价或者预测。

4. 及时性

政府会计主体对已经发生的经济业务或者事项,应当及时进行会计核算,不得提前或者延后。

5. 可比性

政府会计主体提供的会计信息应当具有可比性。同一政府会计主体不同时期发生的相同或者相似的经济业务或者事项,应当采用一致的会计政策,不得随意变更。确需变更的,应当将变更的内容、理由及其影响在附注中予以说明。不同政府会计主体发生的相同或者相似的经济业务或者事项,应当采用一致的会计政策,确保政府会计信息口径一致,相互可比。

6. 可理解性

政府会计提供的会计信息应当清晰明了,便于会计信息使用者理解和使用。

7. 实质重于形式

政府会计主体应当按照经济业务或者事项的经济实质进行会计核算,不限于以经济业务或者事项的法律形式为依据。

(五) 会计科目表

表 2-2 所示为会计科目表。

表 2-2　会计科目表

序　号	科　目　编　号	会计科目名称
财务会计科目		
一、资产类		
1	1001	库存现金
2	1002	银行存款
3	1011	零余额账户用款额度
4	1021	其他货币资金
5	1101	短期投资
6	1201	财政应返还额度
7	1211	应收票据

(续表)

序 号	科目编号	会计科目名称
8	1212	应收账款
9	1214	预付账款
10	1215	应收股利
11	1216	应收利息
12	1218	其他应收款
13	1219	坏账准备
14	1301	在途物品
15	1302	库存物品
16	1303	加工物品
17	1401	待摊费用
18	1501	长期股权投资
19	1502	长期债券投资
20	1601	固定资产
21	1602	固定资产累计折旧
22	1611	工程物资
23	1613	在建工程
24	1701	无形资产
25	1702	无形资产累计摊销
26	1703	研发支出
27	1801	公共基础设施
28	1802	公共基础设施累计折旧(摊销)
29	1811	政府储备物资
30	1821	文物文化资产
31	1831	保障性住房
32	1832	保障性住房累计折旧
33	1891	受托代理资产
34	1901	长期待摊费用
35	1902	待处理财产损溢
二、负债类		
36	2001	短期借款
37	2101	应交增值税
38	2102	其他应交税费
39	2103	应缴财政款
40	2201	应付职工薪酬
41	2301	应付票据
42	2302	应付账款
43	2303	应付政府补贴款

(续表)

序　号	科目编号	会计科目名称
44	2304	应付利息
45	2305	预收账款
46	2307	其他应付款
47	2401	预提费用
48	2501	长期借款
49	2502	长期应付款
50	2601	预计负债
51	2901	受托代理负债
三、净资产类		
52	3001	累计盈余
53	3101	专用基金
54	3201	权益法调整
55	3301	本期盈余
56	3302	本年盈余分配
57	3401	无偿调拨净资产
58	3501	以前年度盈余调整
四、收入类		
59	4001	财政拨款收入
60	4101	事业收入
61	4201	上级补助收入
62	4301	附属单位上缴收入
63	4401	经营收入
64	4601	非同级财政拨款收入
65	4602	投资收益
66	4603	捐赠收入
67	4604	利息收入
68	4605	租金收入
69	4609	其他收入
五、费用类		
70	5001	业务活动费
71	5101	单位管理费用
72	5201	经营费用
73	5301	资产处置费用
74	5401	上缴上级费用
75	5501	对附属单位补助费用
76	5801	所得税费用
77	5901	其他费用

(续表)

序 号	科目编号	会计科目名称
预算会计科目		
一、预算收入类		
1	6001	财政拨款预算收入
2	6101	事业预算收入
3	6201	上级补助预算收入
4	6301	附属单位上缴预算收入
5	6401	经营预算收入
6	6501	债务预算收入
7	6601	非同级财政拨款预算收入
8	6602	投资预算收益
9	6609	其他预算收入
二、预算支出类		
10	7101	行政支出
11	7201	事业支出
12	7301	经营支出
13	7401	上缴上级支出
14	7501	对附属单位补助支出
15	7601	投资支出
16	7701	债务还本支出
17	7901	其他支出
一、预算结余类		
18	8001	资金结存
19	8101	财政拨款结转
20	8102	财政拨款结余
21	8201	非财政拨款结转
22	8202	非财政拨款结余
23	8301	专用结余
24	8401	经营结余
25	8501	其他结余
26	8701	非财政拨款结余分配

二、主要资产业务会计核算

(一) 库存现金

单位应当严格按照国家有关现金管理的规定收支现金,并按照制度规定核算现金的各项收支业务。本科目应当设置"受托代理资产"明细科目,核算单位受托代理、代管的现金。从银行等金融机构提取现金,按照实际提取的金额,借记本科目,贷记"银行存款"科目;将现金存入银行等金融机构,按照实际存入金额,借记"银行存款"科目,贷记本科目。因内部职工出差等原因借出的现金,按照实际借出的现金金额,借记"其他应收款"科目,贷记本科目。出差人员报销差旅费时,按照实际报销的金额,借记"业务活动费用""单位管理费用"等科目,按照实际借出的现金金额,贷记"其他应收款"科目,按照其差额,借记或贷记本科目。收到受托代理、代管的现金,按照实际收到的金额,借记本科目(受托代理资产),贷记"受托代理负债"科目;支付受托代理、代管的现金,按照实际支付的金额,借记"受托代理负债"科目,贷记本科目(受托代理资产)。

【例2-2】某事业单位从银行提取现金10 000元,支付行政人员李某出差预借差旅费5 000元,李某出差回来报销4 800元交通费及住宿费。

借:库存现金　　　　　　　　　　　　10 000
　　贷:银行存款　　　　　　　　　　　　10 000
借:其他应收款——李某　　　　　　　 5 000
　　贷:库存现金　　　　　　　　　　　　 5 000
借:单位管理费　　　　　　　　　　　 4 800
　　库存现金　　　　　　　　　　　　　 　200
　　贷:其他应收款——李某　　　　　　 5 000
借:事业支出　　　　　　　　　　　　 4 800
　　贷:资金结存——货币资金　　　　　 4 800

【例2-3】某部门收到转赠灾区现金200 000元,并支付给灾区。

借:库存现金——受托代理资产　　　　20 000
　　贷:受托代理负债　　　　　　　　　　20 000
借:受托代理负债　　　　　　　　　　　20 000
　　贷:库存现金——受托代理资产　　　　20 000

(二) 银行存款

银行存款科目核算单位存入银行或者其他金融机构的各种存款。单位应当严格按照国家有关支付结算办法的规定办理银行存款收支业务,并按照本制度规定核算银行存款的各项收支业务。本科目应当设置"受托代理资产"明细科目,核算单位受托代理、代管的银行存款。以银行存款支付相关费用,按照实际支付的金额,借记"业务活动费用""单位管理费用""其他费用"等相关科目,收到受托代理、代管的银行存款,按照实际收到的金额,借记本科目(受托代理资产),贷记"受托代理负债"科目;支付受托代理、代管的银行存款,按照实际支付的金额,借记"受托代理负债"科目,贷记本科目(受托代理资产)。

【例2-4】某行政单位用银行存款支付单位采暖费200 000元。

借:单位管理费用　　　　　　　　　　200 000
　　贷:银行存款　　　　　　　　　　　 200 000
借:行政支出　　　　　　　　　　　　 200 000
　　贷:资金结存——货币资金　　　　　 200 000

(三) 零余额账户用款额度与财政应返还额度

零余额账户用款额度核算实行国库集中支付的单位根据财政部门批复的用款计划收到和

支用的零余额账户用款额度。财政应返还额度核算实行国库集中支付的单位应收财政返还的资金额度，设置"财政直接支付""财政授权支付"两个明细科目进行明细核算。

授权支付下，收到"财政授权支付额度到账通知书"(见表2-3)时，根据通知书所列数额，借记"零余额账户用款额度"，贷记"财政拨款收入"科目。支付日常活动费用时，按照支付的金额，借记"业务活动费用""单位管理费用"等科目，贷记本科目。从零余额账户提取现金时，借记"库存现金"科目，贷记本科目。年末，根据代理银行提供的对账单做银行注销额度的相关账务处理，借记"财政应返还额度——财政授权支付"科目，贷记本科目。如单位本年度财政授权支付预算指标数大于财政授权支付额度下达数，根据两者间的差额，借记"财政应返还额度——财政授权支付"科目，贷记"财政拨款收入"科目。下年度年初，单位根据代理银行提供的额度恢复到账通知书做恢复额度的相关账务处理，借记本科目，贷记"财政应返还额度——财政授权支付"科目。单位收到财政部门批复的上年未下达零余额账户用款额度时，借记本科目，贷记"财政应返还额度——财政授权支付"科目。财务会计和预算会计应同时核算。

财政直接支付方式下，单位根据本年度财政直接支付预算指标数大于当年财政直接支付实际发生数的差额，借记本科目(财政直接支付)，贷记"财政拨款收入"科目。下年恢复额度无须进行财务处理，单位使用以前年度财政直接支付额度支付款项时，借记"业务活动费用""单位管理费用"等科目，贷记本科目(财政直接支付)。财务会计和预算会计应同时核算。

零余额账户用款额度期末借方余额，反映单位尚未支用的零余额账户用款额度。年度终了注销上缴单位零余额账户用款额度后，本账户应无余额。

表2-3 财政授权支付额度到账通知书

打印日期： 年 月 日

预算单位： 编号：
零余额账户账号 页码：
您单位××月份的授权支付额度财政部门已批准，特通知： 资金性质：财政拨款

功能分类			名 称	额 度	备 注
编 码					
类	款	项			
208	05	02	离退休	3 000.00	
			本页小计	3 000.00	
合计(大写)			叁仟元整	合计(小写) 3 000.00	

代理银行(签章)： 复核人(签章)： 经办人(签章)：

【例2-5】 某行政单位根据财政部门批复的用款计划收到零余额账户用款额度到账通知书500 000元，从零余额账户提取现金10 000元，本月用零余额账户支付单位复印费20 000元。年底该账户尚有未执行完毕的计划用款额度100 000元被注销，第二年年初，财政恢复该单位被注销的额度继续使用。

收到额度：
借：零余额账户用款额度　　　　　　　　　　　500 000
　　贷：财政拨款收入　　　　　　　　　　　　　　500 000
借：资金结存——零余额账户用款额度　　　　 500 000
　　贷：财政拨款预算收入　　　　　　　　　　　　500 000

提现：
借：库存现金 10 000
　　贷：零余额账户用款额度 10 000
借：资金结存——货币资金 10 000
　　贷：资金结存——零余额账户用款额度 10 000
支用额度：
借：单位管理费 20 000
　　贷：零余额账户用款额度 20 000
借：行政支出 20 000
　　贷：资金结存——零余额账户用款额度 20 000
注销额度：
借：财政应返还额度——财政授权支付 100 000
　　贷：零余额账户用款额度 100 000
借：资金结存——财政应返还额度 100 000
　　贷：资金结存——零余额账户用款额度 100 000
下年返还额度：
借：零余额账户用款额度 100 000
　　贷：财政应返还额度——财政授权支付 100 000
借：资金结存——零余额账户用款额度 100 000
　　贷：资金结存——财政应返还额度 100 000

【例2-6】某行政单位2021年12月31日预算指标下达数为5 000 000元，实际到账零余额账户用款额度4 800 000元，未拨付的额度下年拨付。
借：财政应返还额度——财政授权支付 200 000
　　贷：财政拨款收入 200 000
借：资金结存——财政应返还额度 200 000
　　贷：财政拨款预算收入 200 000
2022年收到上年额度时
借：零余额账户用款额度 200 000
　　贷：财政应返还额度——财政授权支付 200 000
借：资金结存——零余额账户用款额度 200 000
　　贷：资金结存——财政应返还额度 200 000

【例2-7】某行政单位2021年政府采购电脑预算金额500 000元，实际支付金额480 000元，经申请，2022年恢复额度并用其支付办公费20 000元，2021年12月31日及2022年账务处理如下。
借：财政应返还额度——财政直接支付 20 000
　　贷：财政拨款收入 20 000
借：资金结存——财政应返还额度 20 000
　　贷：财政拨款预算收入 20 000
2022年恢复额度无须进行账务处理，使用额度支付办公费处理如下。
借：单位管理费用 20 000

贷：财政应返还额度——财政直接支付	20 000
借：行政支出	20 000
贷：资金结存——财政应返还额度	20 000

(四) 库存物品

库存物品科目核算单位在开展业务活动及其他活动中为耗用或出售而储存的各种材料、产品、包装物、低值易耗品，以及达不到固定资产标准的用具、装具、动植物等的成本。单位随买随用的零星办公用品，可以在购进时直接列作费用，不通过本科目核算。单位控制的政府储备物资，应当通过"政府储备物资"科目核算，不通过本科目核算。单位受托存储保管的物资和受托转赠的物资，应当通过"受托代理资产"科目核算，不通过本科目核算。单位为在建工程购买和使用的材料物资，应当通过"工程物资"科目核算，不通过本科目核算。外购的库存物品验收入库，按照确定的成本，借记本科目，贷记"财政拨款收入""零余额账户用款额度""银行存款""应付账款""在途物品"等科目。

【例2-8】某事业单位采取授权支付方式购买随买随用的零星办公用笔2 000元，为耗用而储备的办公用品墨盒20 000元，当月领用储备墨盒500元。

借：单位管理费	2 000
贷：零余额账户用款额度	2 000
借：事业支出	2 000
贷：资金结存	2 000
借：库存物品	20 000
贷：零余额账户用款额度	20 000
借：事业支出	20 000
贷：资金结存	20 000
领用时：	
借：单位管理费用	500
贷：库存物品	500

(五) 加工物品

加工物品科目核算单位自制或委托外单位加工的各种物品的实际成本。未完成的测绘、地质勘察、设计成果的实际成本，也通过本科目核算。本科目应当设置"自制物品""委托加工物品"两个一级明细科目，并按照物品类别、品种、项目等设置明细账，进行明细核算。

【例2-9】某事业单位自制物品A领用库存物品B 5 000元，应付加工人员工资5 000元，因加工物品耗用水费1 000元，物品完工后入库。

领用时：	
借：加工物品——自制物品A(直接材料)	5 000
贷：库存物品——B	5 000
借：加工物品——自制物品A(直接人工)	5 000
贷：应付职工薪酬	5 000
借：加工物品——自制物品A(其他费用)	1 000
贷：零余额账户用款额度	1 000

借: 事业支出		1 000
贷: 资金结存		1 000
借: 库存物品——A		11 000
贷: 加工物品——自制物品 A(对应明细科目)		11 000

(六) 固定资产

固定资产是指使用期限超过一年，单位价值在 1 000 元以上(其中:专用设备单位价值在 1 500 元以上)，并且在使用过程中基本保持原有物质形态的资产，单位价值虽未达到规定标准，但是耐用时间在一年以上的大批同类物资，作为固定资产管理。固定资产一般分为 6 类:房屋及构筑物；通用设备；专用设备；文物和陈列品；图书、档案；家具、用具、装具及动植物。以借入、经营租赁租入方式取得的固定资产，不通过本科目核算，应当设置备查簿进行登记。采用融资租入方式取得的固定资产，通过本科目核算，并在本科目下设置"融资租入固定资产"明细科目。经批准在境外购买具有所有权的土地作为固定资产，通过本科目核算；单位应当在本科目下设置"境外土地"明细科目，进行相应明细的核算。

1. 购入的固定资产

购入无须安装的固定资产验收合格时，按照确定的固定资产成本，借记"固定资产"，贷记 "财政拨款收入""零余额账户用款额度""应付账款""银行存款"等科目。购入需要安装的固定资产，在安装完毕交付使用前通过"在建工程"科目核算，安装完毕交付使用时再转入本科目。

购入无须安装的固定资产可参见【例 2-1】。

【例 2-10】某事业单位购入需安装的设备一台，价值 500 000 元，款项通过财政直接支付，通过零余额账户支付安装费 10 00 元。

借: 在建工程		500 000
贷: 财政拨款收入		500 000
借: 事业支出		500 000
贷: 财政拨款预算收入		500 000
借: 在建工程		10 000
贷: 零余额账户用款额度		10 000
借: 事业支出		10 000
贷: 资金结存		10 000
借: 固定资产		510 000
贷: 在建工程		510 000

2. 接受捐赠固定资产

接受捐赠的固定资产，按照确定的固定资产成本(凭据注明的金额加上相关税费、运输费等确定)，借记"固定资产"，按照发生的相关税费、运输费等，贷记"零余额账户用款额度""银行存款"等科目，按照其差额，贷记"捐赠收入"科目。接受捐赠的固定资产按照名义金额入账的，按照名义金额，借记"固定资产"，贷记"捐赠收入"科目；按照发生的相关税费、运输费等，借记"其他费用"科目，贷记"零余额账户用款额度""银行存款"等科目。

【例 2-11】某学校收到校友捐赠的无须安装新购仪器设备一套，凭证金额 500 000 元，另外学校支付设备运输费 1 000 元。

借: 固定资产	501 000	
贷: 零余额账户用款额度		1 000
捐赠收入		500 000
借: 其他支出	1 000	
贷: 资金结存		1 000

3. 无偿调入固定资产

无偿调入的固定资产，按照确定的固定资产成本(由调出方账面价值加上相关税费、运输费等确定)，借记"固定资产"，按照发生的相关税费、运输费等，贷记"零余额账户用款额度""银行存款"等科目，按照其差额，贷记"无偿调拨净资产"科目。

【例2-12】某学校无偿调入无须安装新购仪器设备一套，调出方账面金额500 000元，另外学校支付设备运输费1 000元。

借: 固定资产	501 000	
贷: 零余额账户用款额度		1 000
无偿调拨净资产		500 000
借: 其他支出	1 000	
贷: 资金结存		1 000

4. 固定资产累计折旧

固定资产累计折旧科目核算单位计提的固定资产累计折旧，按月计提固定资产折旧时，按照应计提折旧金额，借记"业务活动费用""单位管理费用""经营费用""加工物品""在建工程"等科目，贷记"固定资产累计折旧"。固定资产、公共基础设施折旧，折旧不考虑预计净残值。按月折旧，当月增加的当月不提折旧，从下月起计提折旧；当月减少的，当月照提折旧，从下月起不提折旧。固定资产、公共基础设施提足折旧后，无论能否继续使用，均不再计提折旧；提前报废的固定资产、公共基础设施，也不再补提折旧；已提足折旧的固定资产、公共基础设施，可以继续使用的，应当继续使用，规范管理。

【例2-13】某部门一体机原价48 000元，预计使用4年，计提当月折旧。

借: 单位管理费	1 000	
贷: 固定资产累计折旧		1 000

5. 固定资产后续支出

符合固定资产确认条件的后续支出，通常情况下，将固定资产转入改建、扩建时，按照固定资产的账面价值，借记"在建工程"科目，按照固定资产已计提折旧，借记"固定资产累计折旧"科目，按照固定资产的账面余额，贷记"固定资产"。为增加固定资产使用效能或延长其使用年限而发生的改建、扩建等后续支出，借记"在建工程"科目，贷记"财政拨款收入""零余额账户用款额度""银行存款"等科目。固定资产改建、扩建等完成交付使用时，按照在建工程成本，借记"固定资产"，贷记"在建工程"科目。不符合固定资产确认条件的后续支出，为保证固定资产正常使用发生的日常维修等支出，借记"业务活动费用""单位管理费用"等科目，贷记"财政拨款收入""零余额账户用款额度""银行存款"等科目。

【例2-14】某事业单位一台专用设备发生维修费用授权支付10 000元，固定资产账面原值120 000元，已提折旧60 000元，维修后可延长使用年限。

借: 在建工程	60 000	
固定资产累计折旧	60 000	

贷：固定资产	120 000
支付维修费：	
借：在建工程	10 000
贷：零余额账户用款额度	10 000
借：事业支出	10 000
贷：资金结存	10 000
维修完工后重新计算折旧年限、折旧金额：	
借：固定资产	70 000
贷：在建工程	70 000

【例2-15】如上例中维修后不可延长使用年限，则不符合固定资产确认条件的账务处理。

借：业务活动费	10 000
贷：零余额账户用款额度	10 000
借：事业支出	10 000
贷：资金结存	10 000

6. 固定资产处置

报经批准出售、转让固定资产，按照被出售、转让固定资产的账面价值，借记"资产处置费用"科目，按照固定资产已计提的折旧，借记"固定资产累计折旧"科目，按照固定资产账面余额，贷记"固定资产"；同时，按照收到的价款，借记"银行存款"等科目，按照处置过程中发生的相关费用，贷记"银行存款"等科目，按照其差额，贷记"应缴财政款"科目。对外捐赠固定资产，按照固定资产已计提的折旧，借记"固定资产累计折旧"科目，按照被处置固定资产账面余额，贷记"固定资产"，按照捐赠过程中发生的归属于捐出方的相关费用，贷记"银行存款"等科目，按照其差额，借记"资产处置费用"科目。无偿调出固定资产，按照固定资产已计提的折旧，借记"固定资产累计折旧"科目，按照被处置固定资产账面余额，贷记"固定资产"，按照其差额，借记"无偿调拨净资产"科目；同时，按照无偿调出过程中发生的归属于调出方的相关费用，借记"资产处置费用"科目，贷记"银行存款"等科目。

【例2-16】某事业单位出售专用设备一台，收到价款70 000元，固定资产账面原值120 000元，已提折旧60 000元，授权支付运费1 000元。

借：资产处置费用	60 000
固定资产累计折旧	60 000
贷：固定资产	120 000
借：银行存款	70 000
贷：应缴财政款	69 000
银行存款等	1 000

【例2-17】某事业单位对外捐赠专用设备一台，固定资产账面原值120 000元，已提折旧60 000元，授权支付运费1 000元。

借：资产处置费用	61 000
固定资产累计折旧	60 000
贷：固定资产	120 000
银行存款等	1 000

按照对外捐赠过程中发生的归属于捐出方的相关费用：
　　借：其他支出　　　　　　　　　　　　　　　　　1 000
　　　　贷：资金结存　　　　　　　　　　　　　　　　　　1 000

【例2-18】 某事业单位对外无偿调出专用设备一台，固定资产账面原值120 000元，已提折旧60 000元，授权支付运费1 000元。
　　借：无偿调拨净资产　　　　　　　　　　　　　　60 000
　　　　固定资产累计折旧　　　　　　　　　　　　　　60 000
　　　　贷：固定资产　　　　　　　　　　　　　　　　　120 000
　　借：资产处置费用　　　　　　　　　　　　　　　　1 000
　　　　贷：银行存款等　　　　　　　　　　　　　　　　　1 000
　　借：其他支出　　　　　　　　　　　　　　　　　　1 000
　　　　贷：资金结存　　　　　　　　　　　　　　　　　　1 000

（七）无形资产

1. 外购无形资产

外购无形资产科目核算单位无形资产的原值，非大批量购入、单价小于1 000元的无形资产，可以于购买的当期将其成本直接计入当期费用。外购的无形资产，按照确定的成本，借记本科目，贷记"财政拨款收入""零余额账户用款额度""应付账款""银行存款"等科目。

【例2-19】 某学校购入价值500 000元教学软件一套，款项通过财政直接支付。
　　借：无形资产　　　　　　　　　　　　　　　　　500 000
　　　　贷：财政拨款收入　　　　　　　　　　　　　　　500 000
　　借：事业支出　　　　　　　　　　　　　　　　　500 000
　　　　贷：财政拨款预算收入　　　　　　　　　　　　　500 000

2. 委托软件公司开发软件

委托软件公司开发软件视同外购无形资产进行处理，合同中约定预付开发费用的，按照预付金额，借记"预付账款"科目，贷记"财政拨款收入""零余额账户用款额度""银行存款"等科目。软件开发完成交付使用并支付剩余或全部软件开发费用时，按照软件开发费用总额，借记本科目，按照相关预付账款金额，贷记"预付账款"科目，按照支付的剩余金额，贷记"财政拨款收入""零余额账户用款额度""银行存款"等科目。

【例2-20】 某学校通过招标委托软件公司开发教学管理系统一套，预付开发费用20 000元，开发完成验收通过后付款180 000元。
　　借：预付账款　　　　　　　　　　　　　　　　　20 000
　　　　贷：财政拨款收入　　　　　　　　　　　　　　　20 000
　　借：事业支出　　　　　　　　　　　　　　　　　20 000
　　　　贷：财政拨款预算收入　　　　　　　　　　　　　20 000
　　借：无形资产　　　　　　　　　　　　　　　　　200 000
　　　　贷：预付账款　　　　　　　　　　　　　　　　　20 000
　　　　　　财政拨款收入　　　　　　　　　　　　　　　180 000
　　借：事业支出　　　　　　　　　　　　　　　　　180 000
　　　　贷：财政拨款预算收入　　　　　　　　　　　　　180 000

(八) 研发支出

研发支出科目核算单位自行研究开发项目研究阶段和开发阶段发生的各项支出,分"研究支出""开发支出"进行明细核算。自行研究开发项目研究阶段的支出,应当先在本科目归集。按照从事研究及其辅助活动人员计提的薪酬,研究活动领用的库存物品,发生的与研究活动相关的管理费、间接费和其他各项费用,借记本科目(研究支出),贷记"应付职工薪酬""库存物品""财政拨款收入""零余额账户用款额度""固定资产累计折旧""银行存款"等科目。期(月)末,应当将本科目归集的研究阶段的支出金额转入当期费用,借记"业务活动费用"等科目,贷记本科目(研究支出)。自行研究开发项目开发阶段的支出,先通过本科目进行归集,达到预定用途形成无形资产的,按照本科目归集的开发阶段的支出金额,借记"无形资产"科目,贷记本科目(开发支出)。如预计不能达到预定用途,应当将已发生的开发支出金额全部转入当期费用,借记"业务活动费用"等科目,贷记本科目(开发支出)。对确实无法区分研究阶段支出和开发阶段支出,但按照法律程序已申请取得无形资产的,按照依法取得时发生的注册费、聘请律师费等费用,借记资产,贷记"财政拨款收入""零余额账户用款额度""银行存款"等科目;按照依法取得前所发生的研究开发支出,借记"业务活动费用"等科目,已通过研发支出归集的贷记"研发支出"科目。

【例2-21】某事业单位自行开发一套软件设备,研究阶段发生研发人员工资50 000元,领用库存物品10 000元。

借:研发支出——研究支出　　　　　　　　　60 000
　　贷:应付职工薪酬　　　　　　　　　　　　　　50 000
　　　　库存物品　　　　　　　　　　　　　　　　10 000
年末:
借:业务活动费用　　　　　　　　　　　　　60 000
　　贷:研发支出——研究支出　　　　　　　　　　60 000

【例2-22】某事业单位自行开发一套软件设备,开发阶段发生研发人员工资50 000元,领用库存物品10 000元,年末形成无形资产。

借:研发支出——开发支出　　　　　　　　　60 000
　　贷:应付职工薪酬　　　　　　　　　　　　　　50 000
　　　　库存物品　　　　　　　　　　　　　　　　10 000
年末:
借:无形资产　　　　　　　　　　　　　　　60 000
　　贷:研发支出——开发支出　　　　　　　　　　60 000

【例2-23】某事业单位自行开发一套软件设备,开发阶段发生研发人员工资50 000元,领用库存物品10 000元,年末无法达到预定用途,未形成无形资产。

借:研发支出——开发支出　　　　　　　　　60 000
　　贷:应付职工薪酬　　　　　　　　　　　　　　50 000
　　　　库存物品　　　　　　　　　　　　　　　　10 000
年末:
借:业务活动费　　　　　　　　　　　　　　60 000
　　贷:研发支出——开发支出　　　　　　　　　　60 000

三、主要负债业务核算

负债是指行政单位所承担的能以货币计量，需要以资产或者劳务偿还的债务。

1. 应交增值税

应交增值税科目核算单位按照税法规定计算应交纳的增值税，属于增值税一般纳税人的单位，应当在本科目下设置"应交税金""未交税金""预交税金""待抵扣进项税额""待认证进项税额""待转销项税额""简易计税""转让金融商品应交增值税""代扣代交增值税"等明细科目。属于增值税小规模纳税人的单位只需在本科目下设置"转让金融商品应交增值税""代扣代交增值税"明细科目。

单位购买用于增值税应税项目的资产或服务等时，按照应计入相关成本费用或资产的金额，借记"业务活动费用""在途物品""库存物品""工程物资""在建工程""固定资产""无形资产"等科目，按照当月已认证的可抵扣增值税税额，借记本科目(应交税金——进项税额)，按照当月未认证的可抵扣增值税税额，借记本科目(待认证进项税额)，按照应付或实际支付的金额，贷记"应付账款""应付票据""银行存款""零余额账户用款额度"等科目。小规模纳税人购买资产或服务等时不能抵扣增值税，发生的增值税计入资产成本或相关成本费用。单位销售货物或提供服务，应当按照应收或已收的金额，借记"应收账款""应收票据""银行存款"等科目，按照确认的收入金额，贷记"经营收入""事业收入"等科目，按照现行增值税制度规定计算的销项税额(或采用简易计税方法计算的应纳增值税税额)，贷记本科目(应交税金——销项税额) 或本科目(简易计税)[小规模纳税人应贷记本科目]。

【例2-24】某事业单位采取授权支付方式购买用于增值税业务的材料20 000元，取得增值税专用发票，税金2 600元，已通过认证，可抵扣。

借：库存物品　　　　　　　　　　　　　　　　　　20 000
　　应交增值税——应交税金——进项税额　　　　　2 600
　　贷：零余额账户用款额度　　　　　　　　　　　22 600
借：事业支出　　　　　　　　　　　　　　　　　　22 600
　　贷：资金结存　　　　　　　　　　　　　　　　22 600

如果事业单位被认定为小规模纳税人，会计分录如下。

借：库存物品　　　　　　　　　　　　　　　　　　22 600
　　贷：零余额账户用款额度　　　　　　　　　　　22 600
借：事业支出　　　　　　　　　　　　　　　　　　22 600
　　贷：资金结存　　　　　　　　　　　　　　　　22 600

【例2-25】某事业单位提供应税劳务取得应税收入20 000元，税金2 600元。

借：银行存款　　　　　　　　　　　　　　　　　　22 600
　　贷：事业收入　　　　　　　　　　　　　　　　20 000
　　　　应交增值税——应交税金——销项税额　　　2 600
借：资金结存——货币资金　　　　　　　　　　　　22 600
　　贷：事业预算收入　　　　　　　　　　　　　　22 600

缴税时：

借：应交增值税——应交税金——已交税金　　　　　2 600
　　贷：银行存款　　　　　　　　　　　　　　　　2 600

借：事业支出	2 600	
贷：资金结存——货币资金		2 600

2. 应缴财政款

应缴财政款科目核算单位取得或应收的按照规定应当上缴财政的款项，包括应缴国库的款项和应缴财政专户的款项。单位按照国家税法等有关规定应当缴纳的各种税费，通过"应交增值税""其他应交税费"科目核算，不通过本科目核算。单位取得或应收按照规定应缴财政的款项时，借记"银行存款""应收账款"等科目，贷记本科目。单位上缴应缴财政的款项时，按照实际上缴的金额，借记本科目，贷记"银行存款"科目。年终清缴后，本科目一般应无余额。

【例2-26】 某事业单位报废一批电脑，原值200 000元，已提折旧190 000元，取得变价收入20 000元。

转入待处理财产时：
借：待处理财产损溢——待处理财产价值	10 000	
固定资产累计折旧	190 000	
贷：固定资产		200 000

报经批准处理时：
借：资产处置费用	10 000	
贷：待处理财产损溢——待处理财产价值		10 000

残值变价收入：
借：库存现金	20 000	
贷：待处理财产损溢——处理净收入		20 000

收支结清：
借：待处理财产损溢——处理净收入	20 000	
贷：应缴财政款		20 000

上缴财政时：
借：应缴财政款	20 000	
贷：银行存款		20 000

3. 应付职工薪酬

应付职工薪酬科目核算单位按照有关规定应付给职工(含长期聘用人员)及为职工支付的各种薪酬，包括基本工资、国家统一规定的津贴补贴、规范津贴补贴(绩效工资)、改革性补贴、社会保险费(如职工基本养老保险费、职业年金、基本医疗保险费等)、住房公积金等。本科目应当根据国家有关规定按照"基本工资"(含离退休费)、"国家统一规定的津贴补贴""规范津贴补贴(绩效工资)""改革性补贴""社会保险费""住房公积金""其他个人收入"等进行明细核算。其中，"社会保险费""住房公积金"明细科目核算内容包括单位从职工工资中代扣代缴的社会保险费、住房公积金，以及单位为职工计算缴纳的社会保险费、住房公积金。

计提从事专业及其辅助活动人员的职工薪酬，借记"业务活动费用""单位管理费用"科目，贷记本科目。因解除与职工的劳动关系而给予的补偿，借记"单位管理费用"等科目，贷记本科目。向职工支付工资、津贴补贴等薪酬时，按照实际支付的金额，借记本科目，贷记"财政拨款收入""零余额账户用款额度""银行存款"等科目。按照税法规定代扣职工个人所得税时，借记本科目(基本工资)，贷记"其他应交税费——应交个人所得税"科目。从应付职工薪酬中代扣为职工垫付的水电费、房租等费用时，按照实际扣除的金额，借记本科目(基本工资)，贷记"其他应收款"等科目。从应付职工薪酬中代扣社会保险费和住房公积金，按照代扣的金额，借记本科目(基本工资)，贷记本科目(社会保险费、住房公积金)。按照国家有关规定缴纳职工社会保险费和住房公积金时，按照实际支付的金额，借记本科目(社会保险费、住房公积金)，贷记"财政拨款收入""零余额账户用款额度""银行存款"等科目。本科目期末贷方余额，反映单位应付未付的职工薪酬。

【例2-27】某事业单位本月业务人员应发工资总额200 000元，扣各项保险费20 000元，扣住房公积金24 000元，代扣代缴个人所得税5 000元，扣还代交高级人才房租1 000元，实发工资150 000元。

计提核算工资：
借：业务活动费   200 000
    贷：应付职工薪酬——工资   200 000
扣保险及公积金：
借：应付职工薪酬——工资   44 000
    贷：应付职工薪酬——社会保险费   20 000
                  ——住房公积金   24 000
扣个人所得税：
借：应付职工薪酬——工资   5 000
    贷：其他应交税费——应交个人所得税 5 000
扣代垫房租：
借：应付职工薪酬——工资   1 000
    贷：其他应收款   1 000
支付工资：
借：应付职工薪酬   150 000
    贷：零余额账户用款额度   150 000
借：事业支出   150 000
    贷：资金结存   150 000

四、收入与预算收入

预算单位财务会计收入包括：财政拨款收入、事业收入、上级补助收入、附属单位上缴收入、经营收入、非同级财政拨款收入、投资收益、捐赠收入、利息收入、租金收入、其他收入等，一般按权责发生制确认。预算收入包括：财政拨款预算收入、事业预算收入、上级补助预算收入、附属单位上缴预算收入、经营预算收入、债务预算收入、非同级财政拨款预算收入、投资预算收益、其他预算收入等。一般按收付实现制确认。下面简单介绍财政拨款预算收入和事业预算收入。

1. 财政拨款预算收入

财政拨款预算收入科目核算从同级财政部门取得的财政预算资金，财政拨款预算收入应当设置"基本支出"和"项目支出"两个明细科目，并按照《政府收支分类科目》中"支出功能分类科目"的项级科目进行明细核算；同时，在"基本支出"明细科目下按照"人员经费"和"日常公用经费"进行明细核算，在"项目支出"明细科目下按照具体项目进行明细核算。年末分别转入本年盈余和财政拨款结转科目。

【例2-28】取得财政拨款的核算见【例2-5】【例2-6】【例2-7】。

【例2-29】年末将本年财政拨款收入5 000 000元转入本期盈余,将财政拨款预算收入转入财政拨款结转,基本支出中人员经费1 500 000元,日常公用经费1 500 000元,项目A和B各1 000 000元。

借:财政拨款收入		5 000 000
贷:本期盈余		5 000 000
借:财政拨款预算收入——基本支出——人员经费		1 500 000
——基本支出——日常公用经费		1 500 000
——项目支出——A		1 000 000
——项目支出——B		1 000 000
贷:财政拨款结转——本年收支结转		5 000 000

2. 事业预算收入

事业收入及事业预算收入科目核算事业单位开展专业业务活动及其辅助活动实现的收入,不包括从同级政府财政部门取得的各类财政拨款。对于因开展科研及其辅助活动从非同级政府财政部门取得的经费拨款,应当在本科目下单设"非同级财政拨款"明细科目进行核算。采用财政专户返还方式管理的事业收入,实现应上缴财政专户的事业收入时,按照实际收到或应收的金额,借记"银行存款""应收账款"等科目,贷记"应缴财政款"科目。向财政专户上缴款项时,按照实际上缴的款项金额,借记"应缴财政款"科目,贷记"银行存款"等科目。收到从财政专户返还的事业收入时,按照实际收到的返还金额,借记"零余额用款额度"等科目,贷记"事业收入"科目。期末,事业收入转入本期盈余贷方。事业预算收入按《政府收支分类科目》中"支出功能分类科目"项级科目等进行明细核算。年末,将事业预算收入科目本年发生额中的专项资金收入转入非财政拨款结转,借记事业预算收入科目下各专项资金收入明细科目,贷记"非财政拨款结转——本年收支结转"科目;将事业预算收入科目本年发生额中的非专项资金收入转入其他结余,借记事业预算收入科目下各非专项资金收入明细科目,贷记"其他结余"科目。

【例2-30】某学校收取学费收入1 000 000元,上缴财政,财政收到资金后,全额返还学校,另外取得培训专项收入500 000元。

收缴学费收入及年终处理:

借:银行存款	1 000 000
贷:应缴财政款	1 000 000
借:应缴财政款	1 000 000
贷:银行存款	1 000 000
借:银行存款	1 000 000
贷:事业收入	1 000 000
借:资金结存——货币资金	1 000 000
贷:事业预算收入	1 000 000

年末处理:

借:事业收入	1 000 000
贷:本期盈余	1 000 000

```
借：事业预算收入                           1 000 000
    贷：其他结余                                    1 000 000
收取专项收入：
借：银行存款                                 500 000
    贷：事业收入                                      500 000
借：资金结存——货币资金                       500 000
    贷：事业预算收入                                  500 000
年末处理：
借：事业收入                                 500 000
    贷：本期盈余                                      500 000
借：事业预算收入                             500 000
    贷：非财政拨款结转——本年收支结转               500 000
```

五、费用与支出

财务会计费用类包括业务活动费、单位管理费用、经营费用、资产处置费用、上缴上级费用、对附属单位补助费用、所得税费用等。预算会计支出包括行政支出、事业支出、经营支出、上缴上级支出、对附属单位补助支出、投资支出、债务还本支出、其他支出等。下面择要进行介绍。

1. 业务活动费

业务活动费科目为财务会计科目，核算单位为实现其职能目标，依法履职或开展专业业务活动及其辅助活动所发生的各项费用。应当按照项目、服务或者业务类别、支付对象等进行明细核算，还可按照"工资福利费用""商品和服务费用""对个人和家庭的补助费用""对企业补助费用""固定资产折旧费""无形资产摊销费""公共基础设施折旧(摊销)费""保障性住房折旧费""计提专用基金"等成本项目设置明细科目，归集能够直接计入业务活动或采用一定方法计算后计入业务活动的费用。期末将本科目本期发生额转入本期盈余，借记"本期盈余"科目，贷记本科目，期末结转后，本科目应无余额。

日常发生业务活动费核算见【例2-14】【例2-19】【例2-25】等。

【例2-31】某学校期末将业务活动费账户各明细账户借方发生额980 000元转入本期盈余。
```
借：本期盈余                                 980 000
    贷：业务活动费(对应各明细账户)                   980 000
```

2. 单位管理费

单位管理费科目为财务会计科目，核算事业单位本级行政及后勤管理部门开展管理活动发生的各项费用，包括单位行政及后勤管理部门发生的人员经费、公用经费、资产折旧(摊销)等费用，以及由单位统一负担的离退休人员经费、工会经费、诉讼费、中介费等。应当按照项目、费用类别、支付对象等进行明细核算。为了满足成本核算需要，本科目下还可按照"工资福利费用""商品和服务费用""对个人和家庭的补助费用""固定资产折旧费""无形资产摊销费"等成本项目设置明细科目，归集能够直接计入单位管理活动或采用一定方法计算后计入单位管理活动的费用。期末将本科目本期发生额转入本期盈余，借记"本期盈余"科目，贷记本科目。期末结转后，本科目应无余额。

【例2-32】某学校期末将单位管理费账户借方发生额980 000元转入本期盈余。

借：本期盈余　　　　　　　　　　　　　　　　　　980 000
　　贷：单位管理费(对应各明细账户)　　　　　　　　　　980 000

3. 行政支出

行政支出科目为预算会计科目，核算行政单位履行其职责实际发生的各项现金流出。应当分别按照"财政拨款支出""非财政专项资金支出"和"其他资金支出""基本支出"和"项目支出"等进行明细核算，"基本支出"和"项目支出"明细科目下应当按照《政府收支分类科目》中"部门预算支出经济分类科目"的款级科目进行明细核算，同时在"项目支出"明细科目下按照具体项目进行明细核算。账务处理主要包括支付单位职工薪酬、购买存货、固定资产、无形资产及在建工程支付相关款项。年末，将本科目本年发生额中的财政拨款支出转入财政拨款结转，借记"财政拨款结转——本年收支结转"科目，贷记本科目下各财政拨款支出明细科目；将本科目本年发生额中的非财政专项资金支出转入非财政拨款结转，借记"非财政拨款结转——本年收支结转"科目，贷记本科目下各非财政专项资金支出明细科目；将本科目本年发生额中的其他资金支出(非财政非专项资金支出)转入其他结余，借记"其他结余"科目，贷记本科目下其他资金支出明细科目。年末结转后，本科目应无余额。

【例2-33】某部门期末将行政支出账户中财政拨款支出500 000元，非财政拨款专项资金支出400 000元以及非财政拨款、非专项资金、非经营支出300 000元转入相应账户。

借：财政拨款结转——本年收支结转　　　　　　　　500 000
　　非财政拨款结转——本年收支结转　　　　　　　　400 000
　　其他结余　　　　　　　　　　　　　　　　　　　300 000
　　贷：行政支出(对应各明细账户)　　　　　　　　　　1 200 000

4. 事业支出

事业支出科目核算事业单位开展专业业务活动及其辅助活动实际发生的各项现金流出。本科目应当分别按照"财政拨款支出""非财政专项资金支出""其他资金支出""基本支出"和"项目支出"等进行明细核算，"基本支出"和"项目支出"明细科目下应当按照《政府收支分类科目》中"部门预算支出经济分类科目"的款级科目进行明细核算，同时在"项目支出"明细科目下按照具体项目进行明细核算。主要账务处理包括支付单位职工(经营部门职工除外)薪酬、为专业业务活动及其辅助活动支付外部人员劳务费、购买存货、固定资产、无形资产等。年末，将本科目本年发生额中的财政拨款支出转入财政拨款结转，借记"财政拨款结转——本年收支结转"科目，贷记本科目下各财政拨款支出明细科目；将本科目本年发生额中的非财政专项资金支出转入非财政拨款结转，借记"非财政拨款结转——本年收支结转"科目，贷记本科目下各非财政专项资金支出明细科目；将本科目本年发生额中的其他资金支出(非财政非专项资金支出)转入其他结余，借记"其他结余"科目，贷记本科目下其他资金支出明细科目。年末结转后，本科目应无余额。

【例2-34】某事业单位期末将行政支出账户中财政拨款支出500 000元，非财政拨款专项资金支出400 000元及非财政拨款非专项资金支出300 000元转入相应账户。

借：财政拨款结转——本年收支结转　　　　　　　　500 000
　　非财政拨款结转——本年收支结转　　　　　　　　400 000
　　其他结余　　　　　　　　　　　　　　　　　　　300 000
　　贷：事业支出(对应各明细账户)　　　　　　　　　　1 200 000

六、期末盈余及结余核算

1. 本期盈余

本期盈余科目为财务会计科目,核算单位本期各项收入、费用相抵后的余额。期末,将各类收入科目的本期发生额转入本期盈余,借记"财政拨款收入""事业收入""上级补助收入""附属单位上缴收入""经营收入""非同级财政拨款收入""投资收益""捐赠收入""利息收入""租金收入""其他收入"科目,贷记本科目;将各类费用科目本期发生额转入本期盈余,借记本科目,贷记"业务活动费用""单位管理费用""经营费用""所得税费用""资产处置费用""上缴上级费用""对附属单位补助费用""其他费用"科目。完成上述结转后,将本科目余额转入"本年盈余分配"科目,借记或贷记本科目,贷记或借记"本年盈余分配"科目。本科目期末如为贷方余额,反映单位自年初至当期期末累计实现的盈余;如为借方余额,反映单位自年初至当期期末累计发生的亏损。年末结账后,本科目应无余额。

2. 本年盈余分配

本年盈余分配科目为财务会计科目,核算单位本年度盈余分配的情况和结果。年末,将"本期盈余"科目余额转入本科目,借记或贷记"本期盈余"科目,贷记或借记本科目。根据有关规定从本年度非财政拨款结余或经营结余中提取专用基金的,按照预算会计下计算的提取金额,借记本科目,贷记"专用基金"科目。完成上述处理后,将本科目余额转入累计盈余,借记或贷记本科目,贷记或借记"累计盈余"科目。年末结账后,本科目应无余额。

本期盈余核算见【例2-27】【例2-28】【例2-29】【例2-30】。

【例2-35】某单位本期盈余400 000元转入本年盈余分配,从非财政拨款结余分配中提取专用结余200 000元。

借:本期盈余　　　　　　　　　　　　　　400 000
　　贷:本年盈余分配　　　　　　　　　　　　200 000
借:本年盈余分配　　　　　　　　　　　　200 000
　　贷:专用基金　　　　　　　　　　　　　　200 000

同时进行预算会计核算,会计分录如下。

借:非财政拨款结余分配　　　　　　　　　200 000
　　贷:专用结余　　　　　　　　　　　　　　200 000

3. 专用基金

专用基金科目为财务会计科目,核算事业单位按照规定提取或设置的具有专门用途的净资产,主要包括职工福利基金、科技成果转换基金等。年末,根据有关规定从本年度非财政拨款结余或经营结余中提取专用基金的,按照预算会计下计算的提取金额,借记"本年盈余分配"科目,贷记本科目(见【例2-33】)。根据有关规定从收入(非财政拨款)中提取专用基金并计入费用的,一般按照预算会计下基于预算收入计算提取的金额,借记"业务活动费用"等科目,贷记本科目。按照规定使用提取的专用基金时,借记本科目,贷记"银行存款"等科目。使用提取的专用基金购置固定资产、无形资产的,按照固定资产、无形资产成本金额,借记"固定资产""无形资产"科目,贷记"银行存款"等科目;同时,按照专用基金使用金额,借记本科目,贷记"累计盈余"科目。本科目期末贷方余额,反映事业单位累计提取或设置的尚未使用的专用基金。

【例2-36】某事业单位根据规定从收入中提取专用基金200 000元,并计入业务活动费。
　　借:业务活动费用　　　　　　　　　　　　200 000
　　　贷:专用基金　　　　　　　　　　　　　　　　200 000

【例2-37】某事业单位根据规定使用上例从收入中提取专用基金5 000元用于开展业务活动。
　　借:专用基金　　　　　　　　　　　　　　　5 000
　　　贷:银行存款　　　　　　　　　　　　　　　　5 000
　　借:事业支出　　　　　　　　　　　　　　　5 000
　　　贷:资金结存　　　　　　　　　　　　　　　　5 000

【例2-38】某事业单位根据规定使用从结余中提取专用基金5 000元用于开展业务活动。
　　借:专用基金　　　　　　　　　　　　　　　5 000
　　　贷:银行存款　　　　　　　　　　　　　　　　5 000
　　借:专用结余　　　　　　　　　　　　　　　5 000
　　　贷:资金结存　　　　　　　　　　　　　　　　5 000

【例2-39】某事业单位根据规定使用专用基金5 000元用于购买固定资产。
　　借:固定资产　　　　　　　　　　　　　　　5 000
　　　贷:银行存款　　　　　　　　　　　　　　　　5 000
　　借:专用基金　　　　　　　　　　　　　　　5 000
　　　贷:累计盈余　　　　　　　　　　　　　　　　5 000
　预算会计核算:
　　借:事业支出(或专用结余)　　　　　　　　　5 000
　　　贷:资金结存　　　　　　　　　　　　　　　　5 000

4. 累计盈余

累计盈余科目为财务会计科目,核算单位历年实现的盈余扣除盈余分配后滚存的金额,以及因无偿调入调出资产产生的净资产变动额。年末,将"本年盈余分配"科目的余额转入累计盈余,借记或贷记"本年盈余分配"科目,贷记或借记本科目。将"无偿调拨净资产"科目的余额转入累计盈余,借记或贷记"无偿调拨净资产"科目,贷记或借记本科目。本科目年末余额,反映单位未分配盈余(或未弥补亏损)及无偿调拨净资产变动的累计数。

5. 资金结存

资金结存科目为预算结余科目,本科目核算单位纳入部门预算管理的资金的流入、流出、调整和滚存等情况。应设置"零余额账户用款额度""货币资金"和"财政应返还额度"三个明细科目。本科目年末借方余额反映单位预算资金的累计滚存情况,应与结转结余贷方金额相等。

具体核算参见前述例题。

6. 财政拨款结转与财政拨款结余

单位应严格区分财政拨款结转结余和非财政拨款结转结余。结转资金是指预算安排项目的支出年终尚未执行完毕或者因故未执行,且下年需要按原用途继续使用的资金。结余资金是指年度预算执行终了,预算收入实际完成数扣除预算支出和结转资金后剩余的资金。财政拨款结转结余不参与事业单位结余分配,单独设置"财政拨款结转"和"财政拨款结余"科目,非财政拨款结转结余通过设置"非财政拨款结转""非财政拨款结余""专用结余""经营结余""非财政拨款结余分配"科目核算。

财政拨款结转科目为预算结余科目,核算单位取得的同级财政拨款结转资金的调整、结转和滚存情况。下设"年初余额调整""归集调入""归集调出""归集上缴""单位内部调剂""本年收支结转""累计结转"等明细科目,年末除累计结转外其他科目无余额。累积结转科目还应当设置"基本支出结转""项目支出结转"两个明细科目,并在"基本支出结转"明细科目下按照"人员经费""日常公用经费"进行明细核算。

财政拨款结余科目,核算单位取得的同级财政拨款项目支出结余资金的调整、结转和滚存情况,下设"年初余额调整""归集上缴""单位内部调剂""结转转入""累计结转"等明细科目,将本科目"年初余额调整""归集上缴""单位内部调剂"余额结转转入"累计结转"。结转后,除"累计结转"明细科目外,其他明细科目应无余额。

财政拨款结转日常核算参见【例2-27】【例2-28】【例2-31】【例2-32】等。

【例2-40】某事业单位设备更新财政拨款专项收入500 000元,支出490 000元,已更新完毕,房屋维修专项财政拨款收入300 000元,支出250 000元,尚未执行完毕。

借:财政拨款结转——累计结转　　　　　10 000
　　贷:财政拨款结余——结转转入　　　　　　　10 000

7. 非财政拨款结转与非财政拨款结余

预算会计科目和非财政拨款结转科目核算单位除财政拨款收支、经营收支以外各非同级财政拨款专项资金的调整、结转和滚存情况,设置"年初余额调整""缴回资金""项目间接费用或管理费""本年收支结转""累计结转"等明细科目。年末,将事业预算收入、上级补助预算收入、附属单位上缴预算收入、非同级财政拨款预算收入、债务预算收入、其他预算收入本年发生额中的专项资金收入转入本科目,借记"事业预算收入""上级补助预算收入""附属单位上缴预算收入""非同级财政拨款预算收入""债务预算收入""其他预算收入"科目下各专项资金收入明细科目,贷记本科目(本年收支结转);将行政支出、事业支出、其他支出本年发生额中的非财政拨款专项资金支出转入本科目,借记本科目(本年收支结转),贷记"行政支出""事业支出""其他支出"科目下各非财政拨款专项资金支出明细科目。结转后,本科目除"累计结转"明细科目外,其他明细科目应无余额。年末完成上述结转后,应当对非财政拨款专项结转资金各项目情况进行分析,将留归本单位使用的非财政拨款专项(项目已完成)剩余资金转入非财政拨款结余,借记本科目(累计结转),贷记"非财政拨款结余——结转转入"科目。

非财政拨款结余科目核算单位历年滚存的非限定用途的非同级财政拨款结余资金,主要为非财政拨款结余扣除结余分配后滚存的金额。年末,将留归本单位使用的非财政拨款专项(项目已完成)剩余资金转入本科目,借记"非财政拨款结转——累计结转"科目,贷记本科目(结转转入),事业单位将"非财政拨款结余分配"科目余额转入非财政拨款结余。"非财政拨款结余分配"有其他结余和经营结余两个来源,其他结余来源为非财政、非专项、非经营资金。

【例2-41】某事业单位专项事业收入500 000元,支出490 000元,剩余资金留给单位自己支配。

借:非财政拨款结转——累计结转　　　　10 000
　　贷:非财政拨款结余——结转转入　　　　　　10 000

8. 经营结余与其他结余

经营结余科目核算事业单位本年度经营活动收支相抵后余额弥补以前年度经营亏损后的余额。年末,将经营预算收入本年发生额转入本科目,借记"经营预算收入"科目,贷记本科目；将经营支出本年发生额转入本科目，借记本科目，贷记"经营支出"科目。年末，完成上述结转后，如本科目为贷方余额，将本科目贷方余额转入"非财政拨款结余分配"科目，借记本科目，贷记"非财政拨款结余分配"科目；如本科目为借方余额，为经营亏损，不予结转。

其他结余科目核算单位本年度除财政拨款收支、非同级财政专项资金收支和经营收支以外各项收支相抵后的余额。年末，行政单位将本科目余额转入"非财政拨款结余——累计结余"科目；事业单位将本科目余额转入"非财政拨款结余分配"科目。当本科目为贷方余额时，借记本科目，贷记"非财政拨款结余——累计结余"或"非财政拨款结余分配"科目；当本科目为借方余额时，借记"非财政拨款结余——累计结余"或"非财政拨款结余分配"科目，贷记本科目。年末结账后，本科目应无余额。

【例2-42】某事业单位非专项事业收入500 000元，支出490 000元，经营收入200 000元，经营支出180 000元，年末结转剩余资金。

借：其他结余　　　　　　　　　　　　　　　10 000
　　经营结余　　　　　　　　　　　　　　　20 000
　　贷：非财政拨款结余分配　　　　　　　　　　30 000

9. 专用结余与非财政拨款结余分配

专用结余科目核算事业单位按照规定从非财政拨款结余中提取的具有专门用途的资金的变动和滚存情况。根据有关规定，从本年度非财政拨款结余或经营结余中提取基金的，按照提取金额，借记"非财政拨款结余分配"科目，贷记本科目。根据规定使用从非财政拨款结余或经营结余中提取的专用基金时，按照使用金额，借记本科目，贷记"资金结存—货币资金"科目。本科目年末贷方余额，反映事业单位从非同级财政拨款结余中提取的专用基金的累计滚存数额。

非财政拨款结余分配科目核算事业单位本年度非财政拨款结余分配的情况和结果。年末，将"其他结余"科目余额转入本科目，当"其他结余"科目为贷方余额时，借记"其他结余"科目，贷记本科目；当"其他结余"科目为借方余额时，借记本科目，贷记"其他结余"科目。年末，将"经营结余"科目贷方余额转入本科目，借记"经营结余"科目，贷记本科目。根据有关规定提取专用基金的，按照提取的金额，借记本科目，贷记"专用结余"科目。完成提取后将本科目余额转入非财政拨款结余。当本科目为借方余额时，借记"非财政拨款结余——累计结余"科目，贷记本科目；当本科目为贷方余额时，借记本科目，贷记"非财政拨款结余——累计结余"科目。年末结账后，本科目应无余额。

【例2-43】续【例2-42】，单位根据规定从结余中提取专用基金5 000元，剩余金额转入非财政拨款结余。

借：非财政拨款结余分配　　　　　　　　　　　5 000
　　贷：专用结余　　　　　　　　　　　　　　　5 000
借：非财政拨款结余分配　　　　　　　　　　　25 000
　　贷：非财政拨款结余——累计结余　　　　　　25 000

任务小结

政府会计具有双功能、双基础和双报告的特征，财务会计要素包括资产、负债、净资产、收入和支出。资产是指行政单位占有或者使用的，能以货币计量的经济资源。前款所称占有，是指行政单位对经济资源拥有法律上的占有权。由行政单位直接支配，供社会公众使用的政府储备物资、公共基础设施等，也属于行政单位核算的资产。负债是指行政单位所承担的能以货币计量，需要以资产或者劳务偿还的债务。行政单位的流动负债包括应缴财政款、应缴税费、应付职工薪酬、应付及暂存款项、应付政府补贴款等。收入是指行政单位依法取得的非偿还性资金，包括财政拨款收入和其他收入。支出是指行政单位为保障机构正常运转和完成工作任务所发生的资金耗费和损失，包括经费支出和拨出经费。净资产是指行政单位资产扣除负债后的余额，包括财政拨款结转、财政拨款结余、其他资金结转结余、资产基金、待偿债净资产等。

任务考核

一、单项选择题

1. 零余额账户用款额度账户增加的记账依据是(　　)。
   A. 进账单　　　　　　　　　　　B. 余额调节表
   C. 存款单　　　　　　　　　　　D. 财政授权支付额度到账通知书

2. 行政单位根据财政部门批复的用款计划收到零余额账户用款额度到账通知书，财务核算贷方应记(　　)科目。
   A. 零余额账户用款额度　　　　　B. 财政拨款收入
   C. 资金结存　　　　　　　　　　D. 财政拨款预算收入

3. 行政单位根据使用上年度注销的直接支付额度时，财务核算贷方应记(　　)科目。
   A. 财政应返还额度　B. 财政拨款收入　C. 资金结存　　D. 财政拨款预算收入

4. 事业单位通过授权支付购买随买随用的办公品，财务会计核算借记(　　)科目。
   A. 单位管理费　　　　　　　　　B. 事业支出
   C. 资金结存　　　　　　　　　　D. 零余额账户用款额度

5. 事业单位通过授权支付购买随买随用的办公品，预算会计核算借记(　　)科目。
   A. 单位管理费　　　　　　　　　B. 事业支出
   C. 资金结存　　　　　　　　　　D. 零余额账户用款额度

6. 事业单位通过政府采购购入需安装的固定资产，财务会计借记(　　)科目。
   A. 固定资产　　B. 财政拨款收入　　C. 在建工程　　　D. 事业支出

7. 单位根据规定从结余中提取专用基金，预算会计核算借方应记(　　)科目。
   A. 非财政拨款结余分配　　　　　B. 专用结余
   C. 资金结存　　　　　　　　　　D. 财政拨款预算收入

8. 期末，根据规定，财务会计核算将事业收入专项资金转入(　　)科目。
   A. 本期盈余　　　　　　　　　　B. 资金结存
   C. 财政拨款结转　　　　　　　　D. 非财政拨款结转

9. 期末，预算会计核算将事业收入专项资金转入(　　)科目。
   A. 本期盈余　　　　　　　　　　B. 资金结存
   C. 财政拨款结转　　　　　　　　D. 非财政拨款结转

10. 期末，财务会计核算将事业收入非专项资金转入(　　)科目。
    A. 本期盈余　　　　　　　　　　B. 其他结余
    C. 财政拨款结转　　　　　　　　D. 非财政拨款结转

11. 期末，预算会计核算将事业收入非专项资金转入(　　)科目。
    A. 本期盈余　　B. 其他结余　　C. 财政拨款结转　　D. 非财政拨款结转

二、多项选择题
1. 以下属于非流动资产是(　　)。
    A. 固定资产　　B. 短期投资　　C. 公共基础设施　　D. 文物文化资产
2. 政府会计对(　　)不计提折旧。
    A. 专用设备　　B. 文物及陈列品　　C. 图书、档案　　D. 动植物
3. 无偿调入的固定资产,固定资产成本确定包括(　　)。
    A. 调出方账面价　B. 相关税费　　C. 运输费　　D. 买价
4. 政府财务会计要素包括(　　)。
    A. 资产　　B. 负债　　C. 所有者权益　　D. 收入
5. 下列属于预算会计要素的是(　　)。
    A. 预算收入　　B. 预算支出　　C. 财政拨款结余　　D. 经营结余
6. 事业单位研发支出包括(　　)和发生的各项支出。
    A. 研究阶段　　B. 开发阶段　　C. 调研阶段　　D. 测试阶段
7. 事业单位对确实无法区分研究阶段支出和开发阶段支出,但按照法律程序已申请取得无形资产的,按照依法取得时发生的(　　)确认无形资产价值。
    A. 注册费　　B. 律师费　　C. 人工费　　D. 材料费
8. 预算单位财务会计收入包括但不限于(　　)。
    A. 财政拨款收入　　　　　　　　B. 事业收入
    C. 上级补助收入　　　　　　　　D. 非同级财政拨款收入
9. 以下属于政府资产计量属性的有(　　)。
    A. 重置成本　　B. 历史成本　　C. 名义金额　　D. 现值材料费
10. 计算并支付事业单位业务人员工资,会计核算借记(　　)科目。
    A. 应付职工薪酬　　　　　　　　B. 事业支出
    C. 资金结存　　　　　　　　　　D. 业务活动费

三、判断题
1. 年末,根据代理银行提供的对账单做银行注销额度的相关账务处理,借记应收账款科目,贷记零余额账户用款额度(　　)。
2. 根据本年度财政授权支付预算指标数大于财政授权支付额度下达数两者间的差额,借记财政应返还额度科目,贷记财政拨款收入科目(　　)。
3. 单位收到财政部门批复的上年未下达零余额账户用款额度时,借记零余额账户用款额度科目,贷记财政应返还额度科目(　　)。
4. 政府部门固定资产折旧不考虑预计净残值(　　)。
5. 政府部门固定资产折旧,当月增加的当月不提折旧,从下月起计提折旧;当月减少的,当月照提折旧,从下月起不提折旧(　　)。
6. 政府部门非大批量购入单价小于1000元的无形资产,可以于购买的当期将其成本直接计入当期费用(　　)。
7. 政府部门从应付职工薪酬中代扣社会保险费和住房公积金,按照代扣的金额贷记其他应付款科目(　　)。
8. 事业收入始终与事业预算收入相等(　　)。

三、会计分录
1. 行政单位收到"财政授权支付额度到账通知书"100 000元,本月从零余额账户提取现

金 10 000 元用于支付办公室主任出差借款 5 000 元。

2. 办公室本月购买随买随用墨盒 5 个，价值 1 000 元。

3. 某行政单位 2019 年 3 月经政府采购购入需安装的设备一台，价值 500 000 元，安装费 100 000 元，当月安装完毕，款项通过财政直接支付。

四、综合测评

某民政局收到群众为灾区捐赠的现金 50 万元，捐赠的食品价值 100 万元，民政局及时把该批现金及食品发放给受灾群众，请代民政局会计及时做出账务处理。

任务拓展

知识链接

行政单位当年财政拨款结转结余金额比较大的原因：

(1) 财政资金拨补较晚，财政 12 月下拨资金较大，致使当年资金无法使用；

(2) 以前年度财政拨入各种专项资金因预算执行进度缓慢，资金结余较大；

(3) 财政预拨资金量较大，部分考核专项资金需待下一年度对本年的工作考评结束后才能使用。

关键词汇中英对照

行政单位	Administrative Units
存货	Stock
收入	Income
支出	Expenditure
净资产	Net Assets

项目三　商品流通企业会计核算

🔍 能力目标

1. 能够根据流通企业性质选取正确的会计核算方法。
2. 能够根据《企业会计准则》对商品进、销、存业务进行处理。
3. 能够根据商品进销差价率对成本进行还原。
4. 能够根据税率对商品销售收入进行价税分离。
5. 能够根据税收法律知识对鲜活商品进行价税分离。

🔍 知识目标

1. 掌握批发企业购进及调价业务核算。
2. 掌握批发企业销售业务核算。
3. 掌握"商品进销差价"账户的类型及会计核算。
4. 掌握售价金额核算法的实质。
5. 掌握成本调整方法、削价和调拨的核算方法。
6. 掌握活商品的核算方法。

🔍 素质目标

1. 培养学生正确处理涉税业务的素质。
2. 培养学生对削价和调价的认知能力。
3. 培养良好的沟通能力。
4. 培养学生对毛利率、综合差价率、加成率的认知能力。
5. 培养学生识别农产品发票并进行计税的能力。

项目三 商品流通企业会计核算

🔍 思政目标

1. 培养学生公正、法治的社会主义核心价值观。
2. 培养学生严谨、实事求是的工作作风。

🔍 项目情境

某省物价局对该省某汽车垄断案依法做出行政处罚，对公司罚款 3.5 亿元，对部分经销商罚款 786.9 万元。据调查，该公司通过电话、口头通知或者召开经销商会议的形式，限制不同区域内汽车整车的最低转售价格；并加大对经销商的考核力度，对不执行限价政策的经销商进行约谈警告、减少政策支持力度等多种方式，促使垄断协议得以实施。该公司违反了《中华人民共和国反垄断法》的规定，排除、限制了相关市场竞争，损害了消费者利益。另查明，经销商在该汽车公司组织下多次召开区域会议，达成并实施了固定部分配件价格的垄断协议，违反了《中华人民共和国反垄断法》的相关规定。

流通企业不得利用在行业的地位通过非法手段侵害消费者利益。

资料来源：http://auto.people.com.cn/n/2015/0423/c1005-26893096.html。

🔍 会计核算流程图

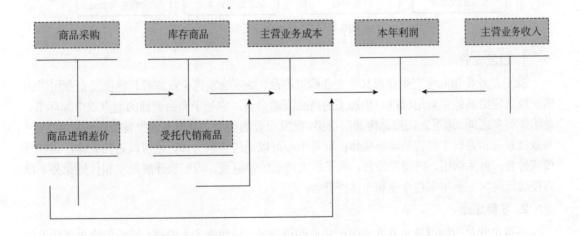

任务一　商品流通会计业务

✏ 任务引入

红蝶鞋业有限公司是经营红蝶品牌各款式皮鞋的公司，公司在各大商场租赁柜台自营，从事批发和零售业务。2021 年 2 月，正值北方冬春鞋产品换季，市中心商业区商场保留部分商品样品进行 5 折处理，同时将大量旧款鞋调离，并集中在远离商业中心的其他商场销售。有一位顾客在市中心商场看中一款女鞋，原价 2 000 元/双，现价 1 000 元/双，高于进价销售，但是鞋码不对,需要从其他商场调货再进行销售,如果你是公司财务人员,对商品调价和调库如何处理?

一、商品流通企业会计

商品流通企业是指以商品购销活动为主要经营活动的企业,它是连接生产和消费的桥梁和纽带。

(一) 商品流通企业类型

商品流通企业会计是以批发企业和零售企业的经济活动为对象,运用一整套专门方法,对其经济活动进行全面、连续、系统、综合的反映和监督,提供各种必需的会计信息,并对所提供的信息进行科学的专门处理,以对企业的经济活动进行科学管理,促使企业不断提高经济利益。商品流通企业按在商品流通中所处的地位可分为批发企业和零售企业两种类型(见图3-1)。

图3-1 商品流通企业类型

1. **批发企业**

批发企业是指向生产企业或其他企业购进商品,供应给零售企业或者其他批发企业用以销售,或供应给其他企业用以进一步加工的商品流通企业。它处于商品流通的起点或中间环节,是组织城乡之间、地区之间商品流通的桥梁。批发企业的类型主要有专业批发公司和贸易中心。专业批发公司是自主经营的经济实体;贸易中心可以是经济联合体,也可以是独立体,实行开放式经营,自主购销,跨国界经营,为了扩大商品的辐射面,应积极开展批发和代批业务,以方便边远地区、小型零售企业和个体经营者。

2. **零售企业**

零售企业是指向批发企业或者生产企业购进商品,销售给个人消费,或销售给企事业单位等用以生产和非生产消费的商品流通企业,是直接为人民生活服务的基层商品流通企业。零售企业按其经营商品种类的多少,可分为专业性零售企业和综合性零售企业。专业性零售企业是指专门经营某一类或几类商品的零售企业,如钟表、眼镜、交通器材、家用电器、照相器材、金银首饰等商店,综合性零售企业是指经营商品类别繁多的零售企业,如百货、食品、服装鞋帽、五金、日用杂货、综合商店等。

在实际工作中,有的批发企业还兼营零售业务,以了解市场信息;有的零售企业也兼营批发业务,以扩大经营范围。

(二) 商品流通企业商品流转环节

商品流通企业商品流转环节主要包括商品购进、商品销售和商品储存三个方面(见图3-2)。

图 3-2　商品流通企业会计核算内容

1. **商品购进**

商品购进是指商品流通企业为了销售或加工后销售，通过货币结算而取得商品所有权的交易行为，它是商品流转的起点。商品购进的过程，也就是货币资金转变为商品资金的过程。商品流通企业商品购进的主要渠道有：向工农业生产部门和个体生产者购进商品；向商品流通部门内其他独立核算单位购进商品及从国外进口商品等。

2. **商品销售**

商品销售是指商品流通企业通过货币结算而售出商品的交易行为，它是商品流通的终点。商品销售的过程，也就是商品资金转变为货币资金的过程。商品流通企业商品销售的主要对象有：工农业生产部门和个体经营者；机关、团体、事业单位和个人消费者；商品流通部门内其他独立核算单位等。

3. **商品储存**

商品储存是指商品流通企业购进的商品在销售以前在企业的停留状态。它以商品资金的形态存在于企业之中。商品储存是商品购进和商品销售的中间环节，也是商品流转的重要环节，是商品流通企业开展经营活动必不可少的一个环节。商品储存包括库存商品、受托代销商品、分期收款发出商品和购货方拒收的代管商品等。

二、商品流通企业的会计核算方法

商品流通企业会计核算的方法按价值标准主要分为进价核算和售价核算两种(见图3-3)。综合考虑商品的价值和数量标准，进价核算又可分为进价金额核算、数量进价金额核算，售价核算又可分为售价金额核算和数量售价金额核算。

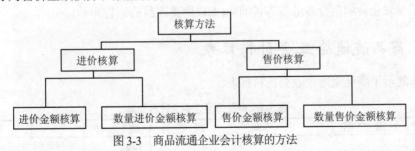

图 3-3　商品流通企业会计核算的方法

一般情况下，批发企业采用进价法进行会计核算，进价核算是指以库存商品的购进价格来反映和控制商品购进、销售和储存的一种核算方法。这种方法又可再分为进价金额核算和数量进价金额核算两种。零售企业会计核算采用售价核算，售价核算是指以库存商品的销售价格来反映和控制商品购进、销售和储存的一种核算方法。这种方法又可再分为售价金额核算和数量售价金额核算两种。

1. **进价金额核算**

进价金额核算是指库存商品总分类账和明细分类账都只反映商品进价金额，不反映实物数量的一种核算方法。采用这种方法,由于缺乏实物数量记载,必须通过对库存商品进行实地盘点,计算出期末结存金额后,才能倒挤出主营业务成本,所以也称为"进价记账盘存计销"。这种核算方法的优点是记账手续极为简便,工作量小。缺点是平时不能反映商品进、销、存的数量。由于月末采用盘存计销的办法,将主营业务成本、商品损耗和差错事故混在一起,不易发现企业经营管理中存在的问题。因此,这种方法只适用于经营鲜活商品的零售企业。

2. 数量进价金额核算

数量进价金额核算是指对库存商品总分类核算实行按进价金额核算和监督的同时,对库存商品的明细分类账还要采取实物数量控制的一种核算方法。其包括进价记账、金额控制、反映数量、随时或定期结转销售商品成本。数量进价金额核算对商品实物数量和进价金额实行双重控制,有利于满足业务部门开展销售业务、财会部门加强资金管理、保管部门明确责任和保护商品安全的需要,但这种核算方法要求每笔购置业务均反映各种商品数量和金额,适合用于能按商品品种提供收付数量及金额的商品流通企业。目前,批发企业广泛采用这种方法。

3. 售价金额核算

售价金额核算法也称"售价金额核算实物负责制",是按照商品售价金额核算企业库存商品的增减变动和结存状况的一种方法。售价金额核算法也是一项经营管理制度,其基本内容包括以下几个方面:售价记账,金额控制,设置"商品进销差价"账户,建立实物负责制,切实加强库存商品的实地盘点,加强物价管理,健全有关制度。这种方法的优点是控制商品的售价,一般不必为每笔销售业务填制销售凭证,也不必登记大量的实物数量明细账,记账简便,工作量较低。缺点是由于不进行实物数量控制,平时不易发现商品短缺,只有在定期盘点时才能发现,难以分清溢缺商品的品种和数量,也难以分清溢缺原因和责任,故这种方法适用于综合性零售商店和部分专业性零售商店。

4. 数量售价金额核算

数量售价金额核算是对库存商品总分类和明细分类账除按商品售价金额反映外,对库存商品的明细分类账还要采取实物数量控制的核算方法。多采用多栏式明细账对商品名称、规格型号、售价金额、数量同时进行反映,以便随时掌握各种商品的结存情况。这种方法的优点是能全面反映商品的进、销、存情况,便于加强库存商品的管理与控制,缺点是记账工作量较大,适用于基层批发企业和部分专业性零售商店(如较贵重商品的销售企业)。

三、商品流通企业会计科目表

表 3-1 展示了商品流通企业会计科目表。

表 3-1 商品流通企业会计科目表

序 号	编 号	名 称	顺序号	编 号	名 称
一、资产类			8	126	预付账款
1	101	库存现金	9	129	其他应收款
2	102	银行存款	10	131	商品采购
3	109	其他货币资金	11	135	库存商品
4	111	短期投资	12	141	受托代销商品
5	121	应收票据	13	143	商品进销差价
6	122	应收账款	14	144	商品削价准备
7	125	坏账准备	15	145	加工商品

(续表)

序号	编号	名称	顺序号	编号	名称
16	147	出租商品	42	231	预提费用
17	149	分期收款发出商品	43	245	特种储备资金
18	151	材料物资	44	251	长期借款
19	155	包装物	45	261	应付债券
20	157	低值易耗品	46	271	长期应付款
21	159	待摊费用	三、所有者权益类		
22	161	长期投资	47	301	实收资本
23	165	特准储备物资	48	311	资本公积
24	171	固定资产	49	313	盈余公积
25	175	累计折旧	50	321	本年利润
26	176	固定资产清理	51	322	利润分配
27	179	在建工程	四、损益类		
28	181	无形资产	52	501	主营业务收入
29	185	递延资产	53	507	销售折扣与折让
30	191	待处理财产损溢	54	511	商品销售成本
二、负债类			55	517	经营费用
31	201	短期借款	56	521	商品销售税金及附加
32	203	应付票据	57	531	代购代销收入
33	204	应付账款	58	541	其他业务收入
34	206	预收账款	59	545	其他业务支出
35	209	代销商品款	60	551	管理费用
36	211	其他应付款	61	555	财务费用
37	215	应付工资	62	557	汇兑损益
38	216	应付福利费	63	561	投资收益
39	221	应交税金(费)	64	571	营业外收入
40	225	应付利润	65	575	营业外支出
41	229	其他应交款			

任务小结

商品流通企业按在商品流通中所处的地位可分为批发企业和零售企业两种类型，商品流通企业商品流转环节主要包括商品购进、商品销售和商品储存三个方面，会计核算的方法按价值标准主要分为进价核算和售价核算两种，考虑商品数量核算又可以进一步划分为四种核算方法，每种核算方法既是会计核算方法，又是一项管理制度，适用于不同类型的流通企业。

任务考核

一、填空题

1. 商品流通企业按在商品流通中所处的地位可分为(　　)和(　　)两种类型。
2. 商品流通企业商品流转环节主要包括(　　)、(　　)和(　　)三个方面。
3. 商品流通企业会计核算方法包括(　　)、(　　)、(　　)和(　　)。
4. 通过对库存商品进行实地盘点，计算出期末结存金额后，倒挤出主营业务成本，所以称为(　　)。

5. 在实际工作中，有的批发企业还兼营零售业务，以(   )；有的零售企业也兼营批发业务，以(   )。

二、选择题

1. 商品流通企业按其经营环节，主要包括(   )三个方面。
   A. 商品购进　　　B. 商品销售　　　C. 商品储存　　　D. 商品生产
2. 商品流通企业按在商品流通中所处的地位可分为(   )。
   A. 批发企业　　　B. 物流企业　　　C. 零售企业　　　D. 生产企业
3. 售价金额核算基本内容包括(   )。
   A. 售价记账，金额控制　　　　　　B. 设置"商品进销差价"账户
   C. 建立实物负责制　　　　　　　　D. 加强盘点、物价管理

任务拓展

知识链接

"京东"和"淘宝"是两种不同的商业运营模式，请通过查询资料说出它们的不同之处。

关键词汇中英对照

批发企业　　　　　　Whole Sale Enterprise
零售企业　　　　　　Retail Enterprises

任务二　批发企业会计核算

任务引入

沈阳南塔鞋城是全国最大的鞋类商品专业批发市场和商贸中心之一，位于辽宁省沈阳市沈河区(原东陵区)，营业面积7.8万平方米，在国内外享有很高的知名度，南塔几乎成了"鞋业"的代名词。南塔的鞋业圈还包括金马鞋城、鑫牛鞋城、大天马鞋城、恒泰鞋城、沈阳鞋业园、国际鞋城等，各个鞋城主要经营鞋材和鞋的批发。鞋城某业主批发一批产品，由于计算错误，每双鞋多收客户10元钱，基于诚信经营的理念，该业主如何进行业务和财务核算？

一、商品购进业务的核算

批发企业经营大宗的商品购销活动，交易次数较少，每次的成交额较大，每次交易必须填制各种有关凭证，以反映和控制商品的交易活动，因此，一般采用数量进价金额核算。商品流通企业购进商品，应通过"商品采购"账户进行核算。该账户是资产类账户，用来核算国内采购、国外进口商品的采购成本，借方反映商品采购成本，贷方反映商品验收入库的金额，余额在借方，表示在途商品的采购成本，该账户一般按供货单位或商品类别设置明细账。商品购进按商品来源可分为同城商品购进和异地商品购进，由于地点、凭证的传递程序和时间、货款结

算方式不同,其业务处理程序也不同。

(一) 同城商品购进一般业务程序与核算

同城商品购进业务的会计处理一般分为两步,其业务程序是由业务部门根据事先制订的进货计划,与供货单位签订购销合同组织进货。业务部门根据购货单位开来的增值税专用发票,与合同核对相符后,即填制收货单一式数联,将增值税专用发票和"收货单"(结算联)送交财会部门,其余各联"收货单"送交储运部门。财会部门将购货凭证审核无误后,作为付款依据,做商品购进的账务处理,储运部门根据"收货单"提货,并验收商品,如商品的数量、质量全部相符,应在"收货单"各联上加盖"收讫"印章,并将其中一联退回业务部门,由其注销合同,储运部门自留一联,登记商品保管账,将"收货单"(入库联)送交财会部门,经审核无误后,据以做商品验收入库的账户处理。同城商品购进一般业务程序如图3-4所示。

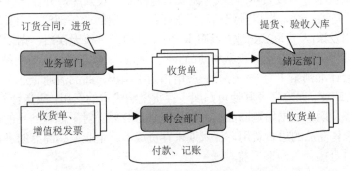

图 3-4 同城商品购进一般业务程序

【例3-1】沈阳慧隆贸易有限公司2022年1月1日从当地兴菲贸易有限公司购进美的热水器50台,每台2 000元,增值税专用发票上注明价税合计为113 000元,其中货款100 000元,增值税税额13 000元,业务部门根据供货单位的专用发票填制收货单(见表3-2)。

表 3-2 收货单

收 货 单   编号:0001

供货单位:兴菲公司　　　2022年1月3日　　　存放地点:仓库

货 号	品 名	规 格	单 位	应收数量	实收数量	单价/元	合计金额/元
0001	美的热水器	14HC	台	50	50	2 000	113 000
商品类别:家用电器							

(1) 财会部门根据业务部门转来的专用发票(发票联)和自行填制的"收货单"(结算联),经审核无误后,签发转账支票支付货款和增值税税额,分别编制购进和入库的会计分录如下。

借:商品采购——兴菲公司　　　　　　　　　　　100 000
　　应交税费——应交增值税(进项税额)　　　　　13 000
　　贷:银行存款　　　　　　　　　　　　　　　　113 000

如果以商业汇票支付货款,则贷记"应付票据"账户。

(2) 财会部门根据储运部门转来的"收货单",经审核无误后结转商品采购成本,编制会计分录如下。

借:库存商品——美的热水器　　　　　　　　　　100 000
　　贷:商品采购——兴菲公司　　　　　　　　　　100 000

(二) 异地商品购进一般业务程序与核算

异地商品购进主要是批发企业从其他地区的生产企业或批发企业购进商品,以充实本地区的货源。异地商品购进一般业务程序如图 3-5 所示。异地商品购进业务程序与同城商品购进相比主要有三点区别:一是商品的交接方式采用"发货制";二是结算方式一般采用托收承付结算或委托收款结算;三是从供货单位所在地的运输单位到购货单位所在地的商品运输费,一般由购货单位负担,供货单位预先予以垫付,然后同货款一并委托银行收回。

对于异地商品购进,购货单位的财会部门在收到银行转来的"托收凭证"及附来的增值税专用发票(发票联)和"运单"时,应先送交业务部门。业务部门查对购销合同无误后,填制"收货单"一式数联,送交储运部门,同时将"托收凭证"及其附件退还财会部门。财会部门经审核无误后,即支付货款。当商品到达时,由储运部门根据"收货单"与供货单位随货同行的增值税专用发票及供货单位"发货单",核对无误后将商品验收入库,并在"收货单"各联上加盖"收讫"印章,自留一联,据以登记商品保管账;一联退回业务部门,由其注销合同;另一联连同增值税专用发票(发货联)送交财会部门。财会部门经审核无误后,据以进行库存商品的总分类核算和明细分类核算。支付货款和商品验收入库的核算方法与同城商品购进基本相同。

新的《企业会计准则第 1 号——存货》应用指南中指出,商品流通企业在采购商品过程中发生的运输费、装卸费、保险费及其他可归属于存货采购成本的费用,应当计入存货采购成本,也可以先进行归集,期末根据所购商品的存销情况进行分摊。对于已售商品的进货费用,计入当期损益;对于未售商品的进货费用,计入期末存货成本。企业采购商品的进货费用金额较少的,可以在发生时直接计入当期损益。

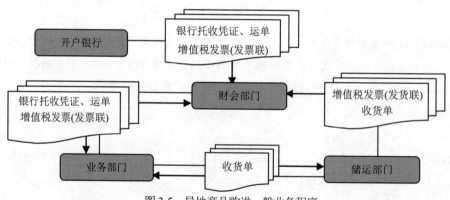

图 3-5 异地商品购进一般业务程序

【例 3-2】沈阳慧隆贸易有限公司 2022 年 1 月 5 日从青岛海尔集团购进海尔电视机 50 台,每台 2 000 元,增值税专用发票上注明价税合计为 113 000 元,其中货款 100 000 元,增值税税额 13 000 元,供货单位代垫运费 1 090 元(认定金额较小),采用托收承付结算方式。

(1) 接到银行转来的托收承付结算凭证、增值税专用发票和运单,审核无误后以银行存款支付款项,编制会计分录如下。

借:商品采购——海尔集团　　　　　　　　　　100 000
　　应交税费——应交增值税(进项税额)　　　　13 000
　　销售费用——运费　　　　　　　　　　　　1 090
　　贷:银行存款　　　　　　　　　　　　　　　　114 090

(2) 该批商品到达并验收入库后,根据"收货单"及随货同行的增值税发票(发货联),审核无误后,结转商品采购成本,编制会计分录如下:

借：库存商品——电视机　　　　　　　　　　　100 000
　　贷：商品采购——海尔集团　　　　　　　　　　　　100 000

(3) 如果1090元的运输费用被认定采购费用较大，可以计入采购成本。
借：商品采购——海尔集团　　　　　　　　　　101 000
　　应交税费——应交增值税(进项税额)　　　　 13 090
　　贷：银行存款　　　　　　　　　　　　　　　　　　114 090
借：库存商品——电视机　　　　　　　　　　　101 000
　　贷：商品采购——海尔集团　　　　　　　　　　　　101 000

(4) 如果1090元的运输费用被认定采购费用较大，也可以增设"进货费用"账户，将进货费用按商品类别进行归集，期末在已销商品和结存商品之间进行分摊。本次采购进货费用承担商品单一，无须在各商品间分配，如采购多种商品，需分配采购费用，采购费用在不同商品间分配，可按采购金额或重量进行分配，具体分配参见工业企业材料采购费用分摊方法。
借：商品采购——海尔集团　　　　　　　　　　100 000
　　应交税费——应交增值税(进项税额)　　　　 13 090
　　进货费用——海尔电视　　　　　　　　　　　 1 000
　　贷：银行存款　　　　　　　　　　　　　　　　　　114 090
借：库存商品——电视机　　　　　　　　　　　100 000
　　贷：商品采购——海尔集团　　　　　　　　　　　　100 000

月末：进货费用分摊率＝(该类商品期初结存进货费用＋该类商品本期增加进货费用)÷(该类商品期初余额＋该类商品本期增加额)。

假定海尔电视期初进货费用为0元，期初存货也为0元，本月售出海尔电视20台，期末库存30台。

分摊率＝(0＋1000)÷(0＋100000)＝0.01。
库存商品进货费用分摊额＝30×2000×0.01＝600。
售出商品进货费用分摊额＝20×2000×0.01＝400。

借：主营业务成本　　　　　　　　　　　　　　　　 400
　　库存商品——电视机——进货费用　　　　　　　 600
　　贷：进货费用——海尔电视　　　　　　　　　　　　1 000

下月初，将库存商品中包含的进货费用用红字冲回。
借：库存商品——电视机——进货费用　　　　　　 400
　　贷：进货费用——海尔电视　　　　　　　　　　　　 400

由于供货单位的委托收款结算单由银行邮寄，而发运的商品由交通运输部门运送，因此结算付款的单证与商品到达购买单位的时间可能不完全一致。对于先收到商品尚未支付货款的业务，平时可暂不入账，待收到有关凭证支付货款后再一并进行账务处理。但到月终，为了真实地反映企业的资产和负债，正确编制资产负债表，对于尚未收到发票账单的商品的凭证，应当分商品科目，抄列清单，并按应付给供应单位的价款暂估入账，借记"库存商品"，贷记"应付账款——暂估应付账款"账户。下月初用红字做同样的记录，予以冲回，以便下月付款或开出承兑商业汇票后，按正常程序通过"商品采购"账户核算。

(三) 商品购进拒付货款的核算

批发企业购进商品，当收到供货方发来的商品时，应与合同或协议核对，检查商品是否与合同或协议规定相符，如发现不符，应在规定的承付期限内提出充分理由，填制"拒绝承付理由书"，拒付全部或部分款项。由于拒付货款，企业的资金未发生变化，故不做账务处理。

（四）商品购进拒收商品核算

已拒付货款的商品运到后，进货企业也应拒收，但企业应对拒收商品代为妥善保管，填制代管商品"收货单"，并计入备查账簿"代管商品物资"中。由于购货企业已拒付货款，此时拒收商品，企业的资金未发生变化，故同样不做账务处理。对已支付货款，并已计入"商品采购"账户的进货，当商品到达验收发现问题拒收时，可将该批商品的货款及进项税额从"商品采购"和"应交税费"账户转入"应收账款"账户。对于已支付货款的拒收商品，企业应迅速与供应商联系，及早解决，解决方式有以下几种。

(1) 同意原价购进，企业应将商品价款按正常程序通过"商品采购"账户转入"库存商品"账户，将进项税额计入"应交税费"账户，同时冲减"应收账款"账户；做上述账务处理的同时，对拒收商品数额在"代管商品物资"备查账簿中进行登记、冲减。

【例3-3】沈阳慧隆贸易有限公司从北京制鞋厂购进布鞋1 000件，共计价款10 000元，应支付的增值税税额为1 300元，接到银行转来的托收承付结算凭证和专用发票(运费忽略不计)，审核无误后以银行存款支付，但商品未到，编制会计分录如下。

```
借：商品采购——北京制鞋厂              10 000
    应收税费——应交增值税(进项税额)      1 300
    贷：银行存款                         11 300
```

商品到达后，经验收发现布鞋号码与合同不符，决定拒收，编制会计分录如下。

```
借：应收账款——北京制鞋厂              11 300
    贷：商品采购——北京制鞋厂            10 000
        应交税费——应交增值税(进项税额)   1 300
```

经双方协商，沈阳慧隆公司同意原价购进，根据有关凭证编制会计分录如下。

```
借：商品采购——北京制鞋厂              10 000
    应交税费——应交增值税(进项税)       1 300
    贷：应收账款——北京制鞋厂            11 300
借：库存商品——布鞋                    10 000
    贷：商品采购——北京制鞋厂            10 000
```

(2) 对方同意退货，拒收商品的核算同上，收到对方归还的款项时，借记"银行存款"账户，贷记"应收账款"账户。经双方协商，对方同意退货，待履行了退货手续后，应在"代管商品物资"备查账簿中进行冲减。收到对方归还的款项时，根据有关凭证编制会计分录如下。

```
借：银行存款                          11 300
    贷：应收账款——北京制鞋厂            11 300
```

（五）进货退出的核算

批发企业购进商品后，由于进货量较大，一般验收入库时只做抽样检查，使用时会发现商品质量、规格不符等问题，经与供方协商，可能会发生一些进货退出业务。进货退出业务与拒收商品、拒付货款的区别在于商品购进业务已进行账务处理，即商品已经入库，进项税额已经抵扣完毕。由于已做账务处理，原增值税专用发票联和税款抵扣联已无法退还，此时发生退货，购货方必须取得当地主管税务机关开具的进货退出证明单送交供货方，作为供货方开具红字专用发票的依据；供货方在未收到证明单以前，不得开具红字专用发票。

【例 3-4】沈阳慧隆贸易有限公司从兴菲公司购进男鞋 150 双，价款 30 000 元，应支付的增值税税额为 3 900 元，商品验收无误后款项以银行存款支付，编制会计分录如下。

借：商品采购——男鞋　　　　　　　　　　　　　　30 000
　　应交税费——应交增值税(进项税额)　　　　　　 3 900
　　　贷：银行存款　　　　　　　　　　　　　　　　　　 33 900
借：库存商品——男鞋　　　　　　　　　　　　　　30 000
　　　贷：商品采购——男鞋　　　　　　　　　　　　　　30 000

两个月后，在商品拆箱销售时发现质量不符合合同要求，经与供货方联系，对方同意退货，退货手续已办，款项尚未收到。财会部门收到供货方退货的红字增值税专用发票，开列退货款 30 000 元，退增值税 3 900 元，并在收到业务部门转来的"进货退出单"(结算联)时，编制会计分录如下。

借：应收账款——兴菲公司　　　　　　　　　　　　33 900
　　应交税费——应交增值税(进项税额)　　　　　　 3 900
　　　贷：库存商品——男鞋　　　　　　　　　　　　　　30 000

收到兴菲公司退回的货款时编制会计分录如下。

借：银行存款　　　　　　　　　　　　　　　　　　33 900
　　　贷：应收账款——兴菲公司　　　　　　　　　　　　33 900

(六) 商品购进退价的核算

企业购进商品验收入库后，供货方在商品价格方面可能会存在计算、定价政策等错误，商品的实际进价低于原结算的进价，由供货方退还一部分货款给进货企业，发生进货退价业务。发生退价业务时，应由供货方填制红色增值税专用发票及"销货更正单"，据以进行账务处理。

【例 3-5】沈阳慧隆有限公司从兴菲公司购入衣服 200 件，单价 55 元/件，共计价款 11 000 元，应支付增值税税额为 1 430 元，价税款合计为 12 430 元。

(1) 收到凭证及增值税专用发票(发票联)、(抵扣联)等有关单据，经与合同核对无误后付款，编制会计分录如下。

借：商品采购——兴菲公司　　　　　　　　　　　　11 000
　　应交税费——应交增值税(进项税额)　　　　　　 1 430
　　　贷：银行存款　　　　　　　　　　　　　　　　　　 12 430

(2) 商品到达，验收入库，据有关凭证编制会计分录如下。

借：库存商品——衣服　　　　　　　　　　　　　　11 000
　　　贷：商品采购——兴菲公司　　　　　　　　　　　　11 000

(3) 接到兴菲公司通知，200 件衣服单价每件进价多计 5 元，增值税每件多计 0.65 元，收到卖方的红字专用发票及附件"销货更正单"，款项同时退回收存银行。经查有 100 件衣服已售并已结转销售成本，另 100 件在库。据有关凭证编制会计分录如下。

借：银行存款　　　　　　　　　　　　　　　　　　 1 130
　　应交税费——应缴增值税(进项税额)　　　　　　　 130
　　　贷：库存商品——衣服　　　　　　　　　　　　　　　 500
　　　　　主营业务成本　　　　　　　　　　　　　　　　 500

(七) 购进商品补价的核算

企业购进商品验收入库后,供货方在商品价格方面可能会存在计算、定价政策等错误,购进商品补价,是指原结算货款的进价低于实际进价,销货方按少收部分开具增值税专用发票和"销货更正单",应由购货单位将低于实际进价的差额补付给供货单位。

【例3-6】承上例,商品付款、验收入库的会计分录相同。

接兴菲公司通知,200件衣服单价每件进价少计5元,增值税每件少计0.65元,收到卖方填制的专用发票及附件"销货更正单",款项同时通过银行支付。经查有100件衣服已售并已结转销售成本,另100件在库。据有关凭证编制会计分录如下。

借: 库存商品——衣服　　　　　　　　　　　　　　　　500
　　主营业务成本　　　　　　　　　　　　　　　　　　500
　　应交税费——应交增值税(进项税额)　　　　　　　130
　　贷: 银行存款　　　　　　　　　　　　　　　　　1 130

(八) 购进商品购进过程中发生短缺和溢余的核算

商品购进后,企业应严格验收数量和质量。在验收时如发现实收数多于或少于应收数量,即为购进商品溢余或短缺。发生短缺或溢余情况时,除根据实数入账外,还必须查明原因,按规定处理。购进商品发生短缺或溢余的主要原因有:在运输途中由于不可抗拒的自然条件和商品性质等因素,使商品发生损耗和溢余;运输单位的失职造成事故或商品丢失;供货单位工作上的疏忽造成少发或多发商品。在验收商品时,如发现实收商品与供货单位增值税专用发票(发票联)上所列数量不符时,必须会同运输单位进行核对,做好鉴定证明,以便查明原因后进行处理,并在"收货单"上注明实收数量,填制"商品购进短缺、溢余报告单"一式数联。其中一联连同鉴定证明送业务部门,由其负责处理;另一联送交财会部门,审核后作为记账依据。

1. 购进商品发生短缺的核算

购进商品发生短缺时,在查明原因前,应通过"待处理财产损溢"账户进行核算。查明原因后,如果是供货单位少发商品,经联系后,可由其补发商品或做进货退出处理;如果是运输途中的自然损耗,则可作为"销售费用"列支;如果是责任事故,应由运输单位或责任人承担经济责任的,应作为"其他应收款"处理;如由本企业承担损失的,报经批准后,在"营业外支出"账户列支,非正常损失的购进货物,非正常损失的在产品、产成品所耗用的购进货物或者应税劳务进项税做转出处理,不得抵扣。

【例3-7】沈阳慧隆有限公司从外地某公司购进木耳1 000千克,每千克6元,计价款6 000元,增值税税率13%,计780元,另供货方垫付装卸费109元,采用托收承付结算方式结算货款。商品运到,经点验实收数量为975千克,短缺25千克,计价150元,原因待查,按实际验收数量入库编制会计分录如下。

借: 库存商品——木耳　　　　　　　　　　　　　　5 850
　　待处理财产损溢　　　　　　　　　　　　　　　　150
　　贷: 商品采购——某公司　　　　　　　　　　　6 000

经查明原因,上项木耳短缺,其中10千克系运输途中自然损耗;按规定,运输途中商品自然损耗,做销售费用处理。

借: 销售费用——自然损耗　　　　　　　　　　　　　60
　　贷: 待处理财产损溢——待处理流动资产损溢　　　60

另外 10 千克为供货方少发，经与对方联系，同意补发商品(商品已运到)，编制会计分录如下。

借：库存商品——木耳　　　　　　　　　　　　　　60
　　贷：待处理财产损溢——待处理流动资产损溢　　　　60

另外 5 千克属运输单位责任事故，事故损失属于运输部门责任，应由运输单位赔偿；经联系，同意赔偿损失(损失包括商品价格和进项税金)，编制会计分录如下。

借：其他应收款——运输单位　　　　　　　　　　　33.9
　　贷：待处理财产损溢——待处理流动资产损溢　　　　30
　　　　应交税费——应交增值税(进项税转出)　　　　3.9

2. 购进商品发生溢余的核算

购进商品发生溢余时，在查明原因前，应通过"待处理财产损溢"账户进行核算。查明原因后，如果是运输途中的自然升溢，应冲减"销售费用"账户；如果是供货单位多发商品，可与对方联系，由其补来增值税专用发票后，做商品购进处理。

【例 3-8】 承【例 3-7】，假设点验商品，实收数量 1 025 千克，溢余 25 千克，按实际数量入库编制会计分录如下。

借：库存商品——木耳　　　　　　　　　　　　　6 150
　　贷：商品采购——某公司　　　　　　　　　　　6 000
　　　　待处理财产损溢——待处理流动资产损溢　　　150

经查明原因，上项木耳溢余，其中 10 千克属自然升溢，按规定，运输途中商品自然升溢，应作为单位收益冲减销售处理。15 千克属供货单位多发，经与对方联系，同意补作购进，根据供货方补来的专用发票补付货款及进项税额，编制会计分录如下。

借：待处理财产损溢——待处理流动资产损溢　　　　60
　　贷：销售费用　　　　　　　　　　　　　　　　60
借：待处理财产损溢——待处理流动资产损溢　　　　90
　　应交税费——应交增值税(进项税额)　　　　　11.70
　　贷：银行存款　　　　　　　　　　　　　　　101.70

二、批发企业商品销售核算

批发企业的商品销售业务一般是指根据与购货单位订立购销合同，或由购货单位提出要货计划，有计划地组织商品供应的业务，按照销售地区不同，可分为同城销售和异地销售。

(一) 同城商品销售的业务程序以及核算

同城商品销售的交接方式一般采用"送货制"或"提货制"，同城销售业务程序如图 3-6 所示。货款结算方式一般采用转账支票和商业汇票结算，也有采用银行本票和现金结算的。

批发企业同城销售，一般是由购货单位提出要货计划，派采购员来批发企业看样，由批发企业业务部门根据购货单位选定的商品品种和数量，填制专用发票一式数联，企业部门自留一联外，将其余各联交给采购员，据以向财会部门结算组办理结算。结算组根据销售业务的需要，收取转账支票、商业汇票或银行本票，如销售额在银行规定的现金结算额限定范围之内的，也可以收取现金。办好结算后，结算组在专用发票各联上加盖"货款收讫"戳记，留下记账联，将其余各联退回给采购员。采购员凭"提货联""出库联"向储运部门提供商品或委托其送货，"发票联"和"抵扣联"由采购员带回本公司入账。储运部门发出商品后，根据"提货联"登记商品保管账，将"出库联"转交财务部门据以登记库存商品账户。

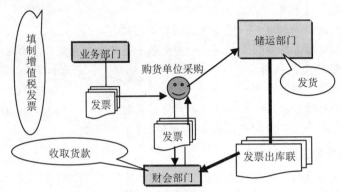

图 3-6　同城销售业务程序

批发企业在销售商品后，应按专用发票列明的价税合计数收款，若收取的是转账支票、银行本票，在存入银行时，借记"银行存款"账户；若收取的是商业汇票，借记"应收票据"账户；若收取的是现金，借记"库存现金"账户；若尚未收取货款，借记"应收账款"账户，按专用发票列明的货款贷记"主营业务收入"账户，按列明的增值税税额贷记"应交税费"账户。

【例 3-9】沈阳慧隆有限公司销售商品计货款 10 000 元，增值税税额 1 300 元，价税合计 11 300 元，收到转账支票存入银行，编制会计分录如下。

借：银行存款　　　　　　　　　　　　　　　　　　　　11 300
　　贷：主营业务收入　　　　　　　　　　　　　　　　10 000
　　　　应交税费——应交增值税(销项税额)　　　　　　1 300

【例 3-10】承【例 3-9】，沈阳慧隆有限公司销售商品进价成本为 8 000 元，予以结转，编制会计分录如下。

借：主营业务成本　　　　　　　　　　　　　　　　　　8 000
　　贷：库存商品　　　　　　　　　　　　　　　　　　8 000

(二) 异地商品销售的业务程序及其核算

批发企业的异地商品销售主要是将商品销售给其他地区的批发企业或零售企业。商品的交接方式一般采用"发货制"，异地商品销售的业务程序如图 3-7 所示。贷款的结算方式一般采用托收承付结算或委托收款结算。

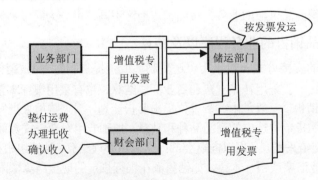

图 3-7　异地商品销售的业务程序

异地商品销售与同城商品销售最大的区别在于运输费用，其业务程序一般是由业务部门根据购销合同填制专用发票一式数联，业务部门除留下存根联备查外，将其余各联转交储运部门。储运部门根据专用发票提货、包装，并委托运输单位发运商品，发货联随货同行，留下提货联登记商品保管账，将发票联、出仓联转交财会部门。运输单位在发运商品后，送来运单，向财会部门结算运费。财会部门收到发票联、出仓联及运单后，一方面支付运费单位运费，另一方面填制托收凭证，附上发票联和运单，向银行办理托收手续，银行受理后，取回托收回单，据以做商品销售的核算，并根据出仓联登记"库存商品"账户。异地商品的销售业务，商品要委托运输单位运往购货单位，至于支付给运输单位的运费，根据购销合同规定，一般由购货单位负担。销货单位在垫支时，通过"应收账款"账户进行核算，然后连同销货款、增值税税额一并通过银行向购货单位办理托收。

【例 3-11】沈阳慧隆有限公司根据购销合同开出专业发票，销售给外地某百货公司热水器 20 台，每台 5 000 元，计货款 100 000 元，增值税税额 13 000 元，商品委托沈阳 A 运输企业运送。假设该商品进价为 4 000 元每台。运输企业开来运费凭证 2 180 元，当即开出转账支票支付，编制会计分录如下。

借：应收账款——代垫运费　　　　　　　　　　　2 180
　　贷：银行存款　　　　　　　　　　　　　　　　　　　2 180

沈阳慧隆有限公司凭专用发票(发票联)及运费凭证，委托银行向外地某百货公司收取货款。根据银行给予的托收凭证回单联，财会部门做商品销售处理，编制会计分录如下。

借：应收账款——外地某百货公司　　　　　　　115 180
　　贷：主营业务收入——热水器　　　　　　　　　　100 000
　　　　应交税费——应交增值税(销项税额)　　　　13 000
　　　　应收账款——代垫运费　　　　　　　　　　　2 180

接到银行转来外地某百货公司承付的收款通知，财会部门编制会计分录如下。

借：银行存款　　　　　　　　　　　　　　　　　115 180
　　贷：应收账款——外地某百货公司　　　　　　　　115 180

同时结转已售商品的成本，编制会计分录如下。

借：主营业务成本　　　　　　　　　　　　　　　　80 000
　　贷：库存商品　　　　　　　　　　　　　　　　　　　80 000

(三) 直运商品销售的业务程序及其核算

直运商品销售是指企业将商品直接由供货单位调运给购货单位，不经过本企业仓库的销售形式，商品直运业务流程如图 3-8 所示。

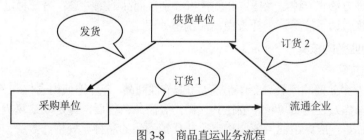

图 3-8　商品直运业务流程

直运商品销售一般由商业企业派采购员进驻供货单位办理商品发运、代垫运费及委托所在地银行向购货单位托收货款等事项。采用这种方式，采购单位向流通企业发出采购申请后，由流通企业驻供货单位采购员向供货单位采购,并向采购单位发出商品,在商品发运以后,由驻供货单位采购员寄出托收凭证回单联和专用发票记账联及直运商品发货单,做商品销售入账;接到供货单位的托收凭证、专用发票做商品购进处理。直运商品销售方式,可以减少商品出入库手续,有利于加速商品流转,节约商品流通费用。通过上面叙述可以了解到直运商品销售具有以下几个特点:一是商品购进和销售同时发生,二是随时结转成本,三是不通过"库存商品"账户核算。

【例3-12】沈阳慧隆有限公司向北京A公司购进皮鞋100双,进货单价为100元,进项税额为1 300元,直运给营口B公司,批发单价为120元,销项税额为1 560元,代垫运费436元,按合同规定由营口B公司负担。由驻供货单位采购员自办商品发运和货款结算手续。

(1) 根据银行转来供货单位的托收凭证、专用发票及代垫运费等单据,承付货款及运费,做会计分录如下。

　　借:商品采购——A公司　　　　　　　　　　　　10 000
　　　　应交税费——应交增值税(进项税额)　　　　　1 300
　　　　应收账款——B公司运费　　　　　　　　　　　436
　　　贷:银行存款　　　　　　　　　　　　　　　　11 736

(2) 收到驻供货单位采购员向购货单位托收货款和运费的"托收凭证"回单联时,办理托收销货款入账手续,做会计分录如下。

　　借:应收账款——营口B公司　　　　　　　　　　13 996
　　　贷:主营业务收入　　　　　　　　　　　　　　12 000
　　　　　应交税费——应交增值税(销项税额)　　　　1 560
　　　　　应收账款——B公司运费　　　　　　　　　　436

同时,结转商品销售成本,做会计分录如下。

　　借:主营业务成本　　　　　　　　　　　　　　　10 000
　　　贷:商品采购——A公司　　　　　　　　　　　　10 000

(3) 收到银行转来向购货单位托收货款及运费的托收通知单时,编制会计分录如下。

　　借:银行存款　　　　　　　　　　　　　　　　　13 996
　　　贷:应收账款——营口B公司　　　　　　　　　　13 996

(四) 代销商品销售的核算

代销商品是商品流通企业销售的一种方式,牵涉委托方和受托方两个方面,处在委托方立场上的商品称为委托代销商品,处在受托方立场上的商品称为受托代销商品。代销商品销售后有两种不同的处理方法。一种是受托方和委托方分别做商品购销处理;另一种是受托方根据销售额向委托方结算代销手续费,委托方做商品销售处理。

1. 商品购销业务的核算

1) 委托方的核算

为了加速批发企业商品流转、推销新产品和季节性商品,合理地使用仓位和节约仓储费用,委托方可以将商品先发往购货单位,委托其代销,等商品销售后,再定期结算货款。采取委托代销方式销售商品,一般先由业务部门确定委托代销商品的品种、规格、数量和金额,经领导批准后,由业务部门与各购货单位订立"商品委托代销购销合同"。合同上注明结算方式、货款清偿时间、商品保管的要求及双方承担的责任等。委托代销商品应由业务部门根据"商品委托代销购销合同",填制"委托代销商品发货单";然后由储运部门将商品发运给受托单位,不转移商品所有权,根据合同规定,定期进行结算;到结算届期时,由受托单位将已售代销商品的清单交付委托方,委托方据以填制专用发票,向受托单位收取货款;委托单位收到货款时,将收到货款部分的委托代销商品作为商品销售处理。

【例3-13】沈阳慧隆有限公司根据商品委托代销合同,将200台美的热水器委托兴隆百货代销,其购进单价为1 000元,兴隆百货接收单价为1 250元,增值税税率为13%,合同规定每个月末结算一次货款。

发运商品时,编制会计分录如下。

借:库存商品——委托代销商品　　　　　　　　　　200 000
　　贷:库存商品——美的热水器　　　　　　　　　　　　200 000

月末,收到兴隆百货接转账支票一张,金额113 000元,系付已售代销的80台美的热水器货款100 000元、增值税税额13 000元,支票已存入银行,编制会计分录如下。

借:银行存款　　　　　　　　　　　　　　　　　　113 000
　　贷:主营业务收入——美的热水器　　　　　　　　　　100 000
　　　　应交税费——应交增值税(销项税额)　　　　　　　13 000

同时,结转已销售委托代销商品的销售成本80 000元,编制会计分录如下。

借:主营业务成本　　　　　　　　　　　　　　　　 80 000
　　贷:库存商品——委托代销商品　　　　　　　　　　　 80 000

2)受委托方的核算

受托代销商品的核算通过"受托代销商品"和"代销商品款"账户进行,"受托代销商品"和"代销商品款"是对应账户,同时出现,同增或同减。受托单位为了加强对代销商品的管理和核算,在收到商品时,应借记"受托代销商品"账户,贷记"代销商品款"账户。"受托代销商品"是资产类账户,用以核算企业接受其他单位委托代销或寄销的商品。企业收到代销或寄销商品时,计入借方;接受代销商品销售后,结转其销售成本时,计入贷方;余额在借方,表示企业尚未销售的代销商品数额,该账户应按委托单位进行明细分类核算。"代销商品款"是负债类账户,用以核算企业接受代销、寄销商品的货款。企业在收到代销、寄销的商品时,计入贷方;在销售代销、寄售商品时,计入借方;余额在贷方,表示尚未销售的代销、寄销商品的货款。该账户应按委托单位进行明细分类核算。代销商品在销售后,应填制专用发票,据以借记"银行存款"或"应收账款"账户,贷记"主营业务收入"账户和"应交税费"账户,并按进价借记"主营业务成本"账户,贷记"受托代销商品"账户,同时,借记"代销商品款"账户,贷记"应付款账"账户。待结算届期时,将代销商品清单交付委托方,当收到其开来的专用发票时,据以支付贷款和增值税税额,届时借记"应付账款"账户和"应交税费"账户,贷记"银行存款"账户。

【例3-14】沿用上例,兴隆百货当月销售美的热水器80台,单价为1 250元,每台售价1 500元,月末与沈阳慧隆有限公司结算。当月收到200台美的热水器,编制会计分录如下。

借:受托代销商品——沈阳慧隆　　　　　　　　　　250 000
　　贷:代销商品款——沈阳慧隆　　　　　　　　　　　　250 000

销售美的热水器80台,计贷款120 000元,增值税税额15 600元,收到转账支票135 600元存入银行,编制会计分录如下。

借:银行存款　　　　　　　　　　　　　　　　　　135 600
　　贷:主营业务收入——美的热水器　　　　　　　　　　120 000
　　　　应交税费——应交增值税(销项税额)　　　　　　　15 600

结转主营业务成本,编制会计分录如下。
　　借:主营业务成本——美的热水器　　　　　　　100 000
　　　　贷:受托代销商品——沈阳慧隆　　　　　　　　100 000
结转代销商品款,编制会计分录如下。
　　借:受托代销商品款——沈阳慧隆　　　　　　　100 000
　　　　贷:应付账款——沈阳慧隆　　　　　　　　　　100 000
收到沈阳振兴公司开来的增值税专用发票,货款100 000元,增值税税额13 000元,当即签发转账支票付款,编制会计分录如下。
　　借:商品采购——美的热水器　　　　　　　　　100 000
　　　　应交税费——应交增值税(进项税额)　　　　13 000
　　　　贷:银行存款　　　　　　　　　　　　　　　113 000
结转应付账款,编制会计分录如下。
　　借:应付账款——沈阳慧隆　　　　　　　　　　100 000
　　　　贷:商品采购——美的热水器　　　　　　　　100 000

2. 受托方向委托方收取代销手续费的会计核算

采用支付手续费代销方式下,委托方在发出商品时,商品所有权上的主要风险和报酬并未转移给受托方,委托方在发出商品时通常不应确认销售商品收入,而应在收到受托方开出的代销清单时确认销售商品收入,同时将应支付的代销手续费计入销售费用;受托方应在代销商品销售后,按合同或协议约定的方法计算确定代销手续费,确认劳务收入。

【例3-15】慧隆有限公司委托兴隆百货销售男鞋200双,商品已经发出,每件成本为100元。合同约定兴隆百货应按每件150元对外销售,慧隆有限公司按售价的10%向兴隆公司支付手续费。兴隆公司对外实际销售80双,开出的增值税专用发票上注明的销售价格为12 000元,增值税税额为1 560元,款项已经收到。慧隆有限公司收到兴隆公司开具的代销清单时,向兴隆公司开具一张相同金额的增值税专用发票。假定:慧隆有限公司发出商品时纳税义务尚未发生;兴隆公司采用实际成本核算,慧隆有限公司采用进价核算代销商品。

(1) 委托方慧隆有限公司的会计处理如下。
发出商品时,编制会计分录如下。
　　借:库存商品——委托代销商品　　　　　　　　20 000
　　　　贷:库存商品——男鞋　　　　　　　　　　　20 000
收到代销清单时,按销售处理,并结转已售商品成本,编制会计分录如下。
　　借:应收账款——兴隆百货　　　　　　　　　　13 560
　　　　贷:主营业务收入　　　　　　　　　　　　　12 000
　　　　　　应交税费——应交增值税(销项税额)　　1 560
　　借:主营业务成本　　　　　　　　　　　　　　8 000
　　　　贷:库存商品——委托代销商品　　　　　　　8 000
结算销售费用,代销手续费金额=12 000×10%=1 200元,编制会计处理如下。
　　借:销售费用　　　　　　　　　　　　　　　　1 200
　　　　贷:应收账款　　　　　　　　　　　　　　　1 200
收到兴隆百货支付的货款时,编制会计分录如下。
　　借:银行存款　　　　　　　　　　　　　　　　12 360
　　　　贷:应收账款　　　　　　　　　　　　　　　12 360

(2) 受托方兴隆百货的会计处理如下。
收到商品时，编制会计分录如下。

借：受托代销商品　　　　　　　　　　　　　30 000
　　贷：受托代销商品款　　　　　　　　　　　　30 000

对外销售时，编制会计分录如下。

借：银行存款　　　　　　　　　　　　　　　13 560
　　贷：受托代销商品　　　　　　　　　　　　　12 000
　　　　应交税费——应交增值税(销项税额)　　　1 560

收到增值税专用发票时，编制会计分录如下。

借：应交税费——应交增值税(进项税额)　　　1 560
　　贷：应付账款　　　　　　　　　　　　　　　1 560

支付货款并计算代销手续费时，编制会计分录如下。

借：受托代销商品款　　　　　　　　　　　　12 000
　　应付账款　　　　　　　　　　　　　　　　 1 560
　　贷：银行存款　　　　　　　　　　　　　　　12 360
　　　　代购代销收入(其他业务收入)　　　　　　1 200

(五) 分期收款商品销售的核算

分期收款商品销售是指企业按照合同规定，将商品提前发给购货单位，分期或延期收回货款的一种销售方式，按照合同约定期限确认收入结转成本。分期收款商品销售的业务程序一般是：由业务部门根据"分期收款商品购销合同"，填制"分期收款商品发货单"，然后由储运部门发运商品。财会部门根据"分期收款商品发货单"，借记"分期收款发出商品"账户，贷记"库存商品"账户。"分期收款发出商品"是资产类账户，用以核算企业采用分期收款结算方式发出商品的进货原价。发出商品时，计入借方；收回货款、结转分期收款主营业务成本时，计入贷方；余额在借方，表示尚未到结算期的分期收款商品的成本。"分期收款发出商品"账户一般按购货单位名称分户设置明细分类账。商品发出以后，批发企业在合同规定的结算日期，填制专用发票收取货款，待收到分期收款销售商品货款及增值税税额时，借记"银行存款"账户，贷记"主营业务收入"账户和"应交税费"账户，并结转其销售成本，此时借记"主营业务成本"账户，贷记"分期收款发出商品"账户。

【例3-16】沈阳慧隆公司根据分期收款商品购销合同，将100台电冰箱发往兴隆百货，该电冰箱购进单价为1 000元(不含税)，销售单价为1 200元，增值税税率为13%，合同规定每月末结算一次货款，收取全部货款的50%，两个月后全部结清。

发出电冰箱，编制会计分录如下。

借：分期收款发出商品——兴隆百货　　　　　100 000
　　贷：库存商品——电冰箱　　　　　　　　　　100 000

月末，收到兴隆百货转账支票一张，金额67 800元，系付第一期电冰箱货款60 000元，增值税税额7 800元。将转账支票存入银行，编制会计分录如下。

借：银行存款　　　　　　　　　　　　　　　67 800
　　贷：主营业务收入——冰箱　　　　　　　　　60 000
　　　　应交税费——应交增值税(销项税额)　　　7 800

同时结转分期收款商品的销售成本，编制会计分录如下。

借：主营业务成本——电冰箱　　　　　　50 000
　　贷：分期收款发出商品——兴隆百货　　　　50 000

下月月末收全部货款，会计处理同上月。

(六) 销售退回的核算

批发商品售出后，购货单位因品种、规格、质量不符合购销合同规定，经企业同意，可以办理退货手续。退货时，由企业的业务部门根据税务机关"证明单"填写红字"专用发票"。在会计处理上，本月发生的销售退回，不论是属于本年度还是以前年度销售的，均应冲减本月的主营业务收入和销项税额。如已结转商品销售成本，同时还要冲销商品销售成本。

【例3-17】沈阳慧隆公司销售给兴隆百货饭盒1 000个，每个10元，进价8元每个，增值税税率为13%。今购方发现其中40个质量不好，要求退货，经业务部门同意，商品已退回，验收入库，并开出转账支票一张，金额为468元，系支付退货款即退还增值税税额。财会部门根据"红字专用发票"支付货款时，编制会计分录如下：

借：主营业务收入——饭盒　　　　　　400
　　贷：银行存款　　　　　　　　　　　　452
　　　　应交税费——应交增值税(销项税额)　52
借：库存商品　　　　　　　　　　　　320
　　贷：主营业务成本　　　　　　　　　　320

(七) 销售商品退补价的核算

批发商品销售，由于计价错误或因销售价未定，先按暂作价计算等原因，造成多计或少计货款，发生实际售价与原结算售价的差异，需要办理退价和补价手续。销售商品退价是指实际售价低于原结算的售价，其差额应由商品批发企业退还给购货单位。销售商品补价是指实际售价高于原结算售价，其差额应由购货单位补给商品批发企业。发生退补价时，除填制"销货更正单"外，退价应由商品批发企业的业务部门填制红字"专用发票"，补价则由商品批发企业的业务部门填制蓝字"专用发票"，财会部门据以办理付款或收款手续。因为退、补价是销售金额的调整，不涉及商品数量，只需增加或减少"主营业务收入"账户和销项税的数额，不调整"库存商品"和"商品销售成本"账户的数额。

【例3-18】沈阳慧隆有限公司日前销售给兴隆百货台灯150个，单价为54元，增值税税率为13%，款项已收。今发现单价开错，该单价实为45元，开出红字专用发票和退款支票，合计金额1 579.5元。账务处理如下：

借：主营业务收入　　　　　　　　　　1 350.00
　　贷：银行存款　　　　　　　　　　　　1 525.50
　　　　应交税费——应交增值税(销项税额)　175.50

【例3-19】承上例，如果发现该单价应为84元，则应该开具蓝色专用发票和销售更正单，向对方催要少收款项，金额合计为5 265，会计处理如下：

借：应收账款——兴隆百货　　　　　　5 085
　　贷：主营业务收入　　　　　　　　　　4 500
　　　　应交税费——应交增值税(销项税额)　585

(八) 购货单位拒付货款和拒收商品的核算

批发企业在异地商品销售业务中，一般采用发货制，并采用托收承付结算或委托收款结算方式，在商品已发运，并向银行办妥托收手续后，即作为商品销售处理。当购货单位收到托收凭证时，发现内附专用发票开列的商品与合同不符，或者与收到的商品数量、品种、规格、质量不符等，就会发生购货单位拒付货款和拒收商品的情况。当财会部门接到银行转来购货单位的"拒绝付款理由书"时，暂不做账务处理，但应立即通知业务部门，及时查明原因，并尽快与购货单位联系进行协商，然后根据不同的情况做出处理。

(1) 商品少发：如果补发商品，在商品发运后，收到购货单位货款、增值税税额及垫付运费时，借记"银行存款"账户，贷记"应收账款"账户；如果不再补发商品，则由业务部门填制红字专用发票，做销货退回处理。

(2) 商品货款开错，由业务部门填制红字专用发票，财会部门据以做销货退价处理。

(3) 商品质量不符合要求，商品品种、规格发错，应由储运部门验收入库，财会部门根据转来的红字专用发票报销，货退回处理，退回商品的运费列入"销售费用"账户。

(4) 商品短缺，先要冲减"主营业务收入"账户、"应交税金"账户和"应收账款"账户，再根据具体情况进行账务处理。如属于本企业储运部门责任，应由其填制"财产损失报告单"，将账面的短缺金额转入"待处理财产损溢"账户，等领导批准后，再转入"营业外支出"账户。

(5) 支付了部分款项，而又拒付了部分款项，应将收到的款项借记"银行存款"账户，对于尚未收到的款项，则仍保留在"应收账款"账户内，在与对方协商解决后，再予以转销。

【例3-20】沈阳慧隆有限公司销售给丹东隆菲百货国产智能手机80部，每部500元，计货款40 000元，增值税税额5 200元，代垫运费436元，运费已付。慧隆公司销售手机的会计处理(异地销售)如下。

借：应收账款——运费　　　　　　　　　　　　　　436
　　贷：银行存款　　　　　　　　　　　　　　　　　　　　436
借：应收账款——丹东隆菲百货　　　　　　　　　　45 636
　　贷：主营业务收入——手机　　　　　　　　　　　　　40 000
　　　　应交税费——应交增值税(销项税)　　　　　　　5 200
　　　　应收账款——运费　　　　　　　　　　　　　　　　436

几天后收到银行转来收款通知，收到丹东隆菲百货部分货款、增值税及运费合计41 072.4元，同时收到"拒付货款理由书"，拒付其中8部手机，款项占总额的1/10。账务处理如下。

借：银行存款　　　　　　　　　　　　　　　　　41 072.4
　　贷：应收账款——丹东隆菲百货　　　　　　　　　　41 072.4

对拒绝付款的8部手机，公司应查明具体原因，针对不同情况，分别进行账务处理。

(1) 如查明该8部手机是质量不好，经协商后决定给予10%的销货折让，业务部门转来红字专用发票，退还其货款400元，增值税税额52元。今收到丹东隆菲百货汇来的货款、增值税税额及该部分商品的运费计4 111.6元，编制会计分录如下。

借：销售折扣与折让　　　　　　　　　　　　　　　400
　　银行存款　　　　　　　　　　　　　　　　　　4 111.6
　　贷：应交税费——应交增值税(销项税额)　　　　　　52
　　　　应收账款——丹东隆菲百货　　　　　　　　　　4 563.6

(2) 如查明该8部手机质量有严重问题，商品已退回，业务部门转来红字专用发票，财会部门审计无误后，编制会计分录如下。

借：主营业务收入——手机　　　　　　　　　　　4 000
　　销售费用——运杂费　　　　　　　　　　　　40
　　贷：应交税费——应交增值税(销项税额)　　　　520
　　　　应收账款——丹东隆菲百货　　　　　　　4 560

三、批发企业商品储存的核算

商品储存是指商品流通企业已经购进而尚未销售的商品，主要包括库存商品、受托代销商品、分期收款发出商品等。为了加强对商品储存的核算与管理，批发企业财会部门必须与有关各部门密切配合，做到库存结构合理、商品保管完好、收发制度严密、定期盘点商品，以达到账实相符，并正确计算和结转商品销售成本，以保证企业利润核算的准确性。

(一) 商品盘点短缺和溢余的核算

批发企业必须建立和健全各项规章制度，并采取财产清查的措施，以确保商品的安全。批发企业储存着大量商品，由于自然条件或人为原因，可能会引起商品数量上的短缺或溢余，以及质量上的变化，因此，通过盘点，可以清查商品在数量上有无短缺损耗和溢余，在质量上有无残次、损坏、变质等情况。同时，通过盘点还可以发现在库存结构上可能出现冷背呆滞商品、销小存大商品等问题，这样就能及时采取措施，减少企业损失，达到保护企业财产安全和改善企业经营管理的目的。

商品流通企业商品盘点是一项经常性工作，是一项细致、复杂、沉重的工作，必须有计划地进行。在盘点前，应根据盘点的范围，确定参加盘点的人员与组织分工，财会部门与储运部门应将有关商品收发业务的凭证全部登记入账，并结出余额，以便与盘点出来的实存数量进行核对。盘点时，要根据商品的特点，采用不同的盘点方法和操作规程，避免发生重复盘和错盘的现象。盘点以后，由保管人员负责填制"商品盘存表"，先根据账面资料填写商品名称、规格、单价及账存数量，再填列实存数量。"商品盘存表"上账存数与实存数如不相符，应填制"商品盘点短缺溢余报告单"一式数联，其中一联转交财会部门，财会部门据以将商品短缺或溢余的金额分别转入"待处理财产损溢"账户，以做到账实相符。等查明原因后，再区别情况，转入各有关账户。

库存商品的盘亏或毁损，回收的残料价值增加企业相应的存货，取得的保险赔偿及过失人赔偿，借记"其他应收款"账户，剩余净损失属于非正常损失部分，借记"营业外支出"账户，属于一般经营损失，借记"销售费用"账户。

【例3-21】沈阳慧隆有限公司月末根据盘点结果填制的"商品盘点短缺溢余报告单"见表3-3。

表3-3　商品盘点短缺溢余报告单

2022年4月30日　　　　　　　　　　　　　　　　金额单位：元

商品名称	计量单位	单价	账存数量	实存数量	短缺		溢余		原因
					数量	金额	待查数量	金额	
木耳	千克	8	2 400	2 550			150	1 200	待查
红糖	千克	9	3 600	3 400	200	1 800			待查

根据溢余金额调整库存商品结存，编制会计分录如下。
借：库存商品——木耳　　　　　　　　　　　　　　　　　　1 200
　　贷：待处理财产损溢——待处理流动资产损溢　　　　　　　　　　1 200
根据短缺金额调整库存商品结存，编制会计分录如下。
借：待处理财产损溢——待处理流动资产损溢　　　　　　　　1 800
　　贷：库存商品——红糖　　　　　　　　　　　　　　　　　　　　1 800
经查，溢余的木耳属于自然升溢，编制会计分录如下。
借：待处理财产损溢——待处理流动资产损溢　　　　　　　　1 200
　　贷：销售费用　　　　　　　　　　　　　　　　　　　　　　　　1 200
经查，短缺红糖一半是由于保管不善丢失的，已责成保管员赔偿，一半是经营正常损耗，会计处理如下。
借：其他应收款　　　　　　　　　　　　　　　　　　　　　1 017
　　销售费用　　　　　　　　　　　　　　　　　　　　　　1 017
　　贷：待处理财产损溢——待处理流动资产损溢　　　　　　　　　　1 800
　　　　应交税费——应交增值税(进项税转出)　　　　　　　　　　　234

(二) 商品非正常损失的核算

【例3-22】沈阳慧隆有限公司因管理不善，使一部分价值2 000元的商品霉烂变质，进项税额260元，经批准做企业损失处理，编制会计分录如下。
借：营业外支出　　　　　　　　　　　　　　　　　　　　　2 260
　　贷：库存商品　　　　　　　　　　　　　　　　　　　　　　　　2 000
　　　　应交税费——应交增值税(进项税转出)　　　　　　　　　　　260

任务小结

商品流通企业批发企业购进商品，应通过"商品采购"账户进行核算，本账户是资产类账户。商品购进核算按商品来源可分为同城商品购进核算和异地商品购进核算，同城采购对采购费用可以采用不同的方法进行核算，除正常采购业务外还包括拒付货款、拒收商品、进货退出、退补价、短缺和溢余的核算。批发企业的商品销售业务可分为同城销售和异地销售，此外包括直运、代销、分期收款销售、销售退回、退补价核算及商品储存的核算。

任务考核

一、填空题

1. 商品流通企业购进商品，应通过"商品采购"账户进行核算，本账户是(　　)类账户。
2. 异地商品购进业务程序与同城商品购进主要有三点区别，一是商品的交接方式采用(　　)，二是结算方式一般采用(　　)或委托收款结算，三是从供货单位所在地的运输单位到购货单位所在地的商品运输费，一般由(　　)负担，供货单位预先予以垫付。
3. 批发企业购进商品拒付全部或部分款项，由于拒付货款，企业的资金未发生变化，故(　　)。
5. 进货退出业务与拒收商品、拒付货款的区别在于商品购进业务(　　)，即商品(　　)。
6. 购进商品发生短缺查明原因后，如果是运输途中的自然损耗，则应作为(　　)列支。

7. 代销商品销售后有两种不同的处理方法：一种是受托方和委托方分别做(　　)，另一种是(　　)根据销售额向委托方结算代销手续费，(　　)做商品销售处理。

8. 因为退、补价是销售金额的调整，不涉及商品数量，只需增加或减少(　　)账户和销项税的数额，不调整(　　)和(　　)账户的数额。

9. 库存商品的盘亏或毁损，回收的残料价值增加企业相应的存货，属于一般经营损失，借记(　　)账户。

二、选择题

1. 商品采购属于(　　)类账户。
   A. 资产　　　　　　　B. 负债　　　　　　　C. 所有者权益　　　　D. 费用
2. 受托代销商品属于(　　)类账户。
   A. 资产　　　　　　　B. 负债　　　　　　　C. 所有者权益　　　　D. 费用
3. 代销商品款属于(　　)类账户。
   A. 资产　　　　　　　B. 负债　　　　　　　C. 所有者权益　　　　D. 费用
4. 分期收款发出商品属于(　　)类账户。
   A. 资产　　　　　　　B. 负债　　　　　　　C. 所有者权益　　　　D. 费用
5. 收取手续费方式代销商品，代购代销收入作为(　　)处理。
   A. 主营业务收入　　　B. 其他业务收入　　　C. 冲减销售费用　　　D. 冲减管理费用
6. 批发企业购进商品发生补价，如果商品已经售出，除调整进项税外，还应调整(　　)。
   A. 库存商品　　　　　B. 主营业务成本　　　C. 主营业务收入　　　D. 销售费用
7. 批发企业销售因为退、补价是销售金额的调整，不涉及商品数量，不调整库存商品和(　　)。
   A. 主营业务收入　　　B. 主营业务成本　　　C. 应交税费　　　　　D. 应收账款

三、分录题

沈阳兴菲公司2022年2月发生下列经济业务。

(1) 2022年2月1日业务部门转来沈阳制帽厂开来的专用发票，开列童帽250箱，每箱300元，计货款75 000元，增值税税额9 750元，并收到自行填制的收货单(结算联)467号，经审核无误，当即签发转账支票付讫。

(2) 2022年2月4日，储运部门转来收货单(入库联)467号，向沈阳制帽厂购进童帽250箱，每箱300元，已全部验收入库，结转童帽的采购成本。

(3) 2022年2月9日，银行转来天津制帽厂托收凭证，附来专用发票(发票联)198号，开列呢帽200箱，每箱378元，计货款75 600元，增值税税额9 828元，运费凭证218元，并收到自行填制的收货单(结算联)468号，经审核无误，当即承付。

(4) 2022年2月10日，储运部门转来天津制帽厂专用发票(发货联)198号，开列呢帽200箱，每箱378元，并收到自行填制的收货单(入库联)468号，呢帽已全部验收入库，结转呢帽的采购成本。

四、综合测评

1. 2022年2月10日，业务部门转来沈阳电扇厂开来的专用发票，开列华生牌台扇400台，每台160元，计货款64 000元，增值税税额8 320元，并收到自行填制的收货单(结算联)233号，经审核无误，当即签发转账支票付讫。2月11日已全部验收入库，结转台扇的采购成本。15日，开箱复验商品，发现11日入库的华生牌台扇中有20台质量不符合要求，与沈阳电扇厂联系后同意退货，收到其退货的红字专用发票，应退货款3 200元，增值税税额416元，并收到业务部门转来的进货退出单(结算联)011 号。

2. 沈阳兴菲公司购入衣服 200 件，单价 10 元/件，共计价款 10 000 元，应支付增值税税额为 1 300 元，价税款合计为 11 300 元。经与合同核对无误后，付款，商品到达，验收入库，后接到销售方通知，200 件衣服单价每件进价多计 10 元，收到卖方的红字专用发票及附件"销货更正单"，款项同时退回收存银行。经查有 100 件衣服已售并已结转销售成本，另 100 件在库。

任务拓展

知识链接

商品流通企业采购费用处理有三种方法，工业企业运输费用构成材料的采购成本。

关键词汇中英对照

商品采购	Procurement of Commodities
商品退回	Merchandise Return
拒付货款	Refuse to Pay the Payment
拒收商品	Rejection of Commodity

任务三 零售企业会计核算

任务引入

随着科技发展，智能手机功能越来越强大，新闻浏览、微信交友、在线支付……人们的学习生活日益离不开手机。振兴公司为经营手机零售与批发业务的公司，购进国产智能手机 80 部，每部 500 元，计货款 40 000 元、增值税税额 6 800 元，款项已付，经营部送来该款手机价格标签，每部手机价格 1 000 元，由于该款手机市场反响好，公司决定每部手机提高售价 100 元，手机还未售出。公司对手机购进业务采用进价法和售价法如何进行核算？进价不变，售价提高 100 元，如何进行账务处理？

商品零售企业与批发企业在经营管理和会计核算上不尽相同，零售企业商品品种、款式繁多；交易次数频繁且交易数量零星，销售的对象主要是广大消费者；销售时一般是"一手交钱，一手交货"，并不一定都要填制销货凭证；售货部门对其所经销的商品负有物资保管责任。

一、零售企业商品购进业务的核算

零售企业会计核算需要设置"商品进销差价"账户，该账户是资产类账户，它是"库存商品"账户的备抵账户，用以反映商品售价金额和进价金额间的差额，贷方登记商品购进、溢余及调高售价时发生的差额，借方登记结转已销商品进销差价，商品短缺及调低售价时注销的差额。

(一) 一般商品购进业务核算

零售企业为了满足各层次消费者对商品多样化的需要,应做好商品预测和市场分析工作,有计划地从批发企业和生产企业购进商品。对于商品购进的交接方式,同城购进一般采用"提货制"或"送货制",异地购进一般采用"发货制"。一般以转账支票、商业汇票、银行本票支付货款和增值税税额。零售企业商品购入的付款程序和核算方法与批发企业相似,这里不再详述。不同的是购入商品的入库处理,企业根据实物负责小组送来的商品验收入库凭证复核无误后,按售价金额借记"库存商品"账户,售价是含税的销售价格,按进价金额贷记"商品采购"账户,借方与贷方的差额,也是售价与进价间的差额,贷记"商品进销差价"账户。

【例3-23】沈阳慧兴百货公司为综合零售企业,从某批发企业购进衣服200件,其总进价20 000元,进项税额2 600元,含税售价为30 000元,货款以转账支票支付,商品由服装柜组如数验收,财会部门账务处理如下。

借:商品采购   20 000
  应交税费——应交增值税(进项税额) 2 600
 贷:银行存款   22 600
同时,
借:库存商品   30 000
 贷:商品采购   20 000
  商品进销差价——服装组   10 000

【例3-24】承上例,如果某批发企业为外地企业,支付进货运费218元,随运费支付的保险费200元。货款已支付,商品验收入库。

借:商品采购   20 000
  销售费用   400
  应交税金——应交增值税(进项税额) 2 618
 贷:银行存款   23 018
同时,
借:库存商品   30 000
 贷:商品采购   20 000
  商品进销差价——服装组   10 000

(二) 更正购进价格的核算

零售企业购进商品后,有时会收到供货单位开来的更正发票,更正其开错的商品货款。只更正购进价格,企业商品售价不变,因此,核算时应调整"商品进销差价"账户,而不能调整"库存商品"账户。更正商品购进价格有两种情况,提高进价与降低进价,除销售更正单外,还应提供蓝色或红色增值税发票。无论是退款还是补付货款,为方便核算,采用统一的模式,记账字体用蓝字和红字表示补付货款和退款,会计处理如下。

借:商品采购   (进价差额)
  应交税金——应交增值税(进项税额) (税金)
 贷:应收账款   (二者合计)
同时调整商品进销差价。
借:商品进销差价   (进价差额)
 贷:商品采购   (进价差额)

上面的会计核算反映了调价的整个流程,账户对应关系明确,从另一方面理解,无论是调高还是降低购进价格,商品售价不变,最终进价差异都转变成了商品进销差价,可以把以上核算合并如下。

借:商品进销差价　　　　　　　　　　　　(进价差额)
　　应交税金——应交增值税(进项税额)　　(税金)
　　　贷:应收账款　　　　　　　　　　　　(二者合计)

【例 3-25】沈阳慧兴百货从沈阳电子器材公司购进移动硬盘 100 个,每个购进单价(不含税)100 元,零售单价(含税)150 元,商品入电子产品柜台,现收到供货单位更正专用发票,移动硬盘批发单价应为 90 元,应退货款 1 000 元,增值税税额 130 元。财会部门做如下处理。

冲减商品采购额和进项税额,编制会计分录如下。

借:商品采购——移动硬盘　　　　　　　　1 000
　　应交税金——应交增值税(进项税额)　　130
　　　贷:应收账款　　　　　　　　　　　　　1 130

同时调整商品进销差价,编制会计分录如下。

借:商品进销差价——电子产品柜　　　　　1 000
　　　贷:商品采购——移动硬盘　　　　　　　1 000

或者直接反映差额,编制会计分录如下。

借:商品进销差价　　　　　　　　　　　　1 000
　　应交税金——应交增值税(进项税额)　　130
　　　贷:应收账款　　　　　　　　　　　　　1 130

收到退款时,编制会计分录如下。

借:银行存款　　　　　　　　　　　　　　1 130
　　　贷:应收账款　　　　　　　　　　　　　1 130

【例 3-26】承上例,如果移动硬盘价格为 110 元,财会部门做如下处理。

补付货款,编制会计分录如下。

借:商品采购——移动硬盘　　　　　　　　1 000
　　应交税金——应交增值税(进项税额)　　130
　　　贷:应收账款　　　　　　　　　　　　　1 130

同时调整商品进销差价,编制会计分录如下。

借:商品进销差价——电子产品柜　　　　　1 000
　　　贷:商品采购——移动硬盘　　　　　　　1 000

或者直接反映差额,编制会计分录如下。

借:商品进销差价　　　　　　　　　　　　1 000
　　应交税金——应交增值税(进项税额)　　130
　　　贷:应收账款　　　　　　　　　　　　　1 130

支付货款时,编制会计分录如下。

借:应收账款　　　　　　　　　　　　　　1 130
　　　贷:银行存款　　　　　　　　　　　　　1 130

(三) 更正销售价格(商品调价)的核算

商品调价是指商品流通企业根据国家物价政策或市场情况,对某些正常商品的价格进行适当调高或调低，调低售价后新价格高于进价。由于不涉及商品的购进价格，因此只涉及"库存商品"账户和"商品进销差价"账户，发生调高售价金额时，借记"库存商品"账户，贷记"商品进销差价"账户；发生调低售价金额(调低后高于进价)时，则借记"商品进销差价"账户，贷记"库存商品"账户。

【例3-27】 沈阳慧兴百货公司电子产品部根据市场情况将移动硬盘零售价格由原来的150元上涨到170元，经过盘点共10个移动硬盘，编制商品调价差额调整单，交由财务部门进行会计处理，做分录如下。

借：库存商品——电子产品柜　　　　　　　　　　200
　　贷：商品进销差价——电子产品柜　　　　　　　　　200

(四) 购进价格和销售价格同时更正的核算

如果在更正商品进价的同时还需要更正商品的零售价格，则调整商品进价和进项税额的核算方法与只更正进价的核算方法相同；同时，还要按其差额调整库存商品的售价金额、进价成本和商品进销差价，借记"库存商品"账户，贷记"商品采购"账户和"商品进销差价"账户。如果供货单位退还货款及税款，则应根据更正的增值税专用发票用红字冲减。供货单位应补收时，要根据其开来的更正增值税专用发票用蓝字补充登记。

借：商品采购　　　　　　　　　　　　　(进价差额)
　　应交税金——应交增值税(进项税额)　　(税金)
　　贷：应收账款　　　　　　　　　　　　(二者合计)

同时，按其差额调整库存商品的售价金额、进价成本和商品进销差价。

借：库存商品　　　　　　　　　　　　　(售价差额)
　　贷：商品采购　　　　　　　　　　　　(进价差额)
　　　　商品进销差价　　　　　　　　　　(差价差额)

【例3-28】 沈阳隆昌百货从沈阳防雨器材公司购进折伞1 000把，每把购进单价(不含税)10元，零售单价(含税)15元，商品入杂品柜台，现收到供货单位更正专用发票，折伞批发单价应为11元，应补付货款1 000元，增值税税额130元，售价调整为16.5元(含税)。财会部门做如下处理。

补付货款，编制会计分录如下。

借：商品采购——折伞　　　　　　　　　　　　1 000
　　应交税金——应交增值税(进项税额)　　　　　130
　　贷：应收账款——沈阳防雨器材公司　　　　　　　1 130

同时调整商品进销差价，做分录如下。

借：库存商品——杂品柜　　　　　　　　　　　1 500
　　贷：商品采购——折伞　　　　　　　　　　　　1 000
　　　　商品进销差价　　　　　　　　　　　　　　500

补付货款，如果其他条件不变，含税售价调整为15.5元，则编制会计分录如下。

借：商品采购——折伞　　　　　　　　　　　　1 000
　　应交税金——应交增值税(进项税额)　　　　　130
　　贷：应收账款——沈阳防雨器材公司　　　　　　　1 130

同时调整商品进销差价，做分录如下。

借：库存商品——杂品柜　　　　　　　　　　　　500

	商品进销差价	500
贷:	商品采购——折伞	1 000

(五) 购进商品发生短缺和溢余的核算

零售企业在购进商品时,必须严格坚持商品验收制度,认真负责地验收商品的数量和质量。营业柜组在验收过程中,发现商品数量有短缺或溢余时,若是同城购进的商品,即可与供货单位联系,或从对方补回其少发的商品,或将对方多发的商品退还,这样在会计核算上就不反映商品的短缺或溢余;若是从异地购进的商品,一时难以查明原因,应由验收柜组填制"商品购进短缺溢余报告单",财会部门据以按进价将短缺或溢余的商品先计入"待处理财产损溢"账户,并按实收商品数量的售价金额借记"库存商品"账户。查明原因后的核算方法同批发企业相同,即区别各种不同的原因,从"待处理财产损溢"账户转入各有关的账户。

二、零售企业商品销售的核算

(一) 商品销售的业务程序

根据商品零售企业的经营特点,商品零售企业大多采用"三级管理、二级核算"的管理体制,二级核算单位下面按照经营商品的柜组划分为若干实物负责小组,实行"小组实物负责制"的管理方式。零售商品销售的对象是广大消费者,除部分企事业单位用转账结算外,一般为现款交易,具体来说有两种方式。

1. 直接收款销售方式

直接收款销售是指由营业员直接付货收款的销售方式,即一手钱、一手货。采用这种销售方式,消费者可在同一地点选购商品、付款和取货,手续简便,交易时间短,服务效率高。但由于营业员既发货又收款,容易发生差错,一般适宜用于品种简单、价格统一、成包成件的商品,如大量的日用商品销售。

2. 集中收款销售方式

集中收款销售方式是在消费者选好商品后,由营业员填制销货凭证,收银员集中收款,营业员再按收款凭证发货的销售方式。采用这种销售方式,营业员负责发货,收银员负责收款,钱货分开,责任明确,不易发生差错,但由于开票、交款、取货分处两地,顾客往返比较麻烦,会影响商品销售速度。

不论采用什么销售方式,都必须加强销货款的管理制度。企业每日销货收入数,必须于当天送交财会部门或直接送存银行,销售额大、收入款多的企业,可分次送存银行。每日营业终了,由实物负责人或收银员根据本人销货款收入,填制"内部交款单"和"商品进销存报告表",连同当天的"商品验收单"和其他有关凭证,一并交财会部门作为记账依据。财会部门在收到实物负责人"内部交款单"和"商品进销存报告表"后,根据有关凭证进行审核,并据以编制记账凭证。

(二) 商品销售的核算

零售企业商品销售业务通过"主营业务收入"和"主营业务成本"账户进行核算。为了简化核算手续,平时在"主营业务收入"账户中反映含税的销售收入。商品销售后,为了能及时反映商品实物负责小组库存商品的购销动态和结存情况,便于各实物负责小组随时掌握其经管商品的价值,明确其所承担的经济责任,需要随时转销已销库存商品的成本,由于零售企库存商品是按售价反映的,因此,转销库存商品的金额同反映商品销售收入增加的金额是一致的。

【例 3-29】 沈阳慧兴百货某日服装与电子产品营业柜组的商品销售及货款收入见表 3-4。信用卡结算手续费为 1‰。

表3-4 营业柜组商品销售及货款收入

单位:元

组 别	销售额	现 金	支 票	信用卡	现金溢缺
服装柜	200 000	180 000	20 000		
电子产品柜	200 000	170 000	20 000	10 000	
合计	400 000	350 000	40 000	10 000	

财会部门核算如下。

借:库存现金　　　　　　　　　　　　　　350 000
　　银行存款　　　　　　　　　　　　　　 49 990
　　财务费用　　　　　　　　　　　　　　　　 10
　　贷:主营业务收入——服装柜　　　　　　　　200 000
　　　　主营业务收入——电子产品柜　　　　　　200 000
借:主营业务成本——服装柜　　　　　　　100 000
　　　　　　　　——电子产品柜　　　　　100 000
　　贷:库存商品——服装柜　　　　　　　　　　100 000
　　　　　　　　——电子产品柜　　　　　　　　100 000

(三) 主营业务收入的调整

由于零售企业平时在"主营业务收入"账户中反映的是含税收入,因此到月末就需要进行调整,将含税收入中的销项税额分离出来,使"主营业务收入"账户反映企业真正的销售额。含税收入的调整公式为

$$销售额 = 含税收入 \div (1 + 增值税税率)$$
$$销项税额 = 含税收入 - 销售额$$

【例 3-30】 沈阳慧兴百货月末"主营业务收入"账户余额为 565 000 元,增值税税率为 13%,调整商品销售收入,计算的结果如下。

销售额 = 565 000 ÷ (1 + 13%) = 500 000 元
销项税额 = 565 000 - 500 000 = 65 000 元

根据计算的结果,做分录如下。

借:主营业务收入　　　　　　　　　　　　65 000
　　贷:应交税金——应交增值税(销项税额)　　　65 000

(四) 代销商品销售的核算

同批发企业相似,零售企业也有代销业务,代销业务同样分为视同买断方式受托代销商品和收取手续费方式受托代销商品两种方式,零售企业进行受托代销业务,事先由业务部门与供货单位签订"受托代销合同",合同上注明货款的结算方式和时间及商品的质量和保管的责任等。

1. 视同买断方式受托代销商品的核算

企业收到受托代销商品时,并没有取得商品的所有权,为了加强对受托代销商品的管理,在受托代销商品验收入库时,应按售价金额借记"受托代销商品"账户,按进价金额贷记"代销商品款"账户,按售价金额与进价金额之间的差价贷记"商品进销差价"账户。代销商品销售后,借记"库存现金"账户,贷记"主营业务收入"账户,并按售价金额借记"主营业务成本"账户,贷记"受托代销商品"账户,同时按进价结转代销商品款,借记"代销商品款"账户,贷记"应付账款"账户。当按合同规定的日期收到已售代销商品的增值税专用发票,支付其货款和增值税税额时,借记"应付账款"账户和"应交税金"账户,贷记"银行存款"账户。

【例3-31】沈阳慧兴百货与某电器公司签订受托代销合同,为其代销热水器200台,进价每台2 000元,零售价每台3 390元。每月结算一次货款。对上述业务,企业财会部门做如下账务处理。

收到代销商品验收入库时,编制会计分录如下。

借:受托代销商品——家电柜	678 000
贷:代销商品款——某电器公司	400 000
商品进销差价——家电柜	278 000

本月售出热水器100台,收到现金351 000元,编制会计分录如下。

借:库存现金	339 000
贷:主营业务收入——家电柜	339 000

同时,冲减受托代销商品,编制会计分录如下。

借:主营业务成本——家电柜	339 000
贷:受托代销商品——家电柜	339 000

结转代销商品款,编制会计分录如下。

借:代销商品款——某电器公司	200 000
贷:应付账款——某电器公司	200 000

月末,收到电器公司公司开来的增值税专用发票,货款200 000元,进项税额26 000元,均已通过银行汇付,编制会计分录如下。

借:应付账款——某电器公司	200 000
应交税金——应交增值税(进项税额)	26 000
贷:银行存款	226 000

2. 收取代销手续费方式受托代销商品的核算

采用收取代销手续费方式的企业,在收到代销商品时,按代销商品的含税售价借记"受托代销商品"账户,贷记"代销商品款"账户,由于该种代销只收取手续费,进价与售价相同,不产生商品进销差价。代销商品销售的核算及结算代销手续费的核算方法,与批发企业同类业务的核算基本相同,这里不再详细介绍。

(五) 主营业务成本的调整

流通企业进行商品销售,商品进价与售价之间的差价,在"商品进销差价"账户内反映,所以,当已销商品按售价从"库存商品"账户内转销时,从理论上讲,应该同时将这部分已销商品的进销差价也从"商品进销差价"账户内转销,将已销商品的成本调整为进价,即在"主营业务成本"账户内用进价反映。零售企业计算已销商品进销差价的方法有综合差价率推算法、分柜组差价率推算法和实际进销差价计算法三种。

1. 综合差价率推算法

综合差价率推算法是按全部商品的存销比例,推算本期销售商品应分摊进销差价的一种方法。具体的计算公式为

综合差价率 = 结转前商品进销差价账户余额 ÷ (期末库存商品账户余额 + 期末受托代销商品账户余额 + 本期商品销售收入) × 100%

本期已销商品进销差价 = 本期商品销售收入 × 综合差价率

如果单位没有代销商品,则不考虑,本期商品销售收入即是本期销售减少的商品价值,对上述公式进行演化,得出的公式为

本期已销商品进销差价 = 本期商品销售收入 × [结转前商品进销差价账户余额 ÷ (期末库存商品账户余额 + 本期商品销售收入)]

本期已销商品进销差价 = 结转前商品进销差价账户余额 × [本期商品销售收入 ÷ (期末库存商品账户余额 + 本期商品销售收入)]

本期已销商品进销差价 = 结转前商品进销差价账户余额 × 存销比例

【例3-32】沈阳慧兴百货12月31日结转前商品进销差价账户余额10 000元,库存商品账户余额30 000元,商品销售收入账户余额70 000元。用综合差价率推算法计算并结转已销商品进销差价。

综合差价率 = 10 000 ÷ (70 000 + 30 000) × 100% = 10%

本期已销商品进销差价 = 70 000 × 10% = 7 000元

根据计算的结果,做分录如下。

借:商品进销差价　　　　　　　　　　　　　　　7 000
　　贷:主营业务成本　　　　　　　　　　　　　　　7 000

2. 分柜组差价率推算法

分柜组差价率推算法是按各营业柜组或门市部商品的存销比例,推算本期销售商品应摊进销差价的一种方法。这种方法要求按营业柜组分别进行计算,每一柜组含有若干商品,可以视为同柜组若干商品的综合差价率,其计算理论方法与综合差价率推算法相同,财会部门可编制"已销商品进销差价计算表"进行计算。

【例3-33】某零售企业下设小百货、针织和鞋帽三个营业柜组,月末资料见表3-5。

表3-5　库存商品余额表

单位:元

柜　　组	库存商品余额	主营业务收入余额	商品进销差价余额
小百货	3 000	7 000	1 000
针织	2 000	8 000	1 100
鞋帽	1 900	8 100	1 200
合计	6 900	23 100	3 300

根据表3-5资料编制"已销商品进销差价计算表"(见表3-6)。

表3-6 已销商品进销差价计算表

单位：元

柜 组 1	库存商品余额 2	主营业务收入余额 3	商品进销差价余额 4	柜组差价率 5=4÷(2+3)×100%	商品进销差价	
					已销 6=3×5	库存 7=4-6
小百货	3 000	7 000	1 000	10%	700	300
针织	2 000	8 000	1 100	11%	880	220
鞋帽	1 900	8 100	1 200	12%	972	228
合计	6 900	23 100	3 300		2 552	748

注：综合差价率 = 3 300 ÷ (6 900 + 23 100) × 100% = 11%
综合已销商品进销差价 = 23 100 × 11% = 2 541

3. 实际进销差价计算法

实际进销差价计算法是先计算出期末商品的进销差价，进而计算已销商品进销差价的一种方法。这种方法的具体做法是：期末由各营业柜组或门市部通过商品盘点，编制"库存商品盘存表"和"受托代销商品盘存表"，根据各种商品的实存数量，分别乘以销售单价和购进单价，计算出期末库存商品的售价金额和进价金额及期末受托代销商品的售价金额和进价金额。"库存商品盘存表"和"受托代销商品盘存表"一式数联，其中一联送交财会部门，复核无误后，据以编制"商品盘存汇总表"。期末商品进销差价、已销商品进销差价的计算公式为

期末商品进销差价＝期末库存商品售价金额－期末库存商品进价金额＋
期末受托代销商品售价金额－期末受托代销商品进价金额

已销商品进销差价 = 结账前进销差价账户余额 － 期末商品进销差价

采用不同的方法计算已售商品的进销差价，会产生不同的结果，三种方法的适用范围及优缺点总结（见表3-7）。在实际工作中，为了做到既简化计算手续，又准确地计算已销商品进销差价，往往在平时采取分柜组差价率推算法，到年终采用实际进销差价计算法，以保证整个会计年度核算资料的准确性。

表3-7 差价计算比较表

项 目	综合差价率推算法	分柜组差价率推算法	实际进销差价计算法
运用范围	适用于所经营商品的差价率较为均衡的企业或企业规模小、分柜计算差价率确有困难的企业	适用于经营柜组间差价率不太均衡的企业，或需要分柜组核算其经营成果的企业	适用于经营商品品种较少的企业，或在企业需要反映其期末库存商品实际价值时采用
优缺点	计算与核算的手续较为简便，但计算的结果不够准确	计算较为简便，计算的结果较为准确，但与实际相比较，仍有一定的偏差	计算的结果最为准确，但计算起来工作量较大

三、零售商品储存的核算

由于零售企业采用售价金额核算,因此平时应特别加强对库存商品的管理和监督,建立"实物负责制"以保护企业财产的安全与完整。商品储存的核算,包括商品的盘点溢缺、削价、内部调拨的核算等内容。

(一) 零售企业商品盘点溢缺的核算

零售企业对库存商品采取售价金额核算时,库存商品明细分类账一般按营业柜组或门市部设置,平时只反映和掌握各营业柜组或门市部商品进、销、存的售价金额,而不反映和掌握各种商品的结存数量。因此,只有通过商品盘点,逐项计算出各种商品的售价金额及售价总金额,再与当天"库存商品"账户余额进行核对,才能了解和控制各种商品的实存数量,确保账实相符。

1. 商品盘点溢余的核算

商品盘点溢余是指商品盘存金额大于账面结存金额的差额。造成溢余的原因是多方面的,包括商品自然升溢和多收、少付的差错等因素。在未查明原因以前,为使账货相符,先调整账面,按溢余商品售价金额计入"库存商品"账户,同时按进销差价金额,计入"待处理财产损溢——待处理流动资产损溢"和"商品进销差价"账户,待查明原因后,再从"待处理财产损溢"账户转入有关账户。

【例3-34】沈阳慧菲百货月末盘点某实物负责小组实际库存金额大于账面结存金额300元,上月末该柜组差价率为10%,进销差价金额为30元,原因待查,做会计分录如下。

借:库存商品——某柜组　　　　　　　　　　　　　　　300
　　贷:待处理财产损溢——待处理流动资产损溢　　　　　270
　　　　商品进销差价　　　　　　　　　　　　　　　　30
经查,多余商品为自然升溢,会计处理如下。
借:待处理财产损溢——待处理流动资产损溢　　　　　　270
　　贷:销售费用　　　　　　　　　　　　　　　　　　270

2. 商品盘点短缺的核算

商品盘点短缺是指商品盘存金额小于账面结存金额的差额。造成短缺的原因也是多方面的,包括商品自然损耗,少收、多付的差错,以及贪污、盗窃等因素。在未查明原因以前,为使账货相符,先调整账面,按短缺商品售价计入"库存商品"账户,同时按上月末进销差价率计算短缺商品的进价和进项税额,以及进销差价金额,分别计入"应交税金——应交增值税(进项税额)""待处理财产损溢——待处理流动资产损溢"和"商品进销差价"账户。待查明原因后,再从"待处理财产损溢"账户转入有关账户。

【例3-35】沈阳慧菲百货月末盘点,某实物负责小组实际库存商品金额小于账面结存金额200元,按上月末进销差价率15%计算,进销差价金额为30元,原因待查,做会计分录如下。

借:待处理财产损溢——待处理流动资产损溢　　　　　　170
　　商品进销差价　　　　　　　　　　　　　　　　　30
　　贷:库存商品——××实物负责小组　　　　　　　　200
上项短缺商品经查明属于定额范围内自然损耗,经批准做增加销售费用支出处理。

借: 销售费用——商品损耗　　　　　　　　　　　　170
　　贷: 待处理财产损溢——待处理流动资产损溢　　　　170

如果上项短缺商品原因属于自然灾害造成的损失,应将扣除残料价值和保险公司赔款后的净损失做"营业外支出——非常损失"处理。

(二) 零售企业商品削价的核算

商品削价是对库存中呆滞、冷背、残损、变质的商品做一次性降价出售的措施。零售企业由于盲目采购造成商品呆滞积压,或因运输不慎、保管不妥等,而发生了商品残损变质等情况,影响了商品内在与外观的质量,为了减少商品损失,应根据商品呆滞积压情况或残损变质的程度,按照规定的审批权限,报经批准后进行削价处理。残损变质商品削价时,一般由有关营业柜组盘点数量后,填制"商品削价报告单"一式数联,报经有关领导批准后,进行削价处理。

商品削价后,可变现净值(可变现净值由不含税新售价减去预计销售费用后求得)高于成本时(商品调价),根据削价减值金额借记"商品进销差价"账户,贷记"库存商品"账户,以调整其账面价值。商品削价后,可变现净值低于成本时,除了根据削价减值金额借记"商品进销差价"账户,贷记"库存商品"账户,除调整其账面价值外,还应提取存货跌价准备。"存货跌价准备"账户是指在中期期末或年度终了,如由于存货遭受毁损、全部或部分陈旧过时或销售价格低于成本等原因,使存货成本不可以收回的部分,应按单个存货项目的成本高于其可变现净值的差额提取,并计入存货跌价损失。零售企业在期末或年度终了时,考虑是否对库存商品计提存货跌价准备。

【例3-36】 沈阳慧菲百货服装柜发现10件过季的毛衣,其原零售单价为135元,经批准降价为101.70元,该女时装每件进价为100元,估计销售费用为2元,增值税税率为13%,计算其可变现净值如下。

女时装降价后不含增值税售价 = 101.70 × 10 ÷ 1.13 = 900 元
女时装可变现净值 = 900 - (2 × 10) = 880 元
女时装可变现净值低于成本的差额 = 1000 - 880 = 120 元
根据降价减少的售价金额调整其账面价值,做分录如下。

借: 商品进销差价——服装柜　[(135 - 101.7) × 10]　　333
　　贷: 库存商品——服装柜　　　　　　　　　　　　333
借: 资产减值损失　　　　　　　　　　　　　　　　　120
　　贷: 存货跌价准备　　　　　　　　　　　　　　　120

销售降价的10件女时装,收入现金1 053元,做分录如下。

借: 库存现金　　　　　　　　　　　　　　　　　　1 017
　　贷: 主营业务收入——服装柜　　　　　　　　　　1 017

同时,结转其销售成本,做分录如下。

借: 主营业务成本——服装柜　　　　　　　　　　　1 017
　　贷: 库存商品——服装柜　　　　　　　　　　　　1 017

以计提存货跌价准备(期末或年末总体或单项计提)弥补削价损失120元,做分录如下。

借: 存货跌价准备　　　　　　　　　　　　　　　　120
　　贷: 主营业务成本　　　　　　　　　　　　　　　120

(三) 零售企业商品内部调拨的核算

商品内部调拨是指零售企业在同一独立核算单位内部各实物负责小组之间的商品转移,具体表现为各营业柜组或门市部之间为了调剂商品余缺所发生的商品转移;或设有专职仓库保管员,对在库商品单独进行核算和管理的企业,当营业柜组或门市部向仓库提取商品时,所发生的商品调拨转移。

调拨商品时,一般由调出单位填制一式数联"商品内部调拨单",用于调拨双方办理商品交接和转账。财会部门接到商品调拨单后,应及时调整"库存商品"账户账面记录,采取分柜组差价率推算法分摊已销商品差价的企业,还要调整相应的"商品进销差价"账户,做会计分录如下。

借:库存商品——××实物负责小组(调入方) ×××
　　贷:库存商品——××实物负责小组(调出方) ×××
借:商品进销差价——××实物负责小组(调出方) ×××
　　贷:商品进销差价——××实物负责小组(调入方) ×××

内部商品调拨,只是在企业内部各营业组之间的转移,因此,"库存商品"总分类账户余额不变,只是在"库存商品"明细账中进行调整。"商品进销差价"账户如果未按实物负责小组进行明细分类核算,也可不必进行调整。

任务小结

商品零售企业与批发企业在经营管理和会计核算上不尽相同,需要设置"商品进销差价"账户,反映商品进价与售价之间的差额。"商品进销差价"账户是资产类账户,它是"库存商品"账户的备抵账户,用以反映商品售价金额和进价金额间的差额,商品零售企业会计核算包括:购进业务的核算,商品销售的核算,商品储存的核算,等等。

任务考核

一、填空题

1. 零售企业会计核算采用售价核算,售价核算是指以(　　)的(　　)来反映和控制商品购进、销售和储存的一种核算方法,也称(　　)。
2. "商品进销差价"账户是(　　)类账户,它是(　　)账户的备抵账户,用以反映商品(　　)和(　　)间的差额。
3. 只更正购进价格,企业商品售价不变,因此,核算时应调整(　　)账户,而不能调整(　　)账户。
4. 为了简化核算手续,平时在"主营业务收入"账户中反映(　　),转销库存商品的金额同反映(　　)的金额是一致的。
5. 实际进销差价计算法是先计算出(　　)的进销差价,进而计算(　　)进销差价的一种方法。

二、选择题

1. 零售商品销售的对象是广大消费者,除部分企事业单位用转账结算外,一般为现款交易,具体有两种方式,即(　　)。
　　A. 直接收款销售方式　　　　　B. 间接收款销售方式
　　C. 集中收款销售方式　　　　　D. 分散收款销售方式

2. 计算方法简单，但是计算不够准确，适用于各类商品差价率相近的方法是( )。
   A. 综合差价率推算法　　　　　B. 分柜组差价率推算法
   C. 实际进销差价计算法　　　　D. 计划进销差价计算法
3. 零售企业计算已销商品进销差价的方法有( )。
   A. 综合差价率推算法　　　　　B. 分柜组差价率推算法
   C. 实际进销差价计算法　　　　D. 计划进销差价计算法
4. 零售企业商品削价调整( )账户。
   A. 商品削价准备　　　　　　　B. 存货跌价准备
   C. 库存商品　　　　　　　　　D. 主营业务收入
5. 零售企业购进商品后，只更正购进价格，企业商品售价不变，因此，核算时应调整( )账户。
   A. 商品进销差价　　　　　　　B. 库存商品
   C. 销售费用　　　　　　　　　D. 主营业务收入
6. 零售商品进价和售价同时更正时，会计核算中"商品进销差价"账户是在借方还是贷方看( )。
   A. 商品新旧进价差额　　　　　B. 商品新旧售价差额
   C. 差价差额　　　　　　　　　D. 不含税售价
7. 某公司12月31日结转前商品进销差价账户余额10 000元，库存商品账户余额20 000元，商品销售收入账户余额60 000元，受托代销商品账户余额20 000元，用综合差价率推算法计算已销商品进销差价为( )。
   A. 3 000元　　B. 6 000元　　C. 7 500元　　D. 10 000元
8. 售价金额核算法的基本内容包括( )。
   A. 售价记账，金额控制　　　　B. 设置"商品进销差价"账户
   C. 建立实物负责制　　　　　　D. 加强实地盘点、加强物价管理、健全有关制度

三、会计分录

沈阳华联商厦2月发生下列经济业务。

(1) 2日，业务部门转来沈阳百货公司的专用发票，开列向阳牌保温瓶1 200只，每只11元，计货款13 200元，增值税税额1 716元，经审核无误，当即签发转账支票付讫。

(2) 3日，百货柜转来收货单，昨日购进的1 200只向阳牌保温瓶已验收入库，结转其采购成本，该保温瓶零售单价为14.80元。

(3) 4日，业务部门转来沈阳百货公司专用发票，开列长城牌保温瓶1 000只，每只12.40元，计货款12 400元，增值税税额1 612元，经审核无误，当即签发转账支票付讫。

(4) 5日，百货柜转来收货单，昨日购进的1 000只保温瓶全部验收入库，该保温瓶零售单价16.50元。

(5) 7日，百货柜销货收入12 540元，食品柜销售收入11 980元，全部收到现金，并已存入银行。

(6) 9日，接到沈阳百货公司更正发票，日前购进的彩花双耳烧锅200只，原购进单价为14元，更正为15元，应补付货款200元，增值税税额26元。

(7) 12日，根据市场情况，轻便靴原零售单价17元，调整为20元，百货柜盘点后，库存轻便靴420双；光明牌奶粉原零售单价16元，调整为18元，食品柜盘点后，库存光明牌奶粉1 110袋。

(8) 20 日，接到沈阳食品公司开来更正发票，昨天购进并验收入库的糖水菠萝 500 听，原购进单价为 2.40 元，更正为 2.70 元，应补付货款 150 元，增值税税额 19.50 元，同时更正零售单价为 3.60 元，其原零售单价为 3.20 元。如果更正零售单价为 3.3 元，应如何处理。

四、综合测评

兴隆百货 2016 年 12 月 31 日账户余额如表 3-8 所示，请计算柜组及综合差价率并结转已售商品进销差价。

表 3-8 账户余额表

单位：元

柜　　组	结转前商品进销差价	库 存 商 品	主营业务收入
服装	433 777	236 745	1 932 140
家电	1 054 346	551 740	3 186 325
百货	10 623	7 065	63 755
合计	1 498 746	795 550	5 182 220

任务拓展

知识链接

销售毛利率，又称毛利率(profit margin)，是一个衡量盈利能力的指标，通常用百分数表示。其中，毛利是销售净收入与产品成本的差。销售毛利率计算公式为销售毛利率＝(销售净收入－产品成本)/销售净收入×100%。在上市公司财务报表中，主营业务销售毛利率＝(主营业务收入－主营业务成本)/主营业务收入×100%。

关键词汇中英对照

商品进销差价	Difference between Purchase and Sales of Commodities
削价	Price Cutting
成本调整	Cost Adjustment
收入还原	Income Reduction

任务四　鲜活商品会计核算

任务引入

鲜活商品一般在大型超市和农副产品市场经营出售，沈阳目前大型连锁超市有家乐福、沃尔玛、大福源、华润万家、北京华联等，但如果向沈阳人询问大东副食在哪里，没有人会说不知道。大东副食不仅是中国国内贸易部认定的中华老字号，也是这个城市的地标性名称之一，虽然大东副食从建筑造型到室内装修，有点简单和朴素，但每日营业之前，这里依然有大量的人排队等着入场。一到逢年过节，这里更是人山人海。如果从大东副食的前身"东关菜行"出现开始算起,它已经和这个城市共生共长了近180年,所以有的人即使搬离了这里,也还要乘坐公交车前来买东西,这早已不是什么新鲜事了。

据沈阳地方志等史料记载,公元1829年(清道光九年),在当时老沈阳小东门护城河畔一带自然形成了一个固定的蔬菜早市,是方圆近百里的副食集市。这是沈阳最早出现的经营蔬菜的副食品市场,被称为"东关市场",也称"东关菜行"。1933年,东关菜行迁至抚近门附近,也就是现在的大东副食现址,改为奉天营东关市场,人们俗称其为大东菜行。1956年公私合营之后,大东菜行于1958年正式定名为沈阳大东副食商店,该行经营的业户成为大东副食的员工。改革开放以后,其改名为大东副食品商场。

沈阳大东副食商场以经营农副产品为主,农副业生产的鲜活商品包括蔬菜、瓜果、肉类、禽蛋、鱼虾等。在经营上,鲜活商品具有以下特点:

(1) 商品容易变质,损耗大,损耗数量难以掌握;
(2) 经营过程中,经常发生质量等级变化,需要及时清选整理,分等分级,按质论价;
(3) 售价变动频繁,随着商品鲜活程度的变化,需要随时调整零售价格,由此而产生早晚不同的时价;
(4) 季节性较强,一般大批进货,零星出售,逢节假日,购买力集中,需要组织人力加强各环节之间的协作。

鉴于鲜活产品的以上特点,企业在会计核算时难以控制其数量,一般只核算其金额。

一、鲜活商品购进的核算

鲜活商品平时损耗较大,价格对销售量的影响较大,为简化手续,便利销售,节约人力、物力,适应鲜活商品的特点,经营鲜活商品零售企业的核算一般采用"进价记账、盘存计销"和"进价记账,售价控制"的进价金额核算方法,它的核算特点是:商品购进后,登记按实物负责人设置的库存商品明细账,只记进价金额,不记数量;商品销售后,按实际取得的销售收入,贷记"主营业务收入"账户,平时不结转商品销售成本,定期进行实地盘点,查明实存数量,用最后进价法计算并结转商品销售成本。这种方法把鲜活商品的损耗都计入营业成本中,通过价格调整来影响销售量和库存。

经营鲜活商品的零售企业,主要是向批发企业购进商品,也可以直接向农村承包户、专业户采购商品。商品的交接方式一般采用"提货制"或"送货制"。货款结算方式主要采用转账支票结算,也有采用银行本票和现金结算的。

商品购进的业务程序一般是:由购货单位委派采购员到供货单位采购商品,由供货单位填制专用发票。在采用"提货制"的情况下,采购员取得专用发票后,当场据以验收商品。商品运回后,由实物负责人(或柜组)根据采购员带回的专用发票,对商品进行复验。在采用"送货制"的情况下,则由采购员取回专用发票,直接交给实物负责人(或柜组),由其负责验收。

不论采用何种商品交接方式,实物负责人(或柜组)验收商品后,都要填制"收货单"一式数联,其中一联连同供货单位的专用发票一并送交财会部门。财会部门审核无误后,根据专用发票和转账支票存根联,借记"商品采购"账户和"应交税金"账户,贷记"银行存款"账户;根据"收货单",借记"库存商品"账户,贷记"商品采购"账户。库存商品一般按经营类别进行明细分类核算,并按照商品类别,以进价金额登记库存商品明细分类账。

企业验收商品时,如发生实收数量与应收数量不符,要及时查明原因。对于短缺商品,若确属供货单位少发,可以要求其补发商品或退回多收货款;若属途中损耗,则作为经营费用列支。对于溢余商品,若确属供货单位多发,应补作进货,并补付供货单位货款,或者将其多发商品如数退回;若属途中升溢,则冲减"销售费用"账户。

从 2018 年 5 月 1 日起,国务院将制造业等行业增值税税率从 17%降至 16%,将交通运输、建筑、基础电信服务等行业及农产品等货物的增值税税率从 11%降至 10%。根据自 2019 年 4 月 1 日起执行的《关于深化增值税改革有关政策的公告》(以下简称《公告》),增值税一般纳税人(以下简称纳税人)发生增值税应税销售行为或者进口货物,原适用 16%税率的,税率调整为 13%;原适用 10%税率的,税率调整为 9%。

【例 3-37】沈阳永辉超市生鲜部向农户收购鸡蛋一批,农产品收购发票金额 10 900 元,当即签发转账支票付讫,生鲜部验收后,填制"收货单"送财务部门,会计核算如下。

根据供货单位的专用发票和转账支票存根审核无误,做分录如下。

借:商品采购——鸡蛋　　　　　　　　　　　　　　　10 000
　　应交税费——应交增值税(进项税额)　　　　　　　　 900
　　贷:银行存款　　　　　　　　　　　　　　　　　　10 900

根据生鲜部转来的"收货单"审核无误,做分录如下。

借:库存商品——生鲜部　　　　　　　　　　　　　　10 000
　　贷:商品采购——鸡蛋　　　　　　　　　　　　　　10 000

二、商品销售的核算

经营鲜活商品的零售企业,其销售方式主要是采用现金交易。当天营业结束后,由各营业部门根据实收销货款填制"商品销售收入缴款单"一式数联,连同当天的销货款一并送交财会部门。财会部门当面点收无误后,应由出纳员在"商品销售收入缴款单"上签字,并加盖现金收讫章,其中一联退回缴款部门留存备查,财会部门自留一联。然后将各营业部门交来的销售款汇总后,全部存入银行。然而,企业取得的销货款是含税收入,其中包含了销项税额,因此,需要将含税收入调整为销售额。其计算公式为

$$销售额 = 含税收入 \div (1 + 增值税税率)$$

然后,根据"商品销售收入缴款单"及计算的结果,借记"库存现金"账户,贷记"主营业务收入"账户和"应交税费"账户;根据银行解款单回单,借记"银行存款"账户,贷记"现金"账户。

三、商品储存的核算

鲜活商品在储存过程中发生损耗、调价、削价等情况,不进行账务处理,月末体现在商品销售成本内。但发生责任事故时,应及时查明原因,以分清责任,在报经领导批准后,根据不同情况进行账务处理,当作为企业损失时,应列入"管理费用"账户;当由当事人承担经济责任时,则列入"其他应收款"账户。

期末,由各营业部门对实存商品进行盘点,将盘存商品的数量填入"商品盘存表",以最后一次进货单价作为期末库存商品的单价,计算出各种商品的结存金额,进而计算出本期库存商品结存金额,然后采取倒算的方法计算商品销售成本。其计算公式为

$$本期商品销售成本 = 期初结存商品金额 + 本期收入商品金额 - 本期非销售发出商品金额 - 期末结存商品金额$$

任务小结

鲜活商品是特殊的商品,包括蔬菜、瓜果、肉类、禽蛋、鱼虾等。采用"进价核算,盘存计销"的方法进行核算,核算时应特别注意增值税税率的适用。经营鲜活商品的零售企业,主要是向批发企业购进商品,也可以直接向农村承包户、专业户采购商品。鲜活商品的零售企业,其销售方式主要是采用现金交易,当天营业结束后,由各营业部门根据实收销货款填制"商品销售收入缴款单"一式数联,连同当天的销货款一并送交财会部门。企业取得的销货款是含税收入,其中包含销项税额,因此,需要将含税收入调整为销售额。鲜活商品在储存过程中发生损耗、调价、削价等情况,不进行账务处理,月末体现在商品销售成本内。

任务考核

一、填空题

1. 经营鲜活商品零售企业的核算一般采用( )和( )的进价金额核算方法。
2. 鲜活商品购进途中升溢,则冲减( )账户。
3. 经营鲜活商品的零售企业,其销售方式主要是采用( )。
4. 鲜活商品在储存过程中发生损耗、调价、削价等情况,不进行账务处理,月末体现在( )内。
5. 期末,对实存商品进行盘点,以( )进货单价作为期末库存商品的单价,计算出各种商品的结存金额,进而计算出本期库存商品结存金额,然后采取( )的方法计算商品销售成本。

二、选择题

1. 适用于经营鲜活商品的零售企业的核算方法是( )。
   A. 进价金额   B. 售价金额   C. 数量进价金额   D. 数量售价金额
2. 适用于经营鲜活商品的零售企业的核算方法是( )。
   A. 进价记账,盘存计销   B. 售价记账,盘存计销
   C. 进价记账,售价控制   D. 售价记账,售价控制

三、综合测评

期末生鲜部门对实存商品进行盘点,盘存鸡翅的数量为 50 千克,期初鸡翅结余 30 千克,上月最后一次进货单价为每千克 19 元,本月分三次购进鸡翅,分别为 1 000 千克、500 千克、1 000 千克,购进单价分别为 19 元/千克、18 元/千克、20 元/千克,计算本月商品销售成本并进行会计核算(不考虑税费)。

知识链接

进价核算还是售价核算

(1) 可供销售商品的数量不确定,数量进销会有差,售价金额法是销售数量固定单价固定,而鲜活产品的零售价变化也比较大,所以如果采用售价金额法,到时还要根据销售情况进行相关账务调整。

(2) 售价金额法使用的初衷是简化零售企业的核算,零售企业具有品种多的特点,如果用进价金额法,在计算出库成本时,工作量将会大大增加,所以采用售价金额法来简化销售成本的核算。

关键词汇中英对照

鲜活商品　　　　　　　Fresh Goods
调价　　　　　　　　　Price Adjustment
进价记账　　　　　　　Purchase Price Accounting

项目四　施工企业会计核算

🔍 能力目标

1. 能够根据《企业会计准则》正确划分合同成本核算对象。
2. 能够根据《企业会计准则》运用完工百分比法确认合同收入与费用。
3. 能够根据《企业会计准则》正确使用特殊分录完成收入与费用核算。

🔍 知识目标

1. 掌握原材料及周转材料的核算方法。
2. 掌握临时设施及人工费用的核算方法。
3. 掌握掌握机械作业核算方法。
4. 掌握"工程施工——合同成本"费用归集。
5. 掌握工程备料款起扣点的计算。
6. 掌握完工百分比法确认完工进度。
7. 掌握应收账款、工程结算、工程施工等账户的结转。

🔍 素质目标

1. 培养学生复杂问题拆分简化的能力。
2. 培养学生根据人员身份不同处理工资业务的应变能力。
3. 培养学生按"营改增"政策变化正确处理涉税业务销项税的能力。

🔍 思政目标

1. 了解中国基础设施的变化,对富强赋予学生现实意义。
2. 对比国内外城市和乡村建设成就,培养学生爱国主义情怀。

项目情境

一个国家基础设施的建设水平基本反映了该国的现代化水平，道路、桥梁的建设程度决定了该地区物资流动的能力水平，因此，施工企业是国民经济建设中的支柱性产业。李明是某施工企业的一名会计，他第一次来到施工现场，发现到处是机器轰鸣的声音，运沙土的车辆川流不息，吊车的吊臂吊着材料在头顶移动，工人们的休息房屋散布在工地两侧，材料堆积如山，人员流动频繁，但看似混乱的场面，工人作业却有序。月底，人事部门送来了经批准的工资表，总部工作人员的工资总额 150 000 元，施工现场管理人员工资 50 000 元，车辆作业人员工资 50 000 元，施工工人工资 1 000 000 元。对着这张工资表，李明有点疑惑：总部工作人员与施工现场管理人员都是管理人员，他们的工资是都走损益科目吗？车辆作业人员与施工现场工人都是基层生产人员，他们的工资要算作施工成本吗？

会计核算流程图

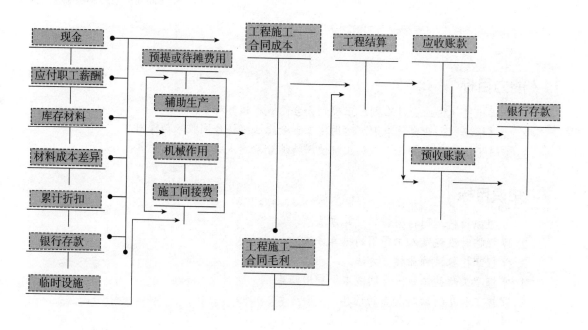

任务一　施工企业业务

任务引入

施工企业，又称建筑企业、建筑安装企业，是指具有独立的组织机构，实行独立核算、自负盈亏，从事建筑、安装工程和其他专门施工的具有法人地位的经济组织，通常包括建筑公司、工程公司、建设公司等，是基本工程建设的直接参与者。施工企业材料占比较大，大量材料散布在施工现场，因此需要专人负责保管，工业企业材料采购与保管人员工资通过管理费用核算，那么施工企业材料保管与采购人员的工资也通过管理费用核算吗？如果不通过管理费用核算，那应该如何核算？

施工企业 2016 年 5 月 1 日后实行"营改增"政策，以前营业税纳税人采购材料物资进项税额全部构成采购成本，实行"营改增"后，进项税额可以抵扣销项税额，因此，进项税额不再作为材料物资的采购成本，可以凭票抵扣(增值税专用发票、海关缴款书、机动车销售统一发票、农产品收购发票)，抵扣税额以发票上最后税额为准。

一、施工企业合同费用

(一) 施工企业的特点

与其他企业相比，施工企业生产经营活动具有以下几个特点。

(1) 施工生产的流动性，主要表现在：不同工种的工人要在建筑物的不同部位进行施工；生产工人要在同一工地不同单位工程之间进行流动施工；施工队伍要在不同工地、不同地区承包工程，进行区域性流动施工等。

(2) 施工生产的单件性，主要表现在：每一项建筑产品都有其特定的用途和建设要求；施工条件千变万化，即使是同一张图纸，因地质、气象、水文等条件的不同，其生产也会有很大的差别等。

(3) 施工生产的长期性，主要表现在：建筑产品规模都比较大，极少有当年施工当年交工的；施工作业要求有一定的保养期，如混凝土的操作必须保证一定时间的保养期，否则，将严重影响建筑产品的质量等。

(4) 施工生产的不确定性，施工企业成本开支受自然力影响较大。由于建筑产品体积庞大，决定了施工企业一般只能露天施工，有些施工机械和材料也只能露天堆放，受自然力侵蚀的影响很大。因此，其成本核算应考虑风、霜、雨、雪等气候因素造成的停工损失；施工机械除使用磨损外，受自然力侵蚀而造成的有形损耗也较为严重，其折旧率相对较高，在进行材料核算时，也要考虑因自然损耗造成的损失。

(5) 工程价款结算方法的独特性。施工企业的建筑产品造价高、周期长等特点，决定了施工企业在施工中需垫支大量的资金。因此，对工程价款结算，如果等到工程全部竣工后才进行，势必会影响施工企业的资金周转，从而影响施工生产的正常进行。所以除工期较短、造价较低的工程采用竣工后一次结算价款外，大多采用按月结算、分段结算等方法。为了进一步解决施工企业垫支资金较多的问题，须向发包单位或建设单位预收工程款和备料款，待办理工程价款结算时，再予以扣还。

(二) 建造合同的概念及特征

施工企业在施工生产过程中所发生的一定数量的人力、物力和财力耗费的货币表现，称为施工费用。施工费用按一定的建造合同对象进行归集，就构成建造合同成本。

合同即建造合同，是指为建造一项或数项在设计、技术、功能、最终用途等方面密切相关的资产而订立的合同，建造合同是一种特殊类型的经济合同。与商品购销合同和一般劳务合同相比，建造合同具有如下特征。

(1) 先有买主，后有标的，建造资产的造价在签订合同时已经确定。

(2) 资产的建设周期长，一般要跨一个会计年度，有的长达数年。

(3) 所建造的资产体积大、造价高。
(4) 建造合同一般为不可撤销合同。

(三) 建造合同的类型

1. 固定造价合同

固定造价合同,是指按照固定的合同价和固定单价确定工程价款的建造合同,固定造价合同是最主要的建造合同形式。例如,第一建筑公司与客户签订一项高速公路施工合同,总里程为100千米,每千米单价为600万元,该合同就是建造合同。

2. 成本加成合同

成本加成合同,是指以合同允许或其他方式议定的以成本为基础,加上该成本的一定比例或定额费用确定工程价款的建造合同。例如,某建造公司与客户签订一项建造合同,双方以实际成本为基础,采用10%的加成率来计算合同总造价,该合同就是成本加成合同。

固定造价合同与成本加成合同的根本区别在于风险的承担者不同。固定造价合同在签订合同时,工程造价是预先定好的,在建造过程中,难免会有原材料的价格变动,尤其是工期较长的承包合同,如果工期内原材料的价格上涨了,完全有可能变成亏损合同,所以固定造价合同的风险主要是由建造承包方承担。成本加成合同承包方是按固定利润率(成本加成率)结算的,涨价部分由发包方消化,所以成本加成合同的风险是由发包方承担的。

二、合同成本核算

(一) 合同成本核算的基本要求

合同成本,是指为完成建造合同发生的各项直接费用和间接费用,包括从合同签订到合同完成为止所发生的全部费用,是反映施工企业经营管理水平的重要指标。正确组织工程成本核算具有十分重要的作用,应严格遵循以下要求。

1. 正确确定各项建造合同的会计核算对象

正确确定各项建造合同的会计核算对象,是正确核算和反映建造合同损益的关键。企业与客户签订的建造合同有其多样性,通常建造一项资产要签订一个合同,有时建造数项资产只签订一个合同,或者为建造一项资产或数项资产而同时签订一组合同。在上述情况下,对同一企业来讲,确定不同的会计核算对象,会产生不同的核算结果。例如,某建造承包商同时签订了一组建造合同,在执行合同中,有的可能盈利,有的可能亏损,如果将该组合同单独分别核算或合并在一起核算,就会产生不同的损益。因此,为了正确核算建造合同的损益,防止人为操纵利润,《企业会计准则第15号——建造合同》对此专门做了相应的规定。

一般情况下,企业应以所订立的单项合同为对象,分别计量和确认各单项合同的收入、费用和利润。如果一项合同包括建造多项资产,或为建造一项或数项资产而签订一组合同,企业应按准则规定的合同分立和合并的原则,正确确定建造合同的会计核算对象。在确定建造合同核算对象时,可根据建造合同准则的规定,分以下具体情况操作。

(1) 建造合同一般以每一独立编制施工图预算的单位建造合同为核算对象,便于分析工程概预算和建造合同的完成情况。

(2) 一个单位工程由几个施工单位同时施工时,各施工单位都应以各自的合同工程为核算对象,各自核算自行完成的部分。

(3) 对于规模大、工期长的单位建造合同工程,可以将合同工程划分为若干区域或部位,以分化的区域或部位的合同工程作为核算对象(合同分立)。

(4) 由同一单位施工，在同一施工地点，结构类型相同，开竣工时间相接近的若干单位建造合同，可以合并作为一个核算对象(合同合并)。

(5) 改建、扩建的零星合同工程，可以将开竣工时间相接近，属于同一建设的项目的多个单位建造合同，合并作为一个核算对象(合并合作)。

(6) 土石方合同工程、打桩合同工程，可以根据实际情况和管理需要，以一个单项建造合同为核算对象，或将同一施工地点的若干工程量较小的单项建造合同合并作为一个核算对象。

(7) 独立施工的装饰工程成本核算对象，应与土建工程成本对象一致。

(8) 工程设备安装工程，可按单位工程或专业项目，如机械设备、管道、通风设备、工程锅炉的安装等作为工程成本核算对象。

核算对象一经确定，不能任意更改，所有的原始记录，都必须按照确定的核算对象填写清楚，以便于归集、分配生产费用，确认收入。

2. 合理判断建造合同的结果能否可靠估计

在计量和确认建造合同的收入和费用时，应先根据《企业会计准则第 15 号——建造合同》的规定，判断建造合同的结果能否可靠估计。如果能够可靠地估计建造合同的结果，应在资产负债表日根据完工百分比法确认当期的合同收入和费用。如果不能可靠地估计建造合同的结果，则不能根据完工百分比法确认合同收入和费用，应区别以下两种情况进行处理。

(1) 合同成本能够收回的，合同收入根据能够收回的实际合同成本加以确认，合同成本在发生的当期确认为费用。

(2) 合同成本不能收回的，应在发生时立即确认为费用，不确认收入。

3. 必须做好建造合同成本核算的各项基本工作

建立各种财产物资的收发、领退、转移、报废、清查制度，建立健全与成本核算有关的各项原始记录和工程量统计制度，制定或修订工时、材料、费用等各项内部消耗定额，完善各种计量检测设施，严格计量检验制度，使成本核算具有可靠的基础。

4. 准确计算合同成本

对于为完成合同实际发生的合同成本必须及时、准确地进行归集和登记，对于为完成合同尚需发生的成本必须进行科学、合理的预计，应当划清当期成本与下期成本的界限、不同成本核算对象之间成本的界限、未完合同成本与已完合同成本的界限。

5. 真实、准确、及时、系统地核算和反映实施建造合同所发生的各项经济业务

应根据建造合同所发生的经济业务，准确、及时地登记合同发生的实际成本，已办理结算的工程价款和实际收取的工程价款，根据工程施工的进展情况，准确地确认完工进度，计量和确认当期的合同收入和费用。

(二) 合同成本的分类

1. 按照经济性质(要素)分类

合同成本按照经济性质(要素)分类，可分为以下几种。

(1) 外购材料，是指施工企业为进行施工生产而消耗的外购主材料、结构件、机械配件、低值易耗品及周转材料等。

(2) 外购燃料和动力，是指施工企业为进行施工生产而耗用的外购水、电、煤气、热力和煤、油燃料等动力费用。

(3) 工资，是指企业为进行施工生产而支付给职工的工资。

(4) 职工福利费，是指企业按规定从成本中提取的职工福利费。

(5) 折旧费，是指企业对施工生产过程中使用的固定资产计提的折旧。

(6) 修理费，是指企业对施工生产过程中使用的固定资产进行修理所发生的费用。

(7) 租赁费，是指企业为进行施工生产而支付的外部租赁机械设备、周转材料等费用。

(8) 税金，是指应计入合同成本的各种税金。

(9) 利息支出，是指施工期内符合资本化条件应计入成本的利息支出。

(10) 其他费用，是指不属于以上各要素的成本支出，如邮电费、差旅费、保险费及本期发生的待摊费用和预提费用等。

2. 合同成本按经济用途分类

合同成本的用途，是指合同成本在施工生产过程中起到了哪些作用。按这种方式划分的费用项目称为合同成本项目，施工企业的合同成本项目通常可以划分为下列 5 项。

(1) 人工费用，主要包括从事工程建造的人员的工资、奖金、福利费、工资性质的津贴等支出。

(2) 材料费用，主要包括施工过程中耗用的，构成工程实体或有助于形成工程实体的原材料、辅助材料、构配件、零件、半成品的成本和周转材料的摊销及租赁费用。周转材料是指企业在施工过程中能多次使用，并可基本保持原来的实物形态而逐渐转移其价值的材料，如施工中使用的模板、挡板和脚手架等。

(3) 机械使用费，主要包括施工生产过程中使用自有施工机械所发生的机械使用费，租用外单位施工机械支付的租赁费和施工机械的安装、拆卸和进出场费。

(4) 其他直接费用，是指在施工过程中发生的除上述三项直接费用以外的其他可以直接计入合同成本核算的对象的费用，主要包括有关的设计和技术援助费用、施工现场材料二次搬运费、生产工具和用具使用费、检验试验费、工程定位复测费、工程点交费用、场地清理费用等。

(5) 间接费用，指企业各施工单位(分公司、工程处、工区、施工队、项目经理部)为组织和管理工程施工所发生的各项费用，主要包括临时设施摊销费用和施工生产单位发生的管理人员工资、奖金、福利费、劳动保护费、固定资产折旧费及修理费、物料消耗、低值易耗品、取暖费、水电费、办公费、差旅费、财产保险费、工程保修费、排污费等。

以上(1)~(4)项，是直接耗用于施工生产的成本，称为合同工程的直接成本，直接成本加上分配的间接费用，构成合同工程的全部合同成本。

(三) 合同成本核算程序及会计科目

合同成本核算是一个多步骤的数据处理过程，企业应根据其成本核算体制，按照预先确定的先后顺序，对施工生产中发生的施工费用进行归集和分配，及时、准确、完整地提供合同成本核算资料。合同成本核算的一般程序如下。

(1) 确定合同成本核算对象。

(2) 确定合同成本项目。

(3) 决定合同成本计算期。计算期即为计算一次成本的间隔时间，一般情况下，计算期与会计期间一致，即按月计算。

(4) 根据合同成本核算对象和成本项目开设合同成本"工程施工"明细账。合同成本明细账一般为多栏式，发生施工费用时逐项登记入内。

(5) 当期发生或支付的各项直接费用，应按费用的用途和地点归集到合同成本"工程施工"

明细账。

(6) 月末，将由本月合同成本负担的待摊费用和预提费用，由该账户的贷方，转入合同成本"工程施工"明细账的借方。

(7) 月末，将归集在"辅助生产"账户的辅助生产费用，按照各受益对象的收益数量，分配计入"工程施工"账户中。

(8) 月末，按照各个工程使用自有施工机械的记录，核算与分配机械使用费，从"机械使用费"账户的贷方，转入"工程施工"的借方。

(9) 月末，将归集在"施工间接费用"账户借方的施工管理费，按照一定方法分配转入"工程施工"账户的借方。

(10) 确定在建合同工程的成本。

(11) 结转竣工合同工程的实际成本流程见图4-1，按向客户开出工程价款结算单的合同金额，通过"工程施工"账户贷方与"工程结算"账户借方对冲。

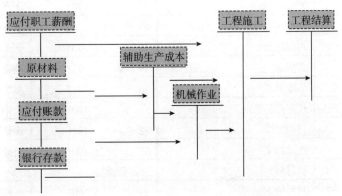

图4-1　结转竣工合同工程的实际成本流程

(四) 施工企业会计科目设置的原则

会计科目是反映和监督会计内容，完成会计核算任务的手段，是对企业各项经济业务进行分类、汇总的工具，也是企业设置会计账户的依据。施工企业在生产经营过程中要发生各种各样的经济活动，为了将施工企业错综复杂的经济活动所引起的资金变化情况，分门别类地、全面系统地加以核算和监督，施工企业应根据国家统一的会计制度和经营管理的需要，设置会计科目(见表4-1)。

(1) 必须结合施工企业会计对象的特点，全面反映会计对象的内容。既要设置反映企业资金循环静态表现的资产、负债和权益类的会计科目，又要设置反映企业资金循环动态表现的成本费用科目和损益类科目，这样才能全面反映和控制资金运动，加强经济管理和提高经济效益。

(2) 必须符合经济管理的需要。会计科目的设置，既要符合会计对象的具体内容，又要符合经济管理的需要，以便为加强经济管理、考核经济行动效果提供必要的核算指标。

(3) 应体现会计准则和财务会计制度的要求。会计科目的设置应以企业会计准则和财务会计制度的规定为依据，便于会计资料的综合汇总，为进行宏观经济管理提供必要的资料。

(4) 要简明适用。会计科目的设置要简明易懂、含义准确，以便正确地使用。在设置会计科目时，既要考虑业务发展的需要，又要保持相对稳定，以便使会计核算的资料具有可行性。

表 4-1 施工企业会计科目

序号	编码	名称	序号	编码	名称
一、资产类			37	1604	在建工程
1	1001	库存现金	38	1605	工程物资
2	1002	银行存款	39	1606	固定资产清理
3	1012	其他货币资金	40	1607	在建工程减值准备
4	1101	交易性金融资产	41	1608	工程物资减值准备
5	1121	应收票据	42	1616	临时设施
6	1122	应收账款	43	1617	临时设施摊销
7	1123	预付账款	44	1618	临时设施清理
8	1131	应收股利	45	1619	临时设施减值准备
9	1132	应收利息	46	1701	无形资产
10	1221	其他应收款	47	1702	累计摊销
11	1225	内部往来	48	1703	无形资产减值准备
12	1226	备用金	49	1711	商誉
13	1231	坏账准备	50	1712	商誉减值准备
14	1321	代理业务资产	51	1801	长期待摊费用
15	1401	材料采购	52	1811	递延所得税资产
16	1402	在途物资	53	1901	待处理财产损溢
17	1403	原材料	二、负债类		
18	1404	材料成本差异	54	2001	短期借款
19	1405	库存商品	55	2101	交易性金融负债
20	1408	委托加工物资	56	2201	应付票据
21	1411	周转材料	57	2202	应付账款
22	1471	存货跌价准备	58	2203	预收账款
23	1501	持有至到期投资	59	2211	应付职工薪酬
24	1502	持有至到期投资减值准备	60	2221	应交税费
25	1503	可供出售金融资产	61	2231	应付利息
26	1511	长期股权投资	62	2232	应付股利
27	1512	长期股权投资减值准备	63	2241	其他应付款
28	1521	投资性房地产	64	2314	代理业务负债
29	1522	投资性房地产累计折旧	65	2801	预计负债
30	1523	投资性房地产累计摊销	66	2401	递延收益
31	1524	投资性房地产减值准备	67	2501	长期借款
32	1531	长期应收款	68	2502	应付债券
33	1532	未实现融资收益	69	2701	长期应付款
34	1601	固定资产	70	2702	未确认融资费用
35	1602	累计折旧	71	2711	专项应付款
36	1603	固定资产减值准备	72	2901	递延所得税负债

(续表)

序号	编码	名称	序号	编码	名称
三、共同类			87	5403	机械作业
73	3101	衍生工具	88	5404	辅助生产
74	3201	套期工具	89	6001	主营业务收入
75	3202	被套期项目	90	6051	其他业务收入
四、所有者权益类			91	6101	公允价值变动损益
76	4001	实收资本	92	6111	投资收益
77	4002	资本公积	93	6301	营业外收入
78	4101	盈余公积	94	6401	主营业务成本
79	4103	本年利润	95	6402	其他业务成本
80	4104	利润分配	96	6403	税金及附加
81	4201	库存股	97	6601	销售费用
五、成本/损益类			98	6602	管理费用
82	5101	施工间接费用	99	6603	财务费用
83	5201	劳务成本	100	6701	资产减值损失
84	5301	研发支出	101	6711	营业外支出
85	5401	工程施工	102	6801	所得税费用
86	5402	工程结算	103	6901	以前年度损益调整

任务小结

施工企业，又称建筑企业、建筑安装企业，是指具有独立的组织机构，实行独立核算，自负盈亏，从事建筑、安装工程和其他专门施工的具有法人地位的经济组织，通常包括建筑公司、工程公司、建设公司等，是基本工程建设的直接参与者。合同成本按照经济性质(要素)分类，可分为外购材料、外购燃料和动力、工资、职工福利费、折旧费、修理费、租赁费、税金、利息支出、其他费用。合同成本按经济用途分类，通常可以划分为人工费用、材料费用、机械使用费、其他直接费用、间接费用。合同费用的核算主要包括材料、周转材料、临时设施、人工费、机械费、其他直接费用和间接费用的核算，这是构成合同费用的主要内容。

任务考核

一、单项选择题

1. 按照合同价款确定方法的不同，建造合同可分为固定造价合同和( )。
   A. 工程承包合同 B. 成本加成合同
   C. 施工合同 D. 不可撤销合同
2. 固定造价合同的风险承担者是( )。
   A. 建造承包方 B. 建造发包方
   C. 材料供给方 D. 材料需求方
3. 成本加成合同的风险承担者是( )。
   A. 建造承包方 B. 建造发包方

C. 材料供给方　　　　　　　　　D. 材料需求方

4. 由同一单位施工，在同一施工地点，结构类型相同，开竣工时间相接近的若干单位建造合同，可以合并作为一个核算对象，称作(　　)。

　　A. 合同合并　　B. 合同分立　　C. 合同分离　　D. 合同变更

二、多项选择题

1. 施工企业生产经营活动特点有(　　)。
   A. 施工生产的流动性　　　　　　B. 施工生产的单件性
   C. 施工生产的不确定性　　　　　D. 施工生产的长期性

2. 建造合同具有(　　)的特征。
   A. 先有买主，后有标的　　　　　B. 建设周期长
   C. 体积大，造价高　　　　　　　D. 不可撤销

3. 建造合同一般分为(　　)。
   A. 固定造价合同　　　　　　　　B. 采购合同
   C. 付款合同　　　　　　　　　　D. 成本加成合同

4. 施工企业工程成本项目包括(　　)。
   A. 人工费　　　　　　　　　　　B. 材料费
   C. 机械使用费　　　　　　　　　D. 其他直接费

任务拓展

知识链接

成本加成率是考核合同项目盈利的重要指标，成本加成率与毛利率不同。

关键词汇中英对照

工程施工　　　　　　Engineering Construction
合同成本　　　　　　Contract Cost

任务二　施工成本会计核算

任务引入

施工企业漫长的工地上，临时办公室、仓库、施工机械等都是施工必备设施，施工材料各异，有构成施工实体的，有起辅助作用的，这些材料、设备所损耗的资金构成施工成本吗？又是如何进行核算的呢？

一、材料费用的核算

施工企业材料费用的核算主要包括原材料的采购、发出和结存等。

(一) 施工企业原材料的内容

施工企业的原材料主要包括主材料、结构件、机械配件和其他材料等。

(1) 主材料，是指用于工程或产品并构成工程或产品实体的各种材料，如黑色金属材料、有色金属材料、木材、硅酸盐材料、小五金材料、电器材料、化工材料等。

(2) 结构件，是指经过吊装、拼砌和安装而构成房屋建筑物实体的各种金属、钢筋混凝土、混凝土和木质的结构件等。

(3) 机械配件，是指施工机械、生产设备、运营设备等各种机械设备替换、维修使用的各种零件和配件，以及为机械设备准备的备品备件。

(4) 其他材料，是指不构成工程或产品实体，但有助于工程或产品形成，或便于施工、生产进行的各种材料，如燃料、油料等。

原材料的收、发和结存，可以按不同方式进行核算，主要有按实际成本计价核算和按计划成本计价核算两种。

(二) 原材料核算应设置的账户

施工企业核算材料费，需设置"材料采购""原材料""采购保管费""材料成本差异"和"工程施工"等科目，这里只介绍"采购保管费"和"工程施工"科目，其他科目与工业企业科目的使用方法相同。

"采购保管费"属于资产类账户，用以核算企业材料物资供应部门及仓库为采购、验收、保管和收发材料物资所发生的各种费用，包括采购、保管人员的工资、福利费、办公费、差旅交通费、固定资产使用费、工具用具使用费、劳动保护费、检验试验费、材料整理及零星运费、材料物资盘盈及毁损(减盘盈)等。其借方核算企业发生的各项采购保管费用，贷方核算已分配计入材料采购成本的采购保管费。采购保管费的分配方法有以下两种。

1. 按实际采购保管费率分配

本月的采购保管费分配率＝本月采购保管费发生额÷本月购入材料的买价和运价费之和×100%

某类材料本月应分配采购保管费＝本月购入该类材料的买价和运杂费×本月的采购保管费分配率

2. 按计划采购保管费率分配

采购保管费计划分配率＝全年计划采购保管费÷全年计划采购材料的计划成本×100%

某类材料本月应分配采购保管费＝本月购入该类材料计划成本×采购保管费计划分配率

"采购保管费"科目的月末余额，表示实际发生采购保管费与分配采购保管费的差额，在编制资产负债表时，要将它并入"待摊费用"或"预提费用"项目反映，当实际发生额大于分配额，"采购保管费"科目有借方余额时，要将未分配额并入"待摊费用"项目反映；实际发生额小于分配额，"采购保管费"科目有贷方余额时，要将多分配额并在"预提费用"项目反映，但在年度终了时，应将"采购保管费"科目的余额全部转入"材料采购"科目。

"工程施工"账户属于成本类账户，是合同成本核算的主要账户，用以核算企业进行建筑安装工程施工所发生的实际合同成本和合同毛利。借方登记施工过程中所发生的人工费、材料费、机械使用费、其他直接费用等直接费用，以及分摊的间接费用和确认的合同毛利；贷方登记合同完工后结转已完工程的实际成本和确认的合同亏损。期末借方余额，反映尚未完成的工程施工合同成本和合同毛利。在"工程施工"账户下设置"合同成本""合同毛利"两个明细账。

"工程施工——合同成本"明细账，核算各项工程施工合同发生的实际成本，一般包括施工企业施工过程中发生的人工费、材料费、机械使用费、其他直接费用、间接费用等，按成本核算对象和成本项目进行归集。成本核算对象可根据本企业施工组织的特点、所承包工程实际情况和工程价款结算办法而定。成本项目一般包括：①人工费；②材料费；③机械使用费；④其他直接费用；⑤间接费用。"工程施工——合同毛利"明细账，核算各项工程施工合同确认的合同毛利。

（三）原材料核算的账务处理

【例4-1】 第一建筑工程公司购入水泥10吨，单价1 000元，预制板100立方米，单价100元，发票合计金额22 600元，又支付运费2 180元(均以银行存款付讫)。运费按材料价款分配。编制采购材料会计分录如下。

运费为2 180÷(1+9%)=2 000元
运杂费分配率=2 000÷(10×1 000+100×100)=0.1
水泥应分配的运杂费=10×1 000×0.1=1 000元
预制板应分配的运杂费=100×100×0.1=1 000元
编制会计分录如下。

借：材料采购——主要材料(10×1000+1000)　　11 000
　　　　　　——结构件(100×100+1000)　　　　11 000
　　应交税费——应交增值税(进项税额)　　　　 2 780
　　贷：银行存款　　　　　　　　　　　　　　24 780

【例4-2】 第一建筑工程公司本月发生采购保管费共计25 000元，其中采购人员工资11 000元，仓库固定资产折旧5 000元，仓库管理人员领用劳保用具4 000元，支付采购部门人员差旅费5 000元。在发生费用时，编制会计分录如下。

借：采购保管费　　　　　　　　　　　　　　　25 000
　　贷：应付职工薪酬　　　　　　　　　　　　11 000
　　　　累计折旧　　　　　　　　　　　　　　 5 000
　　　　低值易耗品　　　　　　　　　　　　　 4 000
　　　　库存现金　　　　　　　　　　　　　　 5 000

【例4-3】 第一建筑工程公司月末汇总本月采购各批材料，按计划分配率分配采购保管费见表4-2，其中主要材料计划分配率为2%，结构件计划分配率为3%。

表4-2 采购保管费分配
2021年4月

材料类别	验收入库材料计划成本/元	分配率/%	采购保管费分配额/元
主要材料	600 000	2	12 000
结构件	400 000	3	12 000
合计	1 000 000		24 000

注意：验收入库材料计划成本不包括暂估入账的材料计划成本。

根据表4-2，编制会计分录如下。

借：材料采购——主要材料　　　　　　　　　　12 000
　　　　　　——结构件　　　　　　　　　　　12 000
　　贷：采购保管费　　　　　　　　　　　　　24 000

【例 4-4】 第一建筑工程公司根据各种领料凭证，编制"发出材料汇总表"，本月为完成 A 合同领用材料 100 000 元，为完成 B 合同领用材料 200 000 元，编制会计分录如下：

借：工程施工——合同成本——A 合同——主要材料　　　100 000
　　　　　　　——合同成本——B 合同——主要材料　　　200 000
　　贷：原材料——主要材料　　　　　　　　　　　　　　　　300 000

二、周转材料核算

周转材料，是指在施工生产过程中，能多次使用，并可基本保持原来形态而逐渐转移其价值，起着劳动手段作用的材料。

(一) 周转材料的分类

周转材料按其在施工生产中的不同用途，可以分为以下几类。

(1) 模板，指浇灌混凝土用的木模、钢模等，包括配合模板使用的支撑材料、滑模材料、扣件等。

(2) 挡板，指土方工程用的挡土板，包括用于挡板的支撑材料。

(3) 架料，指搭脚手架用的竹杆、木杆、钢管(包括扣件)、竹木跳板等。

(4) 其他，指不属于上述各类的其他周转材料，如塔吊使用的轻轨、枕木等(不包括附属于塔吊的钢轨)。

(二) 周转材料的特点

1. 与低值易耗品相似

周转材料与低值易耗品一样，在施工生产中起着劳动手段作用，能多次使用而逐渐转移其价值。因而，周转材料也要划分为"在库"和"在用"两阶段分别进行管理和核算，并将在用周转材料的价值分期摊销计入工程成本。

2. 具有材料的通用性

周转材料一般都要安装后才能发挥其使用价值，未安装时形同材料，因而不能作为低值易耗品来管理。同时，为避免与材料相混淆，一般设专库保管。

3. 周转材料的独特性

每完成一个生产周期，拆除周转材料后，其形态会发生改变，并有数量上的损失。因而，拆除周转材料后，应盘点其成色和数量，并对账面记录做相应调整。

(三) 设置"周转资料"账户

"周转资料"账户是资产类账户，用来核算企业库存和在用的各种周转材料的计划成本(或实际成本)。借方记录周转材料的计划成本(或实际成本)的增加，贷方记录周转材料计划成本(或实际成本)的减少，借方余额表示在用和库存周转材料的计划成本(或实际成本)。本账户应设置"在库周转材料""在用周转材料"和"周转材料摊销"三个二级账户。

"在库周转材料"二级账户的账务处理与各原材料账户相同，核算各种库存周转材料的收发和结存情况；"在用周转材料"二级账户，核算周转材料的领用、报废和在用结存情况。"周转材料摊销"二级账户是"周转材料——在用周转材料"账户的备抵调整账户，核算企业周转材料在使用中的价值损耗。贷方记录按一定的方法计提的在用周转材料摊销额，以及补提报废、短缺和退回降低成色的周转材料的摊销额；借方记录结转报废周转材料的已提摊销额；贷方余额表示在用周转材料的累计摊销额。

(四) 周转材料的摊销方法

根据各种周转材料的使用特点,在用周转材料价值摊销的方法主要有以下 4 种。

1. 分期摊销法

分期摊销法是指根据周转材料的预计使用期限分期摊入成本、费用的方法,计算公式为

$$周转材料每期摊销额 = 周转材料原值 \times (1-残值率) / 预计使用期限$$

除此之外,我们可以预先计算月摊销率,再据以计算月摊销额。分期摊销法一般适用于脚手架、塔吊轻轨、枕木等周转材料。

2. 分次摊销法

分次摊销法即根据周转材料的预计使用次数分次摊入成本、费用的方法,计算公式为

$$周转材料每次摊销额 = 周转材料原值 \times (1-残值率) / 预计使用次数$$
$$周转材料某期摊销额 = 本期使用次数 \times 每次摊销额$$

分次摊销法一般使用于大型模板、挡板等周转材料。

3. 定额摊销法

定额摊销法即根据完成的工程量和单位工程量的周转材料摊销定额,计算当期成本应负担的摊销额,计算公式为

$$周转材料某期摊销额 = 本期完成的工程量 \times 单位工程量的周转材料摊销定额$$

4. 一次摊销法

一次摊销法即周转材料在领用时一次计入成本费用,适用于易腐、易糟的周转材料。

无论采用哪种摊销方法,都应在竣工时或定期进行实物盘点和估价,以调整各种摊销方法的计算误差,确保工程和产品成本计算的准确性。

(五) 周转材料的摊销额的调整

在工程竣工和年度终了时,对在用周转材料进行盘点和清查,盘点结果分为以下三种情况:降低成色、报废、短缺。对于这三种情况的周转材料,已提摊销额都要进行调整。凡是不足应提摊销额的,要补提摊销额;对于多提的摊销额一定要冲回,以期达到对成本的正确调整。

补提摊销额的计算公式为

应补提摊销额 = 应提摊销额 - 已提摊销额

报废周转材料应提摊销额 = 报废周转材料的计划成本 - 残值

短缺周转材料应提摊销额 = 短缺周转材料的计划成本

降低成色周转材料应提摊销 = 降低成色周转材料的计划成本 $\times$ (1-确定的成本百分比)

周转材料已提摊销额 = 报废、短缺周转材料计划成本 $\times$ (该类周转材料账面已提摊销额累计/该类周转材料账面计划成本总额)

(六) 周转材料摊销的核算

领用的周转材料,应根据采用的摊销方法,计算周转材料摊销额。计提时,借记"工程施工"等有关账户,贷记"周转材料——周转材料摊销"账户。采用一次摊销办法的周转材料,领用时应将其成本一次全部计入成本,借记"工程施工"等账户,贷记"周转材料——在库周

转材料"账户,采用计划成本进行周转材料日常核算的企业,于月份终了,分摊应负担的成本差异,借记"工程施工"等有关账户,贷记"材料成本差异"账户(实际成本小于计划成本的差异用红字)。

【例4-5】第一建筑工程公司本月外购一批模板,实际成本40 000元,进项税额5 200元,计划成本41 000元。货款已支付,验收入库。编制会计分录如下。

借:材料采购——周转材料　　　　　　　　　　　　40 000
　　应交税费——应交增值税(进项税)　　　　　　　 5 200
　贷:银行存款　　　　　　　　　　　　　　　　　　45 200

验收入库,会计会录如下。

借:周转材料——在库周转材料　　　　　　　　　　41 000
　贷:材料采购——周转材料　　　　　　　　　　　　40 000
　　　材料成本差异——周转材料　　　　　　　　　　 1 000

【例4-6】第一建筑工程公司A合同工程本月领用分次摊销的大模板一批,计划成本15 000元,编制会计分录如下。

借:周转材料——在用周转材料　　　　　　　　　　15 000
　贷:周转材料——在库周转材料　　　　　　　　　　15 000

【例4-7】第一建筑工程公司本月领用一次摊销的安全网一批,计划成本1 500元,材料成本差异率为1%,编制会计分录如下。

借:工程施工——合同成本——某合同——材料费　　 1 500
　贷:周转材料——在库周转材料　　　　　　　　　　 1 500

同时,结转材料成本差异。

借:工程施工——合同成本——某合同——材料费　　　　15
　贷:材料成本差异——周转材料　　　　　　　　　　　　15

【例4-8】甲工程年终盘点,有一批模板计划成本12 000元,现此模板还有四成新,已提摊销额6 000元。

应提摊销额=12 000×(1-40%)=7 200元
应补提摊销额=7 200-6 000=1 200元

借:工程施工——合同成本——甲合同——材料费　　 1 200
　贷:周转材料——周转材料摊销　　　　　　　　　　 1 200

【例4-9】乙工程报废一批架料,计划成本为4 800元,残值为300元。

应提摊销额=4 800-300=4 500元

借:工程施工——合同成本——乙合同——材料费　　 4 500
　贷:周转材料——周转材料摊销　　　　　　　　　　 4 500

【例4-10】甲工程短缺一批模板,计划成本25 000元,模板账面已提摊销额为20 000元,账面计划成本为50 000元,则计算如下。

短缺模板已提摊销额=25 000×20 000/50 000=10 000元
短缺模板应提摊销额=25 000元

短缺模板补提摊销额＝15 000元

借：工程施工——合同成本——甲合同——材料费	15 000
贷：周转材料——周转材料摊销	15 000

(七) 周转材料转移的核算

周转材料转移是指周转材料从一项工程转移到另一项工程，两个工程为不同的成本核算对象，转移时首先要确定成色，调整摊销额。

【例4-11】第一建筑工程公司将乙工程一批模板转给甲工程，该模板账面原值2 000元，转移时成色确定为五成，月末该类模板原值为25 000元，账面已提摊销额10 000元，根据资料做转移会计核算。

应提摊销额＝2 000元×(1－50%)＝1 000元
已提摊销额＝2 000×(10 000÷25 000)＝800元
补提摊销额＝1 000－800＝200元

借：工程施工——合同成本——乙工程	200
贷：周转材料——周转材料摊销	200
借：周转材料——在用周转材料——甲工程	2 000
贷：周转材料——在用周转材料——乙工程	2 000

(八) 周转材料报废的核算

周转材料报废时，应由负责使用部门填制周转材料报废单，财会部门应根据报废单进行检查核对，并计算报废周转材料的已提摊销额和应补提的摊销额。报废周转材料按月汇总后，将已提摊销借记"周转材料——周转材料摊销"账户，将应收赔偿款，借记"其他应收款"账户，将入库残料价值，借记"原材料"账户，将应补提的摊销额借记"工程施工"等账户，将报废的周转材料价值，贷记"周转材料——在用周转材料"账户。报废的周转材料，其账务处理一般包括4个环节：①补提摊销额；②残料回收；③冲销原值(扣除残料价值)和已提摊销额；④分配成本差异。

【例4-12】隆菲建筑工程公司购入周转材料一批价值50 000元，验收入库，本月领用按月摊销，预计残值10 000元，分4次摊销，使用两个月后报废，进行会计核算如下。

购买材料并入库，会计分录如下。

借：材料采购——周转材料	50 000
应交税费——应交增值税(进项税额)	6 500
贷：银行存款	56 500
借：周转材料——在库周转材料	50 000
贷：材料采购——周转材料	50 000

领用周转材料，会计分录如下。

借：周转材料——在用周转材料	50 000
贷：周转材料——在库周转材料	50 000

摊销已领用周转材料成本，会计分录如下。

借：工程施工——合同成本	10 000
贷：周转材料——在用周转材料摊销	10 000
借：工程施工——合同成本	10 000
贷：周转材料——在用周转材料摊销	10 000

报废补提摊销额,会计分录如下。

借:工程施工——合同成本　　　　　　　　　　20 000
　　贷:周转材料——在用周转材料摊销　　　　　　　　　20 000

回收残料入库,会计分录如下。

借:原材料——其他材料　　　　　　　　　　10 000
　　贷:周转材料——在用周转材料　　　　　　　　　　　10 000

冲销已提摊销,会计分录如下。

借:周转材料——在用周转材料摊销　　　　　40 000
　　贷:周转材料——在用周转材料　　　　　　　　　　　40 000

三、人工费用的核算

工程成本中的人工费用,是指在施工过程中直接从事工程施工的建筑安装工人及在施工现场为工程制作结构件和运料等工人的薪酬总额,包括基本工资、奖金、福利费、工资性津贴、劳动保护费等。

(一) 人工费用归集的核算

企业应按照劳动工资制度的规定,根据考勤记录、工时记录、工程任务单、工资标准、工资等级等编制"工资单"(亦称工资结算单、工资表、工资计算表等),计算各种工资。财务会计部门应将"工资单"进行汇总,编制"工资汇总表"。为了核算企业应付给职工的工资总额,企业应设置"应付职工薪酬"总分类账户。

(1) 结算人工费入账时,借记"工程施工——合同成本——某合同——人工费",贷记"应付职工薪酬"。企业每月应付给职工的工资总额,无论当月是否支付,都应于月末时按其人员类别、发生地点和用途,分配计入各受益对象。

(2) 支付工资时,按实际支付金额借记本账户,贷记"银行存款"或"库存现金"账户。从应付职工薪酬中扣还的各种款项(如代垫的房租、家属药费、个人所得税等),借记本账户,贷记"其他应收款""应交税费——应交个人所得税"等账户,代扣保险公积金借记本账户,贷记"其他应付款"账户。职工在规定期限内未领取的工资,由发放的单位及时交回财务会计部门,借记"库存现金"账户,贷记"其他应付款"账户。

(3) 本账户期末一般应无余额。

(二) 人工费用的分配

人工费分配的基本方法有两种。

1. 直接计入各成本核算对象

能直接计入各成本核算对象的人工费包括计件工资、单项资金、分包工程"工资价款结算账单"所列人工费、只有一项建造合同计时工资。

2. 分配计入各成本核算对象

同时与几项合同相关的人工费用,应分配计入各成本核算对象,主要包括计时工资,应根据"工资结算单"和"工时(日)利用统计表"中的有关资料,按照实用工时(日)的比例进行分配,计入各成本核算对象。在工时(日)定额比较准确的情况下,也可以按不同工程或产品的定额工时(日)比例进行分配。

(1) 如果按照实用工时(日)的比例分配,则

每工时(日)直接工资率＝当期发生直接工资总额/各合同当期实耗工时(日)之和

某合同应分配的直接工资＝当期该合同实用工时(日)数×每工时(日)直接工资率

(2) 如果按照定额工时(日)比例分配，则

每工时(日)直接工资率＝当期发生直接工资总额/各合同当期定额工时(日)之和

某合同应分配的直接工资＝当期该合同定额工时(日)数×每工时(日)直接工资率

【例4-13】第一建筑工程公司同时承建A、B、C三项合同工程，这三项工程共发生直接工资费用30 000元，已知A合同定额工时1 000小时，B合同定额工时3 000小时，C合同定额工时2 000小时，工资费用分配如下。

A合同分配的人工费＝1 000×[30 000÷(1 000＋3 000＋2 000)]＝5 000元
B合同分配的人工费＝3 000×[30 000÷(1 000＋3 000＋2 000)]＝15 000元
C合同分配的人工费＝2 000×[30 000÷(1 000＋3 000＋2 000)]＝10 000元

编制会计分录如下。

借：工程施工——合同成本——A合同——人工费　　5 000
　　　　　　　　　　　　——B合同——人工费　　15 000
　　　　　　　　　　　　——C合同——人工费　　10 000
　　贷：应付职工薪酬　　　　　　　　　　　　　30 000

3. 其他人工费

其他人工费包括建筑安装工人的工资性津贴、特殊情况下支付的工资、职工福利费、劳动保护费和在计件工资制度下，某些与工程或产品品种无直接关系的津贴、奖金等，可按计入合同成本的工资比例或施工、生产工时(日)比例分配计入成本。为了分配工资费用，应根据工资核算凭证编制工资费用分配表，并据以编制会计分录，登记有关账簿。

四、机械作业的核算

(一) 机械作业的性质和核算要求

1. 机械作业的性质

施工企业的机械作业，是指企业及其内部独立核算的施工单位、机械站和运输队，使用自有的施工机械和运输设备进行的机械施工和运输作业。机械作业的主要任务是为本企业的工程施工服务，若有闲置机械，也可对外出租。

2. 机械作业的核算要求

为了单独考核使用自有施工机械和运输设备进行作业的费用情况，发生的机械作业费用应先通过"机械作业"账户进行归集，期末再按一定的方法分配计入各工程成本核算对象。"机械作业"账户属于成本类账户，用于核算企业及其内部独立核算的施工单位、机械站和运输队使用自有机械和运输设备进行机械作业发生的各项费用。发生的机械作业支出，计入本账户的借方，月终分配和结转到"工程施工"和"其他业务成本"等账户时计入本账户的贷方，月终结转后无余额。企业及其内部独立核算的施工单位，从外单位或本企业内部独立核算的机械站租入施工机械，按规定支付的机械租赁费，直接计入"工程施工"账户，不通过"机械作业"账户核算。

(二) 机械作业的成本核算对象和成本项目

机械作业一般应以施工机械或运输设备的种类(大型机械设备以单机或机组，小型机械设

备以类别)为成本核算对象，成本项目一般设人工费、燃料及动力费、折旧及修理费、其他直接费用和间接费用 5 项。

1. 人工费

人工费包括驾驶人员、操作人员的工资、工资性津贴、福利费和劳动保护费等。

2. 燃料及动力费

燃料及动力费包括施工机械或运输设备运转所耗用的燃料、动力等费用。

3. 折旧及修理费

折旧及修理费包括按照规定对施工机械、运输设备等固定资产计提的折旧和发生的修理费用，以及更换工具、部件的价值。

4. 其他直接费用

其他直接费用包括换季擦拭材料和其他材料的费用及预算定额所规定的其他直接费用，如港口费、轮渡费、过闸费、机械搬运费、拆卸费及辅助设施费等。

5. 间接费用

间接费用包括为组织和管理机械作业所产生的费用。

(三) 机械作业费用的归集

机械作业发生的各种费用，应通过"机械作业"账户的借方进行归集。在"机械作业"总分类账户下，应分设"承包工程"和"机械出租"两个二级账户，其核算内容如下。

1. 承包工程

"承包工程"账户核算企业及内部独立核算的施工单位、机械站和运输队为本单位承包的工程进行机械化施工和运输作业的成本。其成本应分配转入"工程施工"账户。

2. 机械出租

"机械出租"账户核算对外单位、本企业其他内部独立核算单位以及专项工程等出租施工机械(包括运输设备)的成本。其成本应分配转入"其他业务成本""在建工程"等账户。

(四) 机械作业费用的分配

企业各月发生的机械作业费用，应在月末时进行分配结转。机械出租的作业费应转入"其他业务成本""在建工程"等账户；承包工程的作业费用，则应按各受益对象接受作业量的多少分配，分配方法一般有使用台班分配法、作业量分配法、预算分配法等。

1. 台班分配法

台班分配法是指根据某种机械每台班实际成本和各受益对象使用该种机械的台班数，分配机械使用费的一种方法。该方法适用于以单机或机组为成本核算对象，便于计算台班数的施工机械，如塔吊等。

其计算公式为

$$某种机械台班实际成本 = 该种机械作业费用合计 / 该种机械实际作业台班数$$
$$某受益对象应分配的某种机械作业费用 = 该受益对象使用该种机械的台班数 \times 该种机械台班成本$$

2. 作业量分配法

作业量分配法是指根据某种机械单位产量实际成本和各受益对象使用该种机械完成的产

量,分配机械使用费的一种方法。该法适用于以单机或机组为成本核算对象,便于计算完成产量的施工机械,如搅拌机等。其计算公式为

某种机械单位工作量实际成本＝该种机械作业费用合计/该种机械实际完成作业量

某受益对象应分配的某种机械作业费用＝该受益对象使用该种机械完成的作业量×该种机械单位工作量实际成本

3. 预算分配法

预算分配法适用于预算编制较为精确的企业,且已知发生了多少机械使用费,但由于设备种类繁多,各成本对象交叉使用频繁,未进行多种设备作业数量记录,所以可以利用预算法进行分配。分配公式为

当期机械使用费分配率＝当期发生机械使用费总额/当期各成本对象已完工预算机械使用费之和

某成本对象当期应负担机械使用费＝该成本对象当期完工工程预算机械使用费×当期机械使用费分配率

【例4-14】第一建筑工程公司自有施工机械本月发生费用见表4-3。

表4-3 机械作业费用明细

编制:　　　　　　　　　　　　　20××年3月　　　　　　　　　　　　　单位:元

费用支出	挖土机	搅拌机	合计
操作人员工资	2 000	3 000	5 000
耗用燃料	5 400	—	5 400
修理部件及工具	3 000	3 000	6 000
计提折旧	4 800	3 000	7 800
支付电费	—	1 500	1 500
合计	15 200	10 500	25 700

表4-3中所列费用支出项目在发生时,编制会计分录如下。

```
借: 机械作业——挖土机——人工费        2 000
        ——搅拌机——人工费            3 000
    贷: 应付职工薪酬——工资              5 000
借: 机械作业——挖土机——燃料及动力    5 400
    贷: 原材料——其他材料                5 400
借: 机械作业——挖土机——修理          3 000
        ——搅拌机——修理              3 000
    贷: 原材料——机械配件                6 000
借: 机械作业——挖土机——折旧          4 800
        ——搅拌机——折旧              3 000
    贷: 累计折旧                        7 800
借: 机械作业——搅拌机——燃料及动力    1 500
    贷: 银行存款                        1 500
```

【例4-15】月末时,根据受益对象的使用情况编制"机械使用费分配表"(见表4-4),将费用分配计入各受益对象之中。上述两机械为A、B两合同工程共用,其使用情况是:A合同使用挖土机40台班、搅拌机80台班;B合同使用挖土机36台班、搅拌机25台班。

表4-4 机械使用费分配表

编制单位　　　　　　　　　　　　　20××年3月　　　　　　　　　　　　　单位:元

成本核算对象	挖 土 机		搅 拌 机		合计金额/元
	台 班 数	台班成本(200/台班)	台 班 数	台班成本(100元/台班)	
A合同	40	8 000	80	8 000	16 000
B合同	36	7 200	25	2 500	9 700
合计	76	15 200	105	10 500	25 700

挖土机分配率(台班成本)=15 200元/(40台班+36台班)=200(元/台班)
搅拌机分配率(台班成本)=10 500元/(80台班+25台班)=100(元/台班)
编制会计分录如下。
借:工程施工——合同成本——A合同——机械使用费　　　16 000
　　　　　　　　　　　　——B合同——机械使用费　　　 9 700
　贷:机械作业——挖土机　　　　　　　　　　　　　　　15 200
　　　　　　——搅拌机　　　　　　　　　　　　　　　 10 500

【例4-16】第一建筑工程公司2017年3月使用自有起重机,共发生机械使用费240 000元,同时承建A、B、C三个合同工程,已知A合同预算机械使用费为4 000元,B合同为6 000元,C合同为10 000元,则机械使用费分配如下。
当期机械使用费分配率=240 000元÷(4000元+6 000元+10 000元)=12
A合同应分配的设备费用=4 000元×12=48 000元
B合同应分配的设备费用=6 000元×12=72 000元
C合同应分配的设备费用=10 000元×12=120 000元
编制会计分录如下。
借:工程施工——合同成本——A合同——机械使用费　　　48 000
　　　　　　　　　　　　——B合同——机械使用费　　　72 000
　　　　　　　　　　　　——C合同——机械使用费　　 120 000
　贷:机械作业——起重机　　　　　　　　　　　　　　 240 000

五、其他直接费用的核算

(一)其他直接费用的内容

其他直接费用是指在施工过程中发生的除直接人工费、直接材料费和机械使用费以外的其他可以直接计入合同成本核算对象的费用,主要包括施工现场材料二次搬运费、生产工具和用具使用费、检验试验费、工程定位复测费、工程点交费用、场地清理费用、有关的设计和技术援助费用等。

(二)其他直接费用的归集和分配

费用发生时能分清成本收益对象的,发生时可直接计入各成本核算对象的成本中,借记

"工程施工——合同成本——某合同——其他直接费用"，贷记有关账户。费用发生时如果有两个以上合同共同受益，可采用生产工时(日)法，预算成本法，工、料、机费用比例法分配计入各成本核算对象中。

六、施工间接费用的核算

(一) 间接费用的内容

间接费用是企业下属的施工单位或生产单位为组织和管理施工生产活动所发生的费用。间接费用主要包括临时设施摊销费用和施工、生产单位发生的管理人员工资、奖金、福利费、劳动保护费、固定资产折旧费及修理费、物料消耗、低值易耗品摊销、取暖费、水电费、办公费、财产保险费、工程保修费、排污费等。

(二) 间接费用的核算

间接费用属于共同性费用，难以分清受益对象，施工企业应设置"施工间接费用"账户，汇总本期发生的各种间接费用，期末按一定标准分配计入有关合同工程成本，当间接费用发生时，借记"施工间接费用"账户，贷记有关账户。

1. 临时设施的内容

临时设施是指施工企业为保证施工和管理的正常进行而建造的各种临时性生产、生活简单设施，包括搭建的职工宿舍、食堂、浴室、医务室、理发室、托儿所等临时性的福利设施，现场临时办公室、作业棚、材料库、机具棚、铁路专用线、轻便铁道、围墙、临时给水、排水、供电、供热等管线，现场预制构件、加工材料所需要的临时建筑物，现场临时厕所、休息棚、茶炉棚、储水池、沥青锅灶等。临时设施应以建造时的实际成本计价，并按工程受益期限分期摊入工程成本，报废清理时的净收益列入营业外收入，净损失列入营业外支出。

2. 设置"临时设施"和"临时设施摊销"账户

"临时设施"账户，用以核算企业各种临时设施的实际成本。借方反映建造完成交付使用的临时设施的实际成本，贷方反映转销临时设施的实际成本，期末借方余额反映在用临时设施的实际成本。本账户应按临时设施种类和使用部门进行明细核算。

"临时设施摊销"账户，用以核算企业各种临时设施的摊销，属于"临时设施"的抵减账户。贷方反映按月计提的临时设施摊销额，借方反映转销临时设施已提摊销额，期末贷方余额反映临时设施已提摊销额，当月增加的临时设施不提摊销额，当月减少的应进行摊销。

3. 临时设施的账务处理

通过建筑安装活动建造完成的临时设施，在搭建过程中发生的各种支出，应先通过"在建工程"账户核算，发生支出时，借记"在建工程"账户，贷记"原材料""应付职工薪酬"等账户；搭建完工交付使用时，按建造期间发生的实际成本，借记"临时设施"账户，贷记"在建工程"账户。

【例4-17】第一建筑工程公司为建造甲合同工程，在施工现场搭建临时库房，领用材料8 000元，发生人工费用2 000元，以银行存款支付其他费用2 000元，搭建完工后随即交付使用。

搭建发生各项支出时，编制会计分录如下。

借：在建工程——临时设施　　　　　　　　　　12 000
　　贷：原材料——原材料　　　　　　　　　　　　8 000

应付职工薪酬　　　　　　　　　　　　　　　　2 000
　　　银行存款　　　　　　　　　　　　　　　　　　　2 000
完工交付使用时,编制会计分录如下。
借:临时设施——临时库房　　　　　　　　　　　　12 000
　　贷:在建工程——临时设施　　　　　　　　　　　　12 000

如果施工企业用银行存款购入能直接投入使用的临时设施,应按购入时的实际支出,借记"临时设施"账户,贷记"银行存款"账户。

【例4-18】第一建筑工程公司为建造甲合同工程购进彩钢房作为临时办公室,价款10 000元以银行存款支付。
借:临时设施——临时办公室　　　　　　　　　　　10 000
　　贷:银行存款　　　　　　　　　　　　　　　　　　10 000

施工企业各种临时设施,应根据其使用年限和服务对象,合理地确定摊销期限,将其价值分期摊入工程成本。企业按月计算的临时设施摊销额,借记"工程施工——合同成本——某合同——其他直接费用"账户,贷记"临时设施摊销"账户,当月增加的临时设施当月不提摊销,当月减少的临时设施,当月照提摊销。

【例4-19】例4-17中临时设施以该公司所承担工程的工期2年为摊销期,预计净残值收入为1 200元。每月应摊销的价值=(12 000-1 200)÷(2×12)=450元,编制会计分录如下。
借:施工间接费　　　　　　　　　　　　　　　　　　450
　　贷:临时设施摊销　　　　　　　　　　　　　　　　　450

施工企业出售、拆除、报废的临时设施应转入清理。企业临时设施清理,可设置"临时设施清理"账户进行核算。出售、拆除、报废不需用或不能继续使用的临时设施的账目净值及发生的清理费用,计入本账户的借方;发生的变价收入和收回的残料价值,计入本账户的贷方;清理后的净损失列作"营业外支出",净收益列作"营业外收入"。本账户应按被清理的临时设施逐一设置明细账。

【例4-20】由于承包合同工程提前两个月竣工,例4-17中的临时库房提前拆除,已提摊销9 900元,在拆除中支出费用500元,残料作价1 500元入库,编制会计分录如下。
将拆除的临时设施转入清理,会计分录如下。
借:临时设施清理(12 000-9 900)　　　　　　　　 2 100
　　临时设施摊销　　　　　　　　　　　　　　　　　9 900
　　贷:临时设施　　　　　　　　　　　　　　　　　　12 000
发生清理费用,会计分录如下。
借:临时设施清理　　　　　　　　　　　　　　　　　500
　　贷:银行存款　　　　　　　　　　　　　　　　　　　500
残料回收,会计分录如下。
借:原材料——其他材料　　　　　　　　　　　　　1 500
　　贷:临时设施清理　　　　　　　　　　　　　　　　1 500
结转清理后的净损失,会计分录如下。
清理净损失=2 100+500-1 500=1 100元
借:营业外支出　　　　　　　　　　　　　　　　　　1 100
　　贷:临时设施清理　　　　　　　　　　　　　　　　1 100

【例4-21】 隆菲建筑工程公司项目经理部发生管理人员工资50 000元，折旧费2 000元，水电费2 000元，办公费6 000元，编制分录如下。

借：施工间接费用	50 000	
贷：应付职工薪酬		50 000
借：施工间接费用	2 000	
贷：累计折旧		2 000
借：施工间接费用	20 000	
贷：银行存款		2 000
借：施工间接费用	6 000	
贷：银行存款		6 000

(三) 间接费用的分配

期末分配间接费用时采用的分配方法一般有人工费用比例法、直接费用比例法和工时(日)比例法三种。

1. 人工费用比例法

人工费用比例法是以各成本对象实际发生的人工费用为基数分配间接费用的一种方法，当间接费用发生的多少与实际用工数量呈正比例关系时，一般采用这种方法。计算公式为

$$间接费用分配率 = \frac{当期发生的全部间接费用}{成本对象发生的人工费之和}$$

某成本对象应负担的间接费用 = 该成本对象实际发生的人工费 × 间接费用分配率

2. 直接费用比例法

直接费用比例法是以各成本对象发生的直接费用为基数分配间接费用的一种方法。当间接费用发生的多少与这种直接费用(例如材料费用)的实际发生额呈正比例关系时，一般采用这种方法。计算公式为

$$间接费用分配率 = \frac{当期发生的全部间接费用}{当期各合同发生的直接费用之和}$$

某合同当期应负担的间接费用 = 该合同当期实际发生的直接费用 × 间接费用分配率

3. 工时(日)比例法

工时(日)比例法是以各合同实耗工时(日)为基数分配间接费用的方法。计算公式为

$$间接费用分配率 = \frac{当期实际发生的全部间接费用}{当期各合同工时(日)之和}$$

某合同当期应负担的间接费用 = 该合同当期耗用的工时(日) × 间接费用分配率

在实际工作中，初次分配一般是以各类工程(或作业、劳务、产品)中的人工费为基础进行分配，第二次分配可以按工程(或作业、劳务、产品)类别不同分别采用不同的分配方法。

任务小结

采购保管费是材料成本的重要组成部分，工程领用材料时直接计入"工程施工——合同成

本"账户。周转材料是辅助性质的材料，一般不构成工程成本，领用、损耗周转材料可以计入工程成本，使用自有施工机械作业时，最终分配计入工程成本。

任务考核

一、单项选择题

1. "工程施工"账户的性质是（　　）。
   A. 资产类　　　　B. 负债类　　　　C. 成本类　　　　D. 损益类
2. 施工企业应将其所归集的施工工人工资计入各工程成本核算对象的人工费成本项目中，借记（　　）账户，贷记"应付职工薪酬"等账户。
   A. 辅助生产　　　B. 工程施工　　　C. 机械作业　　　D. 待摊费用
3. 下列不属于施工企业其他直接费用的是（　　）。
   A. 材料二次搬运费　　　　　　　B. 临时设施摊销费
   C. 生产工具用具使用费　　　　　D. 低值易耗品摊销费
4. 施工企业应设置（　　）账户汇总本期发生的各项间接费用。
   A. 间接费用　　　　　　　　　　B. 施工间接费用
   C. 辅助生产　　　　　　　　　　D. 在建工程
5. 搭建临时设施时发生的各项费用，借记（　　）科目。
   A. 在建工程　　　B. 临时设施　　　C. 工程施工　　　D. 应付职工薪酬
6. 施工企业周转材料摊销时应借记（　　）。
   A. 在建工程　　　B. 辅助生产　　　C. 工程施工　　　D. 固定资产
7. 施工企业在工程施工过程中所发生的间接费用，月末按照一定的方法进行分配后借记（　　）账户。
   A. 间接费用　　　　　　　　　　B. 施工间接费用
   C. 辅助生产　　　　　　　　　　D. 工程施工——合同成本
8. 施工企业使用自有运输设备进行作业所发生的费用，可先通过（　　）账户进行归集。
   A. 工程施工　　　B. 机械作业　　　C. 工业生产　　　D. 施工间接费用
9. 会计上应设置（　　）账户对临时设施的购建、使用、摊销、拆除清理进行核算。
   A. 固定资产　　　B. 在建工程　　　C. 临时设施　　　D. 周转材料

二、多项选择题

1. "工程施工"应设置的明细科目有（　　）。
   A. 合同成本　　　B. 合同毛利　　　C. 直接费用　　　D. 间接费用
2. 以下属于施工企业周转材料的有（　　）。
   A. 模板　　　　　B. 挡土板　　　　C. 脚手架　　　　D. 包装物
3. 周转材料具有类似（　　）和（　　）的双重特征。
   A. 存货　　　　　B. 低值易耗品　　C. 固定资产　　　D. 包装物
4. 施工企业应设置的成本类科目有（　　）。
   A. 工程施工　　　B. 机械作业　　　C. 临时设施　　　D. 包装物
5. 在用周转材料价值摊销的方法主要有（　　）。
   A. 分期摊销法　　B. 定额摊销法　　C. 分次摊销法　　D. 一次摊销法
6. 周转材料按其在施工生产中的不同用途，可以分为（　　）。

A. 临时职工宿舍　　B. 模板　　　　C. 挡板　　　　　D. 架料
　7. 工程施工企业外购材料的采购成本包括(　　)。
　　A. 买价　　　　　B. 进项税　　　C. 运杂费　　　　D. 采购保管费

三、业务题

1. 某施工企业 2021 年发生如下业务。
　(1) 10 月 8 日购入一批木模板，实际成本为 142 800 元，货款已经支付。模板已验收入库，该批模板的计划成本为 140 000 元。
　(2) 10 月 10 日甲工程领用库存的新模板一批，计划成本 40 000 元。
　(3) 10 月末计提本期模板的摊销额 2 000 元，材料成本差异率为 2%。
　(4) 11、12 月末计提同样的摊销额，结转材料成本差异。
　(5) 12 月末竣工盘点，发现模板短缺 2 400 元，请计算应补提的摊销额，并做相应的账务处理。

2. 某施工企业在施工现场搭建临时办公室，在搭建过程中，领用在建工程准备的材料实际成本为 200 000 元，领用库存材料的计划成本为 100 000 元，材料成本差异率为 2%，应付搭建人员工资 100 000 元，计提福利费 14 000 元，以银行存款支付其他费用 20 000 元，临时设施搭建完成，交付使用，其预计净残值率为 4%，预计工程的受益期限为 3 年。
　要求：
　(1) 做出搭建临时办公室的相关会计分录。
　(2) 做出摊销临时设施的相关会计分录。
　(3) 该项临时办公室实际使用两年半后，由于承包工程竣工，不再需要，将其拆除，做出相关会计分录。

四、综合测评

　　某施工企业工资汇总表中，施工工人工资 100 000 元，机械操作人员工资 15 000 元，仓库保管人员工资 20 000 元，施工现场管理人员工资 20 000 元，总部管理人员工资 25 000 元，请代财务部门对不同部门人员工资进行会计核算。

任务拓展

知识链接

　　"施工间接费用"与工业企业"制造费用"最相似，施工间接费用是指为了工程施工而发生的各项共同性耗费，即施工单位在组织管理施工过程中发生的、不能直接归属到某项工程的各项开支，必须先行归集，然后采用一定的方法分配计入工程成本，施工间接费用属于制造费用，应计入工程成本，作为工程成本的组成内容之一。

关键词汇中英对照

合同毛利	Contract Margin
建造合同	Construction Contract
机械作业	Mechanical Operations
施工间接费	Construction Overhead

任务三 已完工程计算与预付款

任务引入

建造合同具有造价高、周期长的特点,除施工周期在一年内的合同采用竣工一次结算,其他工期在一年以上、造价在100万元以上的建造合同需要建设方预付工程备料款和工程款,施工企业也可以把部分工程发包给其他施工企业并预付备料款与工程款。建筑施工企业于月终完成合同规定的内容或工程竣工办理工程价款结算时,需根据统计部门提供的"已完工程月报表"(见表4-5)中实际完成的工程量,依据中标标书或施工图预算所列工程单价和有关收费标准,计算已完工程的价款,填列"工程价款结算账单"(见表4-6),送交发包单位审查签章后,送交开户银行办理收款手续。

表4-5 已完工程月报表

发包单位名称　　　　　　　　　　　年　月　日

单项工程项目名称	合同造价	建筑面积	开竣工日期		实际完成数		备注
			开工日期	竣工日期	至上月累计完成	本月已完工程	
1	2	3	4	5	6	7	8

施工企业　　　　　　　　　　　　　签章
编制日期　　　　　　　　　　　　　日期

表4-6 工程价款结算单

发包单位名称　　　　　　　　　　　年　月　日　　　　　　　　　　单位:元

单项工程项目名称	合同造价	本期应收工程款	应扣款项			本期实收工程款	备料款余额	本期止累计已收工程款
			合计	预收工程款	预收备料款			
1	2	3	4	5	6	7	8	9

施工企业　　　　　　　　　　　　　签章
财务负责人　　　　　　　　　　　　签章

一、已完工程

正确地计算工程实际成本,是工程成本核算的重要内容,计算工程实际成本的目的是正确、及时地反映施工企业在工程施工过程中的实际耗费,从而为工程成本分析和考核提供可靠的资料。工程实际成本的计算方法,一般应根据工程价款的结算方式来确定。

(一) 实行工程项目竣工后一次结算的已完工程实际成本的计算

实行工程项目竣工后一次结算工程价款时,"已完工程"即指已经甲乙双方验收、办理竣工决算、交付使用的工程项目。在这种情况下，施工过程中发生的各项成本费用，随时计入各成本核算对象的成本项目，进行工程成本的明细核算。竣工时，工程成本明细分类账中登记的工程成本累计总额，就是竣工工程的实际成本。工程竣工后，各施工单位应及时清理施工现场，盘点剩余材料和残次材料，及时办理退库手续，冲减工程成本。

(二) 实行按期结算工程价款的已完工程实际成本的计算

实行按月结算工程价款办法的工程，施工企业所属各施工单位必须首先做好月末未完施工的盘点和成本计算工作，然后才能计算确定本月已完工程的实际成本。凡是已经完成了预算定额所规定的全部工序和工程内容，在本企业不再需要继续施工的分部分项工程，即可视为建筑"产成品"，称为"已完工程"(或"已完施工")。对于这部分已完工程，施工单位应按月计算其实际成本，并按预算价格向建设单位收取工程价款。对虽已投入人工、材料等进行施工，但月末尚未完成预算定额所规定的全部工序和工程内容的分部分项工程，则视为建筑"在产品"，称为"未完施工"(或"未完工程")。对于这部分未完施工，施工单位不能向建设单位收取工程价款，但月末应计算其实际成本，以便计算确定本月已完工程的实际成本。例如，砖墙抹石灰砂浆分项工程，按预算定额规定的内容，可以分为修整表面、清扫、抹灰、找平、罩面、压光、做护角等工序，如果某工程的砖墙抹石灰砂浆分项工程在月末时已完成了上述全部工程内容，就应作为"已完工程"，如果只完成了其中一部分工序，则应作为"未完施工"。因此，在既有"已完工程"又有"未完施工"的情况下，本期已完工程实际成本的计算公式为

本期已完工程实际成本＝期初未完施工实际成本＋本期成本费用发生额－期末未完施工实际成本

上述公式中，"本期成本费用发生额"可直接从"工程施工"有关明细分类账中取得，"期初未完施工实际成本"和"期末未完施工实际成本"需要按一定的方法计算取得，本期期末未完施工实际成本即是下期期初未完施工实际成本。一般情况下，期末未完工程量在全期工程量中所占比重较小，而且期初、期末未完工程的数额变化不大，为了简化成本核算手续，通常可以把期末未完工程的预算成本，视同它的实际成本。在实际工作中，期末未完施工预算成本的计算方法主要有估量法和估价法两种。

1. 估量法

估量法又称"约当产量法"。它是根据施工现场盘点确定的未完施工实物量，按已完工序和工程内容占该分部分项工程量的百分比，将其折合为相当于已完工程的实物量，然后乘以该分部分项工程的预算单价，计算出其预算成本。其计算公式为

未完施工预算成本＝未完施工工程量×估计完工程度×该分部分项的预算单价

【例4-22】假设第一建筑公司承建的某学校宿舍工程实行按月结算工程价款办法。本月末经盘点确定有砖墙抹水泥砂浆未完施工2 000 m^2，估计其已完工序和工程内容相当于已完分部分项工程实物量的60%，该分部分项工程的预算单价为10元/m^2，则该未完施工的预算成本可计算如下：

砖墙抹水泥砂浆未完施工的预算成本＝2 000×60%×10＝12 000元

2. 估价法

估价法是先确定分部分项工程内各个工序耗用的直接费用占整个预算单价的百分比，用以计算出每个工序的单价，然后乘以未完施工各工序的完成量，来确定未完成施工的预算成本。其计算公式为

工序单价＝分部分项工程预算单价 × 某工序耗用的直接费用占整个预算单价的百分比
未完成施工预算成本＝Σ(未完施工中某工序完成量 × 该工序的单价)

【例 4-23】 第一建筑公司工程木门窗油漆分项工程预算定额规定刷三遍调和漆，其预算单价为 10 元/m^2。各工序耗用的直接费用占整个预算单价的百分比分别为：第一遍占 50%，第二遍占 30%，第三遍占 20%。月末盘点木门窗油漆分项工程有未完施工 200 m^2，其中已刷第一遍 200 m^2，已刷第二遍 120 m^2。

木门窗油漆分项工程各工序的单价如下：
第一遍的工序单价＝10× 50%＝5 元/m^2
第二遍的工序单价＝10× 30%＝3 元/m^2
第三遍的工序单价＝10× 20%＝2 元/m^2
木门窗油漆分项工程未完施工的预算成本＝5×200＋3×120＝1 360 元

按上述两种方法计算出的都是未完施工的预算成本，如果当月末未完施工占全部工作量的比重不大，而且各月末未完施工数量比较均衡，施工企业就可以用按上述方法计算出的未完施工预算成本，将其作为实际成本。如果当月末未完施工占全部工作量的比重较大，而且各月末未完施工数量相差悬殊，如果把未完施工的预算成本作为其实际成本，就会造成本月工程成本水平的高低或超降情况反映失真，影响本月工程成本计算结果的准确性。

二、工程备料款核算

(一) 备料款的收取

由于建筑产品具有生产周期长、工程造价高等不同于一般产品的特点，故在工程价款支付上，采用预付工程备料款，随工程进度支付工程进度款，到一定程度后扣减备料款，留有部分余款待工程竣工验收完毕后，办理结算，结清尾款。通常，预付备料款额度在建筑工程中一般不超过当年建筑(包括水、电、暖、卫等)工程工作量的 30%，大量采购预制结构件及工期在 6 个月以内的工程可以适当增加；预付备料款额度在安装工程中不得超过当年安装工程量的 10%，安装材料用量比较大的工程可以适当增加。预付备料款应在施工合同签订后由建设单位拨付，且不得超过规定的额度。

建设单位向施工企业预付备料款的限额，一般取决于工程项目中主要材料和结构件费用占年度建筑安装工作量的比例(也称主要材料占比)、主要材料储备天数、施工工期(也称年度施工天数)及年度建筑安装工作量(也称年度施工合同价值)，计算公式为

预付备料款＝(年度施工合同价值 × 主要材料占比 × 主要材料储备天数) ÷ 年度施工天数

施工单位应设置"预收账款——预收备料款"账户，该账户贷方登记收到的备料款或发包单位拨入抵作备料款的材料价款，借方登记抵扣或归还的预收备料款，期末贷方余额反映尚未抵扣或归还的预收备料款，收到材料或备料款时借记材料采购或银行存款，贷记预收账款——预收备料款，抵扣时，借记预收账款——预收备料款，贷记应收账款。

【例 4-24】 第一建筑公司住宅工程年度计划完成建筑安装工作量 600 万元，计划工期 300 天，主要材料比例为 60%，材料储备期为 100 天。

预付工程备料款＝(600× 60%× 100) ÷ 300＝120 万元
借：材料采购(银行存款)　　　　　　　　　　　1 200 000

贷：预收账款——预收备料款　　　　　　　　　1 200 000

　　在实际工作中，为了简化备料款的计算，会确定一个系数，即预付备料款额度，它是指施工单位预收(建设单位预付)工程备料款数额占出包工程年度建筑安装工作量的百分比，其公式为

$$预付备料款数额＝出包工程年度建筑安装工作量×预付备料款额度$$

【例4-25】承上例，第一建筑公司住宅工程年度计划完成建筑安装工作量600万元，按地区规定工程备料款额度为20%，则工程备料款为120万元。

(二) 备料款的扣回

　　随着工程进度的推进，拨付的工程进度款数额不断增加，工程所需的主要材料和结构件的用量逐渐减少，因此在办理工程价款结算时，可以逐渐扣还备料款。备料款的扣还是随着工程价款的结算，以冲减工程价款的方法逐渐抵扣的，待到工程竣工时，全部备料款抵扣完毕。当未施工工程所需的主要材料和结构件的价值恰好等于工程预付备料款数额时，开始起扣。在每月结算的工程价款中，按材料比重抵扣，至竣工前全部扣清。因此，确定起扣点是预付备料款起扣的关键。

$$预收备料款起扣点＝年度出包工程造价－预收备料款数额/主要材料费比重$$

$$第一次扣还金额＝(累计已完工程价值－预收备料款起扣点)×主要材料费比重$$

$$以后各次扣还金额＝当期已完工程价值×主要材料费比重$$

$$或当期扣还金额＝(累计已完工程价值－预收备料款起扣点)×主要材料费比重－以前累计抵扣金额$$

【例4-26】承上例，第一建筑公司住宅工程年度计划完成建筑安装工作量600万元，按地区规定工程备料款额度为20%，2021年1月收到工程备料款为120万元，工程主要材料比例为60%，2021年9月累计完成工程价值380万元，10月累计完成工程价值450万元，11月累计完成工程价值500万元，12月完工。计算起扣点、每月抵扣金额及进行会计核算。

　　预收备料款起扣点＝600－120/60%＝400万元

2021年9月累计完成工程价值380万元小于起扣点400万元，无须抵扣。

2021年10月累计完成工程价值450万元，抵扣金额为(450－400)×60%＝30万元。

2021年11月累计完成工程价值500万元，抵扣金额为(500－450)×60%＝30万元或(500－400)×60%－30＝30万元。

2021年12月累计完成工程价值600万元，抵扣金额为(600－500)×60%＝60万元或(600－400)×60%－(30＋30)＝60万元。

　　借：材料采购(或银行存款)　　　　　　　　　1 200 000
　　　贷：预收账款——预收备料款　　　　　　　　　　1 200 000

2021年10月抵扣会计核算，会计分录如下。

　　借：预收账款——预收备料款　　　　　　　300 000
　　　贷：应收账款——应收工程款　　　　　　　　　300 000

2021年11月抵扣会计核算，会计分录如下。

　　借：预收账款——预收备料款　　　　　　　300 000
　　　贷：应收账款——应收工程款　　　　　　　　　300 000

2021年12月抵扣会计核算，会计分录如下。

　　借：预收账款——预收备料款　　　　　　　600 000
　　　贷：应收账款——应收工程款　　　　　　　　　600 000

三、预收发包单位工程款与预付分包单位款

"预收账款——预收工程款"账户贷方核算收到的预收工程款,借方登记抵扣的预收工程款,期末贷方余额反映尚未抵扣的预收工程款。

"预付账款——预付分包单位款"账户,核算按分包工程合同预付给分包单位的工程款、备料款,以及拨给分包单位抵作备料款的材料价值。

"应付账款——应付分包工程款"账户,核算与分包单位办理工程价款结算时应付分包单位的已完工程价款。现举例说明预付分包单位备料款和工程款的核算。

【例4-27】第二建筑工程公司2021年二季度以来发生如下经济业务。

(1) 根据分包合同规定,于2021年4月5日向分包单位预付备料款10 000元。

借:预付账款——预付分包单位款　　　　　10 000
　　贷:银行存款　　　　　　　　　　　　　　　　10 000

(2) 按工程分包合同规定,于9月15日根据工程进度预付给分包单位工程款12 000元。

借:预付账款——预付分包单位款　　　　　12 000
　　贷:银行存款　　　　　　　　　　　　　　　　12 000

(3) 9月末根据经审核的分包单位提出的"工程价款结算账单"结算应付已完工程价款40 000元。

借:应付账款——应付分包工程款　　　　　40 000
　　贷:预付账款——预付分包单位款　　　　　　　40 000
借:主营业务成本(工程施工)　　　　　　　　40 000
　　贷:应付账款——应付分包工程款　　　　　　　40 000

(4) 9月末根据合同规定,从应付分包工程款中扣除预付的工程款12 000元和预付备料款2 500元。

借:应付账款——应付分包工程款　　　　　14 500
　　贷:预付账款——预付分包单位款　　　　　　　14 500

(5) 10月3日以银行存款支付分包单位工程款25 500元。

借:应付账款——应付分包工程款　　　　　25 500
　　贷:银行存款　　　　　　　　　　　　　　　　25 500

任务小结

正确地计算工程实际成本,是工程成本核算的重要内容。计算工程实际成本的目的,就是要正确、及时地反映施工企业在工程施工过程中的实际耗费,从而为工程成本分析和考核提供可靠的资料。"已完工程"即指已经甲乙双方验收、办理竣工决算、交付使用的工程项目。对虽已投入人工、材料等进行施工,但月末尚未完成预算定额所规定的全部工序和工程内容的分部分项工程,则视为建筑"在产品",称为"未完施工"(或"未完工程")。对于这部分未完施工,施工单位不能向建设单位收取工程价款,但月末应计算其实际成本,以便计算确定本月已完工程的实际成本。在实际工作中,月末未完施工预算成本的计算方法主要有估量法和估价法两种。由于建筑产品具有生产周期长、工程造价高等不同于一般产品的特点,故在工程价款支付上,采用预付工程备料款,随工程进度支付工程进度款,到一定程度后扣减备料款,留有部分余款待工程竣工验收完毕后,办理结算,结清尾款。工程备料款核算包括备料款的收取和抵扣。

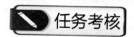

一、填空题

1. 按照现行制度规定，凡是已经完成了预算定额所规定的全部工序和工程内容，在本企业不再需要继续施工的分部分项工程，即可视为建筑(   )，称为(   )。
2. 对虽已投入人工、材料等进行施工，但月末尚未完成预算定额所规定的全部工序和工程内容的分部分项工程，则视为建筑(   )，称为(   )。
3. 在实际工作中，月末未完施工预算成本的计算方法主要有(   )和(   )两种。
4. 预付备料款的扣回应考虑(   )、(   )及(   )等因素。
5. "预收账款——预收备料款"账户贷方登记(   )或发包单位拨入(   )的材料价款。

二、综合测评

某建设项目当年出包工程总值为200万元，合同规定的预付备料款额度为30%。材料费比重为75%，则预付备料款为60万元(200×30%)，假如截至当年8月底，累计已完工程价值已达110万元，9月完成工程价值为50万元，10月完成工程价值为20万元，11月工程完工。请计算起扣点、每期抵扣金额及进行会计核算。

知识链接

施工企业中的"甲方供材"，是指按照合同约定由建设单位(甲方)自行采购材料给建筑施工单位(乙方)用于建筑工程的行为。"甲方供材"是建筑工程中材料供应和管理核算的一种常见方法，所采购材料一般为钢筋、钢板、管材、水泥等大宗材料。"甲方供材"对甲方而言，可以更好地控制主要材料的进货来源，保证材料和工程质量，同时降低工程成本；对乙方而言，可以减少材料的资金投入和资金垫付压力，因而被广泛应用。

关键词汇中英对照

已完工程	Accomplished Engineering
未完工程	Uncompleted Construction
预收账款	Deposit Received
估量法	Estimation Method
估价法	Value Approach

任务四 结算工程价款

如果合同结果能够可靠估计，施工企业应采用完工百分比法确认合同收入与费用，即确认

合同的损益。某施工单位签订了总金额为 100 万元的固定造价合同，工程于 2020 年 9 月开工，预计 2021 年 6 月竣工，最初预计工程成本为 85 万元，该工程于 2021 年 5 月提前竣工，提前一个月完成，质量优良，甲方同意支付 5 万元奖励款，2020 年该工程累计发生成本 34 万元，预计完成合同还要发生 51 万元，结算工程价款 40 万元，2021 年完工总成本 91.5 万元，全部价款结算完毕，如何对该项工程价款结算进行会计核算？

一、合同收入的内容和确认条件

(一) 合同收入的内容

按照《企业会计准则第 15 号——建造合同》的规定，合同收入包括初始收入和追加收入两部分。

1. 初始收入

初始收入是指建造承包商与客户在双方签订的合同中最初商订的合同总金额，它构成了合同收入的基本内容。

2. 追加收入

追加收入是指因合同变更、索赔、奖励等形成的收入。这部分收入并不构成合同双方在签订合同时已在合同中商订的合同总金额，而是在执行合同过程中由于合同变更、索赔、奖励等原因而形成的追加收入。建造承包商不能随意确认这部分收入，只有在符合规定条件时才能构成合同总收入。

(二) 追加收入的内容

1. 合同变更收入

合同变更是指客户为改变合同规定的作业内容而提出的调整，合同的变更可能会导致合同初始收入发生变化。因合同变更而增加的收入，应在同时具备下列条件时予以确认：

(1) 客户能够认可因变更而增加的收入；
(2) 收入能够被可靠地计量。

如果不同时具备上述两个条件，则不确认变更收入。

2. 索赔款收入

索赔款是指因客户或第三方的原因造成的、由建造承包商向客户或第三方收取的、用于补偿不包括在合同造价中的成本款项。因索赔款而形成的收入，应在同时具备下列条件时予以确认：

(1) 根据谈判情况，预计对方能够同意这项索赔；
(2) 对方同意接受的金额能够被可靠地计量。

如果不同时具备上述条件，则不能确认索赔款收入。

3. 奖励款收入

奖励款是指工程达到或超过规定的标准时，客户同意支付给建造承包商的额外款项。因奖励而形成的收入应在同时具备下列条件时予以确认：

(1) 根据目前合同完成情况，足以判断工程进度和工程质量能够达到或超过既定的标准；
(2) 奖励金额能够被可靠地计量。

如果不同时具备上述条件，则不能确认奖励款收入。

二、工程价款结算设置的主要账户

1. "工程结算"账户

"工程结算"账户核算根据合同完工进度已向客户开出工程价款结算账单,办理结算的价款。本账户是"工程施工"的备抵账户,已向客户开出工程价款结算账单办理结算的款项计入本账户的贷方,合同完成后,本账户与"工程施工"账户对冲后结平。

2. "应收账款"账户

"应收账款"账户核算应收和实际已收的进度款,预收的备料款也在本账户核算。已向客户开出工程价款结算账单应收的工程进度款计入本账户的借方,实际收到的工程进度款计入本账户的贷方。

3. "主营业务收入"账户

"主营业务收入"账户核算当期确认的合同收入。当期确认的合同收入计入本账户的贷方,期末,将本账户的余额全部转入"本年利润"账户,结转后本账户应无余额。

4. "主营业务成本"账户

"主营业务成本"账户核算当期确认的合同费用。当期确认的合同费用计入本账户的借方,期末,将本账户的余额全部转入"本年利润"账户,结转后本账户应无余额。

5. "存货跌价准备——合同预计损失准备"账号

"存货跌价准备——合同预计损失准备"账户属于资产类账户,施工企业应在"存货跌价准备"科目下设置"合同预计损失准备"明细科目,核算工程施工合同计提的损失准备。

6. "资产减值损失——合同预计损失"账户

"资产减值损失——合同预计损失"账户属于损益类账户,核算当期确认的合同预计损失。如果合同预计总成本超过合同预计总收入,建筑施工企业应将预计损失立即确认为当期费用,借记"资产减值损失——合同预计损失",贷记"存货跌价准备——合同预计损失准备"。期末,将本账户的余额全部转入"本年利润"账户,结转后本账户应无余额。在建合同完工后,或预计合同损失消失后,根据"存货跌价准备——合同预计损失准备"账户的余额调整"主营业务成本"账户。

三、合同收入和合同费用的确认方法

(一) 建造合同结果能够可靠估计

1. 确认条件

合同收入与合同费用确认的基本条件是,在资产负债表日,建造合同的结果能够可靠地估计的,施工企业应根据完工百分比法确认合同收入和费用。

(1) 固定造价合同的结果能够可靠地估计,是指同时满足下列条件:①合同总收入能够可靠地计量;②与合同相关的经济利益很可能流入企业;③实际发生的合同成本能够清楚区分和可靠计量;④合同完工进度和为完成合同尚需发生的成本能够可靠计量。其中,合同总收入一般根据建筑承包商与客户订立的合同中的总金额来确定,如果合同合法且在合同中明确规定了合同总金额,则意味着合同总收入能可靠计量;与合同相关的经济利益很可能流入企业,是指客户与建筑承包商双方都能够正常地履行合同,后者很可能收回工程价款,这就意味着经济利益很可能流入企业。

(2) 成本加成合同的结果能够可靠估计,是指同时满足下列条件:①与合同相关的经济利益很可能流入企业;②实际发生的合同成本能够清楚区分和可靠计量。如果建筑承包商为完成成本加成合同而发生的直接费用及间接费用能够及时、真实、准确记录,并合理归集到该成本对象中,则表明实际发生的合同成本能够清楚区分并且能可靠地计量。反之,则意味着实际发生的合同成本不能清楚区分,而且也不能可靠地计量。

2. 合同完工进度确认

采用完工百分比法确认合同收入和费用的关键是,确定合同完工进度。《企业会计准则第15号——建造合同》规定了确定合同完工进度的三种方法。

(1) 根据累计实际发生的合同成本占合同预计总成本的比例确定。

这种方法是确定合同完工进度较常用的方法,计算公式为

$$合同完工进度 = \frac{累计实际发生的合同成本}{合同预计总成本} \times 100\%$$

【例 4-28】某建筑公司签订了一项合同总金额为 1 000 万元的建造合同,合同规定的建设期为三年。第一年,实际发生合同成本 300 万元,年末预计完成合同尚需发生成本 520 万元;第二年,实际发生合同成本为 400 万元,年末预计为完成合同尚需发生成本 150 万元。根据上述资料,计算合同完工进度如下。

第一年合同完工进度 = 300 ÷ (300 + 520) × 100% = 37%
第二年合同完工进度 = (300 + 400) ÷ (300 + 400 + 150) × 100% = 82%

(2) 根据已经完成的合同工作量占合同预计总工作量的比例确定。

这种方法适用于合同工作量容易确定的建造合同,如道路工程、土石方挖掘、砌筑工程等,计算公式为

$$合同完工进度 = \frac{已经完成的合同工作量}{合同预计总工作量} \times 100\%$$

(3) 已完合同工程的测量,根据测量结果计算确定合同完工百分比。

这种方法是在无法根据上述两种方法确定合同完工进度时所采用的一种特殊的技术测量方法。其适用于一些特殊的建造合同,如水下施工工程等。需要指出的是,这种技术测量并不是由建造承包商自行随意测定的,应由专业人员到现场进行科学测定。

3. 用完工百分比法确认合同收入和费用

采用完工百分比法确认合同收入和费用一般应遵循下列步骤。

(1) 确定建造合同的完工进度,计算出完工百分比。
(2) 根据完工百分比计量和确认当期的合同收入和费用。

其具体计算公式为

当期确认的合同收入 = (合同总收入 × 完工进度) - 以前会计年度累计已确认的收入
当期确认的合同毛利 = (合同总收入 - 合同预计总成本) × 完工进度 -
以前会计年度累计已确认的毛利
当期确认的合同费用 = 当期确认的合同收入 - 当期确认的合同毛利 -
以前会计年度预计损失准备

需要说明的是,完工进度实际上是累计完工进度,因此,企业在运用上述公式计量和确认当期合同收入和费用时,应视建造合同的实施情况进行处理。

对于当年开工当年未完工的建造合同，"以前会计年度累计已确认的收入"和"以前会计年度累计已确认的毛利"均为零。

对于以前年度开工本年仍未完工的建造合同，企业可直接运用上述公式计量和确认当期收入和费用。

对于以前年度开工本年完工的建造合同，当期计量和确认的合同收入等于"合同总收入"扣除"以前会计年度累计已确认的收入"后的余额，当期计量和确认的合同毛利等于"合同总收入"扣除"实际合同总成本"，再减"以前会计年度累计已确认的毛利"后的余额。

对于当年开工当年完工的建造合同，当期计量和确认的合同收入等于该项合同的总收入，当期计量和确认的合同费用等于该项合同的实际总成本。

【例4-29】某建筑公司签订了一项合同总金额为1 000万元的固定造价合同，合同规定的工期为三年。假定经计算第一年完工进度为30%，第二年完工进度已达80%，经测定前两年预计总成本均为800万元。第三年工程全部完成，累计实际发生合同成本750万元。根据上述资料计算各期确认合同收入和合同费用如下。

第一年确认的合同收入＝1 000×30%＝300万元

第一年确认的合同毛利＝(1 000－800)×30%＝60万元

第一年确认的合同费用＝300－60＝240万元

编制会计分录如下。

借：主营业务成本　　　　　　　　　　　　2 400 000
　　工程施工——毛利　　　　　　　　　　　600 000
　　贷：主营业务收入　　　　　　　　　　　　　3 000 000

第二年确认的合同收入＝1 000×80%－300＝500万元

第二年确认的合同毛利＝(1 000－800)×80%－60＝100万元

第二年确认的合同费用＝500－100＝400万元

编制会计分录如下。

借：主营业务成本　　　　　　　　　　　　4 000 000
　　工程施工——毛利　　　　　　　　　　1 000 000
　　贷：主营业务收入　　　　　　　　　　　　　5 000 000

第三年确认的合同收入＝1000－(300＋500)＝200万元

第三年确认的合同毛利＝(1000－750)－(60＋100)＝90万元

第三年确认的合同费用＝200－90＝110万元

编制会计分录如下。

借：主营业务成本　　　　　　　　　　　　1 100 000
　　工程施工——毛利　　　　　　　　　　　900 000
　　贷：主营业务收入　　　　　　　　　　　　　2 000 000

【例4-30】某建筑公司签订一项总金额为100万元的固定造价合同，最初预计总成本为90万元。第一年实际发生成本63万元，年末预计为完成合同尚需发生成本42万元，假定合同的结果能够可靠估计，该公司应在年末时进行如下会计处理。

第一年合同完工进度＝63÷(63＋42)×100%＝60%

第一年确认的合同收入＝合同总收入×60%＝100×60%＝60 万元
第一年确认的合同毛利＝[100－(63＋42)]×60%＝－3 万元
第一年应确认的合同费用＝收入－毛利＝60－(－3)＝63 万元
第一年预计的合同损失＝[(63＋42)－100]×(1－60%)＝2 万元
编制会计分录如下。

借：主营业务成本　　　　　　　　　　　　6 300 000
　　贷：主营业务收入　　　　　　　　　　　　600 000
　　　　工程施工——毛利　　　　　　　　　　 30 000
借：资产减值损失——合同预计损失　　　　　20 000
　　贷：存货跌价准备——预计损失准备　　　　20 000

(二) 建造合同的结果不能够可靠估计

如果建造合同的结果不能可靠地估计，企业不能采用完工百分比法确认合同收入和费用，而应区别下列情况进行会计处理。

1. 合同成本能够收回的

合同收入根据能够收回的实际合同成本加以确认，合同成本在其发生的当期作为合同费用。

2. 合同成本不可能收回的

合同成本应当在发生时立即作为合同费用，不确认合同收入。

四、相关会计信息的披露

《企业会计准则第 15 号——建造合同》规定，企业应在会计报表附注中披露与建造合同有关的下列信息。

(1) 各项合同总金额，以及确定合同完工进度的方法。
(2) 各项合同累计发生成本、累计确认毛利(或亏损)。
(3) 各项合同已办理结算价款金额。
(4) 当期预计损失的原因和金额。
在资产负债表中应披露下列信息。
(1) 应收账款：反映应收账款中尚未收到的工程进度款，根据"应收账款"账户余额填列。
(2) 已结算未完工款：本项目应在流动负债类项目中列示，反映在建合同已完工部分但尚未办理结算的价款。根据"工程结算"账户余额减"工程施工"账户余额后的差额填列。
(3) 已完工尚未结算款：本项目应在流动资产类项目中列示，反映在建合同已完工部分但尚未办理结算的价款，根据"工程施工"账户余额减"工程结算"账户余额后的差额填列。
(4) 预计损失准备：根据"存货跌价准备——预计损失准备"账户余额填列。
在利润表中应披露下列信息。
(1) 主营业务收入：根据"主营业务收入"账户本期贷方发生额填列。
(2) 主营业务成本：根据"主营业务成本"账户本期借方发生额填列。
(3) 合同预计损失：根据"资产减值损失——合同预计损失"账户本期贷方发生额填列。
在会计报表附注中应披露下列信息。
(1) 确定合同完工进度的方法：合同完工进度根据累计实际发生的合同成本占合同预计总成本的比例确定。

(2) 在建工程累计已经发生的成本：根据"工程施工"账户余额扣除毛利后的余额填列。

(3) 在建工程已结算价款：反映在建合同累计已经办理结算的工程价款，根据"工程结算"账户余额填列。

(4) 合同总金额：根据合同条款填列。

(5) 当期已预计损失的金额和原因：金额根据"资产减值损失——合同预计损失"账户本期借方发生额填列，其原因根据实际情况填列，如原材料涨价、自然环境变化等。

五、施工企业工程价款核算举例

【例 4-31】 某施工企业与一客户签订了一项总金额为 5 800 000 元的固定造价合同，承建一座桥梁。工程已于 2019 年 2 月开工，预计 2021 年 8 月完工。最初预计的工程总成本为 5 500 000 元，至 2020 年年底，由于钢材价格上涨等因素调整了预计总成本，预计工程总成本已达到 6 000 000 元。该企业于 2021 年 6 月提前 2 个月完成了合同，工程质量优良，客户同意支付奖励款 200 000 元，建造该工程的其他有关资料见表 4-7。

表 4-7 建造桥梁的其他有关资料

单位：元

项　　目	2019 年	2020 年	2021 年
至目前为止已发生的成本	1 540 000	4 800 000	5 950 000
完成合同尚需发生的成本	3 960 000	1 200 000	0
已结算合同价款	1 740 000	2 960 000	1 300 000
实际收到价款	1 700 000	2 900 000	1 400 000

1. 该施工企业 2019 年对本建造合同的账务处理如下(为简化起见，账务处理以汇总数反映)。

(1) 登记发生的合同成本，则会计分录如下。

借：工程施工——合同成本　　　　　　　　　　　　　　1 540 000
　　贷：库存材料、应付职工薪酬、累计折旧、周转材料等　　1 540 000

(2) 登记已结算的合同价款，则会计分录如下。

借：应收账款　　　　　　　　　　　　　　　　　　　　1 896 600
　　贷：工程结算　　　　　　　　　　　　　　　　　　1 740 000
　　　　应交税费——应交增值税(销项税)　　　　　　　　156 600

(3) 登记实际收到的合同价款，则会计分录如下。

借：银行存款　　　　　　　　　　　　　　　　　　　　1 700 000
　　贷：应收账款　　　　　　　　　　　　　　　　　　1 700 000

(4) 确认和计量当年的合同收入和合同费用，并登记入账。

2019 年的完工进度＝1 540 000÷(1540 000＋3 960 000)×100%＝28%

2019 年应确认的合同收入＝5 800 000×28%＝1 624 000 元

2019 年应确认的毛利＝(5 800 000－1 540 000－3 960 000)×28%＝84 000 元

2019 年应确认的合同费用＝1624000－84 000＝1 540 000 元

借：工程施工——合同毛利　　　　　　　　　　　　　　84 000
　　主营业务成本　　　　　　　　　　　　　　　　　　1 540 000
　　贷：主营业务收入　　　　　　　　　　　　　　　　1 624 000

2. 2020年的账务处理如下。
(1) 登记发生的合同成本，则会计分录如下。
借：工程施工——合同成本　　　　　　　　　　　　　3 260 000(4 800 000 - 1 540 000)
　　贷：库存材料、应付职工薪酬、累计折旧、周转材料等　3 260 000
(2) 登记已结算的合同价款，则会计分录如下。
借：应收账款　　　　　　　　　　　　　　　　　　　3 226 400
　　贷：工程结算　　　　　　　　　　　　　　　　　　2 960 000
　　　　应交税费——应交增值税(销项税)　　　　　　　266 400
(3) 登记实际收到的合同价款，则会计分录如下。
借：银行存款　　　　　　　　　　　　　　　　　　　2 900 000
　　贷：应收账款　　　　　　　　　　　　　　　　　　2 900 000
(4) 确认和计量当年的合同收入和合同费用，并登记入账。
2020年的完工进度＝4 800 000÷(4 800 000＋1 200 000)×100%＝80%
2020年应确认的合同收入＝5 800 000×80% - 1 624 000＝3 016 000元
2020年应确认的毛利＝(5 800 000 - 4 800 000 - 1 200 000)×80% - 84 000＝ - 244 000元
2020年应确认的合同费用＝3 016 000 - (- 244 000)＝3 260 000元
2020年应确认的合同预计损失＝(4 800 000 - 1 200 000 - 5 800 000)×(1 - 80%)＝40 000元
　在2020年年底，由于该合同预计总成本6 000 000元大于合同总收入5 800 000元，预计发生损失总额为200 000元，因已在"工程施工——合同毛利"中反映了 - 160 000元(84 000 - 244 000)的亏损，因此，应将剩余的、为完成工程将发生的预计损失40 000元确认为当期损失。
借：主营业务成本　　　　　　　　　　　　　　　　　3 260 000
　　贷：主营业务收入　　　　　　　　　　　　　　　　301 600 000
　　　　工程施工——合同毛利　　　　　　　　　　　　244 000
同时，
借：资产减值损失——合同预计损失　　　　　　　　　40 000
　　贷：存货跌价准备——预计损失准备　　　　　　　　40 000

3. 2021年的账务处理如下。
(1) 登记发生的合同成本，编制会计分录如下。
借：工程施工——合同成本　　　　　　　　　　　　　1 150 000(5 950 000 - 4 800 000)
　　贷：库存材料、应付职工薪酬、累计折旧、周转材料等　1 150 000
(2) 登记已结算的合同价款，编制会计分录如下。
借：应收账款　　　　　　　　　　　　　　　　　　　1 469 000
　　贷：工程结算　　　　　　　　　　　　　　　　　　1 300 000
　　　　应交税费——应交增值税(销项税)　　　　　　　169 000
(3) 登记实际收到的合同价款，编制会计分录如下。
借：银行存款　　　　　　　　　　　　　　　　　　　1 400 000
　　贷：应收账款　　　　　　　　　　　　　　　　　　1 400 000
(4) 确认和计量当年的合同收入和合同费用，并登记入账。
2021年应确认的合同收入＝(5 800 000＋200 000) - (1 624 000＋3 016 000)＝1 360 000元
2021年应确认的毛利＝5 800 000＋200 000 - 5 950 000 - (84 000 - 244 000)＝210 000元
2021年应确认的合同费用＝1 360 000 - 210 000 - 40 000＝1 110 000元

```
借：主营业务成本                           1 110 000
    存货跌价准备——合同预计损失准备          40 000
    工程施工——合同毛利                     210 000
  贷：主营业务收入                          1 360 000
```

(5) 2021年工程全部完工，应将"工程施工"科目的余额与"工程结算"科目的余额相对冲，则会计分录如下。

```
借：工程结算                              6 000 000
  贷：工程施工——合同成本                  5 950 000
          ——毛利                            50 000
```

任务小结

按照《企业会计准则第 15 号——建造合同》的规定，合同收入包括初始收入和追加收入两部分，追加收入是指因合同变更、索赔、奖励等形成的收入，这部分收入并不构成合同双方在签订合同时已在合同中商订的合同总金额，而是在执行合同过程中由于合同变更、索赔、奖励等原因而形成的追加收入。在资产负债表日，建造合同的结果能够可靠地估计的，施工企业应根据完工百分比法确认合同收入和费用。采用完工百分比法确认合同收入和费用一般应遵循下列步骤：①确定建造合同的完工进度，计算出完工百分比；②根据完工百分比计量和确认当期的合同收入和费用。如果建造合同的结果不能可靠地估计，企业不能采用完工百分比法确认合同收入和费用。

任务考核

一、选择题

1. 某施工企业与发包商签订了一项建造合同，合同总金额为 500 万元，最初预计总成本为 450 万元，第一年实际发生成本 315 万元，预计为完成合同尚需发生成本 210 万元。假定该合同的结果能够被可靠地估计，则第一年合同的完工进度为(　　)。

   A. 50%　　　　B. 55%　　　　C. 60%　　　　D. 65%

2. 工程施工是(　　)类账户。

   A. 资产　　　　B. 负债　　　　C. 权益　　　　D. 成本

3. 工程结算账户的性质是(　　)。

   A. 资产类　　　B. 负债类　　　C. 成本类　　　D. 损益类

4. 如果合同预计总成本超过合同预计总收入，施工企业应将预计损失立即确认为当期费用，借记(　　)科目，贷记"存货跌价准备——合同预计损失准备"科目。

   A. 管理费用　　　　　　　　　　B. 工程施工
   C. 资产减值损失——合同预计损失　D. 坏账准备

5. 固定造价合同的风险承担者是(　　)。

   A. 建造承包方　　　　　　　　　B. 建造发包方
   C. 材料供给方　　　　　　　　　D. 材料需求方

6. 下列账户类型不同的是(　　)。

   A. 累计折旧　　　　　　　　　　B. 存货跌价准备
   C. 临时设施摊销　　　　　　　　D. 管理费用

7. 施工企业在业务成果核算方面设置的账户有( )。
   A. 工程施工　　　B. 工程结算　　　C. 物资采购　　　D. 临时设施
8. ( )账户的构成与制造费用相同。
   A. 工程施工　　　B. 机械作业　　　C. 工程结算　　　D. 施工间接费用

二、综合测评

华建公司第三工程处承建一固定造价为 300 万元的工程，于 2017 年 1 月开工，预计 2021 年 6 月完工，最初预计总成本为 250 万元，2021 年 1 月由于客户原因导致工程延期到 2021 年 8 月才完工，客户同意支付赔偿款 30 万元。填写表 4-8 空白部分并进行会计核算。

表 4-8 工程相关数据

项　　目	2017 年	2018 年	2019 年	2020 年	2021 年
合同总收入/万元					
本年实际发生成本/万元	50	70	40	80	55
迄今已发生的成本/万元	50				
尚需发生的成本/万元	200	180	160	60	0
已结算的合同价款/万元	60	80	50	90	5
已收到的合同价款/万元	50	70	40	80	90
完工进度/%					

任务拓展

知识链接

《企业会计准则第 15 号——建造合同》第二十七条规定，合同预计总成本超过合同总收入的，应当将预计损失确认为当期费用。而在随后财政部编制的《企业会计准则——应用指南》附录中的《会计科目和主要账务处理》中"存货跌价准备"科目第二条描述，企业(建造承包商)建造合同执行中预计总成本超过合同总收入的，应按其差额，借记"资产减值损失"科目，贷记本科目；合同完工时，借记本科目，贷记"主营业务成本"科目。因此，现在实务当中，确认存货跌价准备的思路一般是这样的：当预计总成本大于总收入时，将预计损失，提取存货跌价准备，同时确认为当期费用，而当合同预计损失减少时(也就是总成本和总收入的差额变小时)，在原计提的减值准备金额内，做相反分录。合同完工时，将"存货跌价准备——合同预计损失准备"余额结转到"主营业务成本"科目。

关键词汇中英对照

工程结算	Engineering Settlement
初始收入	The Initial Income
追加收入	Additional Income
完工百分比法	Percentage of Completion Method
完工进度	Completion Schedule
合同损失	The Contract Loss

项目五　房地产开发企业会计核算

🔍 能力目标

1. 能够根据开发产品的类型正确划分成本核算对象。
2. 能够根据土地成本不同结转方法正确核算房屋开发成本。
3. 能够根据开发时间、用途的不同归集与分配配套设施的费用。
4. 能够根据商品房预售制度核算商品房销售收入。

🔍 知识目标

1. 掌握"开发成本"账户使用的方法。
2. 掌握配套设施费的预提核算的方法。
3. 掌握已完工开发产品核算的方法。
4. 掌握周转房的增加、摊销及改变用途销售的会计核算方法。

🔍 素质目标

1. 培养学生对商品房开发成本的正确认知能力。
2. 培养学生对国家宏观调控政策的理解运用能力。
3. 培养学生对房地产行业税收政策的理解能力。

🔍 思政目标

1. "千里长堤蚁穴溃",培养学生精益求精、注重基础的工匠精神。
2. 了解"周转房"的用途,树立和谐、公正的价值观。

项目五 房地产开发企业会计核算

项目情境

万科企业股份有限公司成立于1984年，1988年进入房地产行业，经过30余年的发展，成为国内领先的房地产公司，目前主营业务包括房地产开发和物业服务。公司聚焦城市圈带的发展战略，截至2015年年底，公司进入中国66个城市，分布在以珠三角为核心的广深区域、以长三角为核心的上海区域、以环渤海为核心的北京区域，以及由中西部中心城市组成的中西部区域。

"宝万之争"

作为国内房地产行业老牌企业的万科一直知道股权分散的弊端，管理层们也试图通过合伙人制度来悄悄加码自己舰队的力量，不过他们万万没有想到，资本的力量如此凶猛，让万科管理层措手不及。万科股权之争的标志性事件应该是2015年8月26日宝能系通过大量买进万科股权，首次超越华润，成为万科的第一大股东，此后华润试图通过两次增持来维护自己第一大股东的地位，但是最终未能抗衡宝能系。直到现在，宝能系一直稳坐第一大股东宝座，持股比例比第二大股东多出了10个左右的百分点。

宝能系大举进入让万科管理层们惴惴不安。毕竟，他们习惯了10多年来与第一大股东之间和平相处，大股东做财务投资，管理层掌握话语权。这一次，万科管理层无法准确把握宝能系的态度，是财务投资，还是争夺话语权？在不确定中，万科管理层选择对抗，包括在公开场合表达不满，拉拢另一股东安邦，还在私下试图通过增发，引入深圳地铁集团来稳固自身的利益。

这场旷日持久且高潮迭起的股权之争直至今日终于有了明朗化的结局：华润彻底退出，万科管理层迎来了"好朋友"深圳地铁集团。不论华润出于何种原因选择退出，对于万科而言，至少换来了股权架构暂时性的稳定，万科管理层持股及深圳地铁集团持股，再加上此前公开表态要和万科管理层站在一起的安邦，万科管理层的舰队的力量已经超过了宝能系。但是，商场上没有永远的朋友，只有永远的利益，深圳地铁集团是否会成为下一个"华润"，需要万科管理层有所警惕。

会计核算流程图

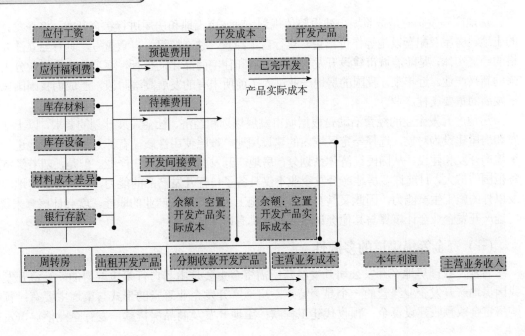

145

任务一　房地产开发业务

任务引入

房地产企业的开发流程包括两部分：一是房地产开发公司开发前的准备工作，在报行政机关审批之前，房地产开发公司应办理好土地出让手续，委托有资质的勘察设计院对待建项目进行可行性研究并制作成报告书，应附有详细的规划设计参数和效果图，并落实足够的开发资金。二是行政审批部分，根据我国当前法律、法规、规章，房地产建设项目的行政许可程序一般分为 6 个阶段，即选址定点、规划总图审查及确定规划设计条件、初步设计及施工图审查、规划报建图审查、施工报建、建设工程竣工综合验收备案。

沈阳城建地产有限公司通过竞拍获得一块地块的开发权，支付土地出让金 5000 万元，准备开发商品房 5 万平方米、商业地产 1 万平方米，开发过程中支付前期工程费、基础设施费、建筑安装工程费等合计 13 000 万元，如果各项费用按建筑面积分配，如何进行成本核算对象划分及开发成本核算？

房地产开发企业 2016 年 5 月 1 日后实行"营改增"政策，以前作为营业税纳税人采购材料物资进项税额全部构成采购成本，实行"营改增"后，进项税额可以抵扣销项税额，因此，进项税额不再作为材料物资的采购成本，抵扣可以凭票抵扣(增值税专用发票、海关缴款书、机动车销售统一发票、农产品收购发票)，进项税发票上各种税率都有可能，如 3%、6%、11%、17%等，抵扣税额以发票上最后税额为准。

一、房地产开发企业会计核算特点

房地产开发企业是按照城市建设整体规划，对城市土地和房屋进行综合开发，将开发完成的土地、房屋及配套设施等作价出售，实行自主经营，独立核算，自负盈亏，具有独立法人资格的经济实体，是随着城市建设开发事业的发展和住宅商品化的推行，逐步从建筑行业分离出来的新兴产业。近年来，我国的房地产业进入了前所未有的发展高潮阶段，已成为我国国民经济发展的重要支柱产业。

房地产开发企业的经营活动是根据城市发展规划和经济、社会发展计划的要求，以土地开发和房屋建设为对象，选择一定区域内的建设用地，按照使用性质，有计划、有步骤地进行的房地产开发和建设。从国民经济体系划分，房地产开发企业属于第三产业。但是，随着经济业务范围的扩大，目前许多房地产开发企业不仅具备了自行开发产品的能力，还具备了房地产开发以外的施工生产能力，因此又具有从事建筑施工企业的第二产业的职能。就会计核算来说，房地产开发企业会计核算与其他会计核算相比具有以下特点。

(一) 资金筹集渠道的多源性

目前，我国房地产开发公司开发经营所需资金主要是由其自行筹集取得的，筹资开发是我国房地产开发企业经营的一个显著特点。房地产开发企业筹资的形式与渠道主要有：预收购房定金或预收建设资金；预收代建工程款；土地开发及商品房贷款；发行企业债券，发行股票等。房地产开发企业筹资渠道的多源性形成的经济业务构成了房地产开发企业会计核算的重要内容。

(二) 资金占用形态的多元性

房地产开发企业的开发经营，涉及的内容非常广泛，既有土地的开发和建设、房屋的开发和经营，又有代建工程的开发，以及城市基础设施和公共配套设施的开发，资金形态依次转化为储备资金、在建资金、建成资金，而且还表现为在储备资金转化为在建资金的过程中，呈现出资金占用的多元性、多项平行运动的特点，即包括有土地开发企业在建资金、商品房项目在建资金、代建工程项目在建资金、配套设施及市政工程等项目在建资金的多种不同存在形态。随着各项在建项目完工，在各项在建资金转化为建成资金过程中，同样表现出多元性及多项平行运动的特点。从房地产开发企业资金运动的这一特点可以看出，其会计核算是需要按资金占用的多种形态，组织资金运用的分类核算；同时在成本核算中，要以开发项目作为成本计算对象分别设置成本计算单进行费用的归集和分配，计算各开发项目的成本。

(三) 核算周期的长期性

房地产开发企业的产品开发，通常要经过开发所在地区总体规划的可行性研究、征地补偿、拆迁安置、"三通一平"、建筑安装、配套设施工程、绿化环卫工程等多种建设阶段才能完成。因此，产品开发周期较长，有的需要几年甚至十几年才能完成，这就意味着企业的开发经营资金在建设过程中会停留较长的时间，而且需要投入较大的金额。这一特点决定房地产开发企业的会计核算应按权责发生制原则和配比原则，合理确定各个会计期间的收入、费用，正确处理跨年度的各项收入和费用，以合理确定各期的损益。

(四) 商品销售的特殊性

随着我国市场经济的不断发展，房地产开发企业的产品开发成本逐步进入市场，使开发产品具有商品的特点。房地产开发企业的产品，既有一般商品的属性，又具有特殊性。特殊性主要表现在：首先，房地产产品具有不可移动性，房地产产品通常在固定地点上进行开发建设，产品是不可移动的；其次，商品的价格受所处地理位置、交通条件、基础设施、配套工程等相关因素的影响较大，通常按供需双方合同或协议规定的价格、市场价格等作价销售，房屋在未建完前可按规定进行预售。

二、房地产开发企业的经营范围

房地产开发企业的经营对象是房地产，房地产是房产和地产的统称。房产通常指各种房屋财产，包括住宅、厂房、商铺以及文教、办公、体育用房等；地产是指土地财产，包括土地和地下的各种基础设施，如地面道路，以及地下供水、供电、供气、供热、排水排污、通信等线路和管网等。房地产开发企业的主要经营业务范围是房产和地产的开发经营，具体包括以下4个方面。

(一) 土地开发与经营

土地开发是指对土地进行平整、管线铺设和道路建设等基础设施建设。土地的开发一般应按照城市建设总体规划进行，在各级人民政府主管部门的统一审批、统一征用、统一管理下进行。从土地所在地域及开发的工作内容来分，土地开发一般包括新城区土地开发和旧城区土地再开发。新城区土地开发一般通过征用新的土地进行开发。旧城区土地再开发一般是通过拆迁和改造实现,主要包括道路和基础设施等按城市规划的要求进行改造。企业将有偿获得的土地开发完成后,既可有偿转让给其他单位使用,也可自行组织建造房屋和其他设施,还可以开展土地出租业务,但土地所有权仍归国家所有。

(二) 房屋的开发与经营

房屋的开发指房屋的建造,房屋的经营指房屋的销售与出租。房屋的开发与经营包括城市各种房屋,如商品房、饭店、学校、厂房和其他用房的开发与经营。房屋开发也可分为新城区房屋开发和旧城区房屋开发。企业可以在开发完成的土地上继续开发房屋,开发完成后,可作为商品作价出售或出租。

(三) 城市基础设施和公共配套设施的开发与建设

城市基础设施和公共配套设施开发与建设是根据城市建设总体规划开发建设的大型城市基础设施和公共配套设施项目,包括市政、公用、动力、通信等城市基础设施建设;开发小区内经营性公共配套设施,如商店、银行、邮局等;开发小区内非营业性配套设施,如中小学、文化站、医院等;开发项目外为居民服务的给排水、供电、供气的增容增压、交通道路等;开发小区内公共配套设施,如居委会、自行车棚、幼儿园等。

(四) 代建工程的开发和建设

代建工程的开发是企业接受其他单位委托,代为开发的工程,包括土地开发工程、房屋建设工程、道路铺设工程,供热、供气、供水管道及其他市政公用的设施等。

三、房地产开发企业会计科目

由于房地产开发企业的行业特点,其会计科目(见表 5-1)的设置与一般企业有所不同。

表 5-1　房地产开发企业会计科目

顺序号	编号	科目名称	顺序号	编号	科目名称
一、资产类			15	1405	开发产品
1	1001	库存现金	16	1406	发出商品
2	1002	银行存款	17	1408	委托加工物资
3	1012	其他货币资金	18	1411	周转材料
4	1101	交易性金融资产	19		周转房
5	1121	应收票据	20	1461	融资租入资产
6	1122	应收账款	21	1471	存货跌价准备
7	1123	预付账款	22	1501	持有至到期投资
8	1131	应收股利	23	1502	持有至到期投资减值准备
9	1132	应收利息	24	1503	可供出售金融资产
10	1221	其他应收款	25	1511	长期股权投资
11	1231	坏账准备	26	1512	长期股权投资减值准备
12	1401	材料采购	27	1521	投资性房地产
13	1402	在途物资	28		投资性房地产累计折旧
14	1403	原材料			(累计摊销)

(续表)

顺序号	编号	科目名称	顺序号	编号	科目名称
一、资产类			56	2701	长期应付款
29	1531	长期应收款	57	2801	预计负债
30	1601	固定资产	58	2901	递延所得税负债
31	1602	累计折旧	三、所有者权益类		
32	1603	固定资产减值准备	59	4001	实收资本
33	1604	在建工程	60	4002	资本公积
34	1605	工程物资	61	4101	盈余公积
35	1606	固定资产清理	62	4103	本年利润
36	1701	无形资产	63	4104	利润分配
37	1702	累计摊销	四、成本类		
38	1703	无形资产减值准备	64	5001	开发成本
39	1711	商誉	65	5101	开发间接费用
40	1801	长期待摊费用	66	5301	研发支出
41	1811	递延所得税资产	五、损益类		
42	1901	待处理财产损溢	67	6001	主营业务收入
二、负债类			68	6051	其他业务收入
43	2001	短期借款	69	6101	公允价值变动损益
44	2101	交易性金融负债	70	6111	投资收益
45	2201	应付票据	71	6301	营业外收入
46	2202	应付账款	72	6401	主营业务成本
47	2203	预收账款	73	6402	其他业务成本
48	2211	应付职工薪酬	74	6403	税金及附加
49	2221	应交税费	75	6601	销售费用
50	2231	应付利息	76	6602	管理费用
51	2232	应付股利	77	6603	财务费用
52	2251	其他应付款	78	6701	资产减值损失
53	2401	递延收益	79	6711	营业外支出
54	2501	长期借款	80	6801	所得税费用
55	2502	应付债券	81	6901	以前年度损益调整

四、房地产开发企业开发成本项目

开发、经营商品房等建筑产品是房地产开发企业的基本经济活动,商品房等建筑产品的开发、创建过程是开发企业经营活动的中心环节。对于开发经营过程中企业产生的开发成本及费用,要进行认真、严格、专门的核算,以降低开发成本费用、加强经营管理、增强市场竞争力,为房地产开发企业创造更高的利润。对于房地产开发企业开发经营产品所发生的各项费用的处理,与工业企业生产费用的归集、分配步骤相类似,即首先要分清该费用是否应计入产品的开发成本;其次,对于应计入产品开发成本的费用,进行几种界限的划分,划分各月间的产品开发成本费用,以及划分开发成本和期间费用的界限;最后,对于应计入产品开发成本的费用分清各个成本计算对象,确认应计入的成本项目,计算出开发产品的开发成本。在进行产品开发成本项目的分配时,应贯彻受益原则,哪个产品开发项目受益,其费用就计入哪个开发项目成本;受益程度的大小与开发项目负担的费用多少应成正比。

(一) 房地产开发企业开发产品成本的构成

开发产品成本是指房地产开发企业在产品开发过程中所发生的各项费用支出。开发产品成本包括以下几个项目。

1. 土地使用权出让金

国家以土地所有者身份,将一定年限内的土地使用权有偿出让给土地使用者。土地使用者支付土地出让金的估算可参照政府前期出让的类似地块的出让金数额并进行时间、地段、用途、临街状况、建筑容积率、土地出让年限、周围环境状况及土地现状等因素的修正得到;也可依据所在城市人民政府颁布的城市基准地价或平均标定地价,根据项目所在地段等级、用途、容积率、使用年限等因素修正得到。

2. 土地征用及拆迁补偿费

土地征用费是指国家建设征用农村土地发生的费用,主要包括土地补偿费、劳动力安置补助费、水利设施维修分摊,青苗补偿费、耕地占用税、耕地垦复基金、耕地管理费等。农村土地征用费的估算可参照国家和地方有关规定进行。

拆迁安置补偿费是指国家和地方政府可以依据法定程序,将国有储备土地或已由企、事业单位或个人使用的土地出让给房地产开发项目或其他建设项目使用,因此给原用地单位或个人造成经济损失,由新用地单位按规定给予的补偿费用。

3. 前期工程费

(1) 项目的规划、设计、可行性研究所需费用。一般可以按项目总投资额的一定百分比估算。通常规划及设计费为建筑安装工程费的3%左右,水文地质勘探费可根据所需工作量结合有关收费标准估算。

(2) "三通一平"等土地开发费用,主要包括地上原有建筑物、构筑物拆除费用、场地平整费和通水、通电、通路的费用等。这些费用可以根据实际工作量,参照有关计费标准估算。

4. 建筑安装工程费

建筑安装工程费是指房地产开发企业在项目开发过程中,发生的各项建筑安装工程的支出费用,主要包括以自营方式开发建设,发生的列入开发项目工程施工预算的各项费用;或以出包方式开发建设,应支付给承包单位的开发项目的工程建筑安装费。

5. 基础设施费

基础设施费是指房地产开发企业在工程开发建设过程中,开发的各项基础设施的费用支出,主要包括开发建设小区内的供水、供电、供暖、照明、道路、环境卫生等工程的费用支出。

6. 公共配套设施费

公共配套设施费是指房产开发企业在开发经营过程中发生的可计入土地、房屋开发成本的不能有偿转让的公共配套设施费用,主要包括锅炉房、水塔、小轿车停车位、自行车棚、公共厕所等设施建设的费用支出。

7. 不可预见费

不可预见费包括基本预备费和涨价预备费。依据项目的复杂程度和前述各项费用估算的准确程度，以上述 1~6 项之和为基数，按 3%~5%计算。

8. 开发期间税费

开发项目投资估算应考虑项目在开发过程中所负担的各种税金和地方政府或有关部门征收的费用。在一些大中城市，这部分费用在开发建设项目投资构成中占较大比重，应根据当地有关法规标准估算。

9. 开发间接费用

开发间接费用是指房地产开发企业内部独立核算单位在开发现场组织管理开发产品而发生的各项费用。这些费用虽也属于直接为房地产开发而发生的费用，但它不能确定其为某项开发产品所应负担，因而无法将它直接计入各项开发产品成本。为了简化核算手续，将它先计入"开发间接费用"科目，然后按照适当的分配标准，将它分配计入各项开发产品成本，包括工资、职工福利费、折旧费、修理费、办公费、水电费、劳动保护费、周转房摊销等。

(二) 房地产开发费用

房地产开发费用是指与房地产开发项目有关的销售费用、管理费用和财务费用。根据现行财务会计制度的规定，这三项费用作为期间费用，按实际发生额直接计入当期损益。但在计算土地增值税时，房地产的开发费用并不是按照纳税人实际发生额进行扣除，应分情况扣除。

(三) 房地产开发企业的开发产品成本的分类

房地产开发企业的开发产品成本按其经济用途，可分为以下 4 类。

1. 土地开发成本

土地开发成本是指房地产开发企业开发土地(建设场地)所发生的建设费用支出。

2. 房屋开发成本

房屋开发成本是指房地产开发企业开发各种房屋(包括商品房、出租房、周转房、代建房等)所发生的各项费用支出。

3. 配套设施开发成本

配套设施开发成本是指房地产开发企业开发能有偿转让的配套设施及不能有偿转让、不能直接计入开发产品成本的公共配套设施所发生的各项费用支出。

4. 代建工程开发成本

代建工程开发成本是指房地产开发企业接受有关单位的委托，代为开发建设的工程，或参加委托单位招标，经过投标中标后承建的开发项目所发生的各种费用支出。

为了加强开发产品成本的管理，降低开发过程的耗费，提高企业经济效益，必须正确核算开发产品成本，在各个环节控制各项费用支出。

(四) 房地产开发企业开发成本的核算对象

开发产品成本核算对象是指在开发产品成本的计算中，为了归集和分配开发费用而确定的费用承担者。企业应根据其开发项目的特点及实际情况，按照下列原则，确定成本核算对象。

(1) 一般房屋或土地开发项目应以每一独立编制的设计概算或每一独立的施工图预算所列单项工程为成本核算对象。

(2) 同一开发地点、结构类型相同的群体开发项目，如果开、竣工时间相近，由同一施工单位施工的，可以并为一个成本核算对象。

(3) 对于个别规模较大、工期较长的开发项目，可以结合经济责任制的需要，按开发项目的一定区域和部位，划分成本核算对象。

(4) 对能转让的大配套设施项目，一般应以各配套设施项目作为成本核算对象；对不能有偿转让的大公共配套设施，可以将各配套设施作为成本核算对象，小配套设施可以与其他项目合并作为一个成本核算对象。

(5) 代建工程开发成本的核算对象，应视各项工程的实际情况进行确定。

成本核算对象应在开发项目开工前确定，一经确定不能随意改变。

五、账户设置和核算程序

(一) 账户设置

1. "开发成本"账户

"开发成本"账户用来核算房地产开发企业在土地、房屋、配套设施和代建工程在开发过程中所发生的各项开发费用，以及房地产开发企业对出租房屋进行装饰、增补室内设施而发生的出租房工程的支付费用。本账户的借方登记房地产开发企业各成本核算对象所发生的各项费用，如土地征用及拆迁补偿费、前期工程费、基础设施费和建筑安装工程费等。费用应在发生时直接计入有关的开发产品成本账户中，应由开发产品成本负担的间接费用，应先在"开发间接费用"账户中进行归集，到期末再按一定的分配标准，分别分配计入有关的开发产品成本中。本账户的贷方，登记结转房地产开发企业已开发完成并验收合格的土地、房屋、配套设施和代建工程的实际成本，以及对出租房屋进行装饰、增补室内设施已完工程的成本，期末借方余额反映企业在建开发项目的实际成本。本账户应按开发成本的种类设置明细账，如"土地开发成本""房屋开发成本""配套设施开发成本""代建工程开发成本"等，并在明细账下，按成本核算对象和成本项目进行明细核算。

2. "开发间接费用"账户

"开发间接费用"账户是用以核算房地产开发企业内部独立核算单位及开发现场管理机构，为开发产品而发生的各项间接费用的账户。其中主要包括开发建设项目人员的工资、福利费、折旧费、办公费、水电费、劳动保护费、周转房摊销费等。房地产开发企业行政管理部门(总部)为组织和管理生产经营活动而发生的管理费用，不在本账户核算。房地产开发企业发生的应计入产品开发成本的各项间接费用，计入该账户的借方，贷方登记分配转入的有关产品成本核算对象的各项间接费用，期末本账户无余额。该账户应按房地产开发企业内部不同的开发项目建设单位、部门(分公司)及开发现场设置明细账，进行明细核算。

(二) 核算程序

房地产开发企业产品成本的核算程序是指房地产开发企业核算开发产品成本时应遵循的步骤和顺序，其一般程序如下。

1. 归集开发产品费用

(1) 在产品开发中发生的各项直接开发费用，直接计入各成本核算对象，即借记"开发成本"总分类账户和明细分类账户，贷记有关账户。

(2) 为产品开发服务所发生的各项开发间接费用，可先归集在"开发间接费用"账户，即借记"开发间接费用"账户，贷记有关账户。

(3) 将"开发间接费用"账户归集的开发间接费用，按一定的方法分配计入各开发成本核算对象，即借记"开发成本"总分类账户和明细账户，贷记"开发间接费用"账户。

通过上述程序，应将计入各成本核算对象的开发费用，归集在"开发成本"中。

2. 计算并结转已完工开发产品实际成本

计算已完工开发产品从筹建至竣工验收的全部开发成本并将其结转进入"开发产品"账户，即借记"开发产品"账户，贷记"开发成本"账户。

3. 按已完工开发产品的实际功能和去向，将开发产品实际成本结转进入有关账户

借记"主营业务成本""分期收款开发产品""投资性房地产""周转房"等账户，贷记"开发产品"账户。

任务小结

房地产开发企业是我国国民经济发展的重要支柱产业，从国民经济体系划分，房地产开发企业属于第三产业，但是又具有从事建筑施工企业的第二产业的职能。房地产开发企业的主要经营业务范围是房产和地产的开发经营，具体包括4个方面：土地开发与经营，房屋的开发与经营，城市基础设施和公共配套设施的开发与建设，代建工程的开发与建设。开发产品成本包括以下几个项目：土地出让金、土地征用及拆迁补偿费、前期工程费、基础设施费、建筑安装工程费、公共配套设施费、开发间接费用。企业开发建设的场地，按其经济用途可分为两类：一类是为了有偿转让而开发的商品性建设场地，它是企业的产成品，需要单独计算土地开发成本；另一类是为了有偿转让而开发的建造商品房、周转房或出租房等而开发的自用建设场地，是半成品存货。房屋开发是房地产开发企业的主要经济业务，按开发目的的不同可以分为以下4类：为了销售而开发建设的商品房、为了出租经营而开发建设的出租房、为了安置被拆迁居民周转使用而开发建设的周转房、企业接受其他单位委托代为开发建设的代建房。

任务考核

一、填空题

1. 房地产开发企业的经营对象是房地产，房地产是(　　)和(　　)的统称。
2. 开发间接费用是指房地产开发企业内部独立核算单位在(　　)组织管理开发产品而发生的各项费用。
3. 房地产开发费用是指与房地产开发项目有关的(　　)、(　　)和(　　)。

二、选择题

1. 房地产开发企业会计的核算对象是(　　)。
   A. 土地　　　　　　　　B. 房屋
   C. 配套设施　　　　　　D. 整个房地产生产经营过程
2. 核算房地产开发企业在开发过程中发生的各项费用的成本类科目为(　　)。
   A. 生产成本　　B. 制造费用　　C. 开发成本　　D. 管理费用
3. 房地产开发企业的开发成本按经济用途可以分为(　　)。
   A. 房屋开发成本　　　　B. 土地开发成本

C. 代建工程开发成本　　　　　D. 配套设施开发成本

4. 以下属于地产开发项目的有(　)。
   A. 土地开发　　　　　　　　B. 地下供暖设施开发
   C. 地下排污设施开发　　　　D. 地下供热设施开发

5. 不可预见费包括(　)。
   A. 基本预备费　　　　　　　B. 土地预备费
   C. 材料预备费　　　　　　　D. 涨价预备费

6. 房地产企业开发土地，应设置的成本项目有(　)。
   A. 土地自用及拆迁补偿费　　B. 前期工程费
   C. 基础设施费　　　　　　　D. 配套设施费

7. 房地产开发企业开发完成的开发产品有(　)。
   A. 土地　　B. 房屋　　C. 配套设施　　D. 代建房屋

8. 房地产开发企业会计核算与其他会计核算相比具有(　)特点。
   A. 资金筹集渠道的多源性　　B. 资金占用形态的多元性
   C. 核算周期的长期性　　　　D. 商品销售的特殊性

 任务拓展

知识链接

建设商品房，其土地应当是国有土地；集体土地只能依法提供给本集体经济组织成员的农户使用(宅基地)。在集体土地上建设商品房必须事先办理征收手续，将集体土地转为国有土地。在农村集体土地上建设的房屋，未缴纳土地出让金等费用，其产权证不是由国家房管部门颁发的，俗称"小产权房"，不受法律保护。

关键词汇中英对照

开发成本　　　　　Housing Development Cost
开发间接费　　　　Development of Indirect Cost

任务二　开发成本的核算

 任务引入

"万丈高楼平地起，一砖一瓦皆根基"，每幢高楼大厦都要从平地修建起，必须要把基础打牢。在基础类型和基础基底面积不变的情况下，地基的深度是随着楼层高度的增加而增加的，每一栋大厦的崛起，关键在于地基的建设，地下商场、地下停车场都是地基的组成部分。因此，做房地产开发要先做好地产的开发。

一、土地开发成本核算

土地开发也称建设场地开发，是指对土地和地下各种基础设施进行开发建设，包括供水、供电、供气、供热、排水、排污等地下管线的铺设及地面道路的平整等。土地的开发过程不仅包括对原始形态的土地开发，还包括对城市原有旧土地的更新改造，全部或部分废除原有土地功能，使其再生新功能，是满足城市发展需要的土地再开发。

(一) 土地开发成本核算对象的确定

土地是一种自然资源，每一块土地因其所在地水文地质条件、工程地质条件的不同及土地用途的不同，其开发过程会有很大的差别。因此，确定土地开发成本的核算对象时，除了应遵循开发成本核算的一般原则外，还应结合本企业土地开发项目的具体情况，以有利于成本费用的归集和有利于土地开发成本的及时核算为原则来进行。

(1) 对于一般的土地开发，可以将每项独立的开发项目("地块")作为成本核算的对象。

(2) 对于开发面积比较大的土地，应分区域开发，并且对于开发工期比较长的土地，可以把一定区域作为成本核算的对象。

(二) 土地开发成本项目的设置

土地开发成本是房地产企业开发成本的一部分，其成本项目一般包括土地出让金、土地征用及拆迁补偿费、前期工程费、基础设施费和开发间接费用几个成本项目。在实际工作中，房地产开发企业对于土地开发，因设计要求不同，开发程度和内容也有所不同，有的土地开发项目只需对建设场地进行清理平整和对原建筑物、障碍物进行拆除等，即可达到设计要求；而有的还要进行地上地下各种管线、设施的铺设等。因此，就每一具体的土地开发项目而言，费用的发生情况并不完全相同，所涉及的成本项目也并非一致，所以要求企业在确定土地开发成本项目时，应根据土地开发费用的实际支出情况来选择相应的成本项目。

(三) 土地开发成本的归集与结转

企业开发的土地，按其经济用途可分为两类：一类是为了有偿转让而开发的商品性建设场地，它是企业的开发产品，需要单独计算土地开发成本；另一类是为了有偿转让开发的建造商品房、周转房或出租房等而开发的自用建设场地，它是企业的中间产品，其发生的土地开发成本最终应计入商品房、周转房、出租房等开发产品成本。

企业对于两种不同的建设场地，在归集土地开发成本时，应采用不同方法，具体如下。

(1) 企业开发的商品性建设场地所发生的费用，直接计入"开发成本——土地开发成本"明细账的成本项目中。

(2) 企业开发的自用建设场地所发生的费用，能够分清负担对象的，可以直接计入"开发成本——房屋开发成本"等开发明细账成本项目中，不必单独核算土地的开发成本。

(3) 企业开发的自用建设场地所发生的费用，若在该建设场地上进行两个或两个以上房屋和大型配套设施开发项目的建设，应先归集其发生的所有开发建设费用，计入"开发成本——土地开发成本"明细账的成本项目中，待土地开发完工交付使用时，再按照一定的分配标准，分别将其分配计入有关房屋和大型配套设施等开发产品成本中去。

(4) 对于企业在开发建设一块建设场地时，一部分属于商品性建设场地，一部分属于自用性建设场地，或者该土地未来的具体用途不明确的，一并视作商品性建设场地，单独计算该土地的开发建设成本。

(5) 对于企业在开发土地建设中发生的间接费用，先计入"开发间接费用"账户中，期末再按一定分配标准，分别分配结转到应由土地开发成本负担的成本项目中去。

土地开发成本应在"开发成本——土地开发成本"明细账中核算，采用按月结转，完工后结转成本的方法。对于已经开发完工的土地开发成本项目，应按其用途采取不同的方法进行结转。

(1) 对于企业为销售或有偿转让而开发的商品性建设场地，开发完工后，应将其实际成本转入"开发产品"账户，即计入"开发产品"账户的借方，贷记"开发成本——土地开发成本"账户。

(2) 对于企业自用的建设性场地，应在土地开发完成、投入使用时，将其实际成本结转到相关的开发产品成本中去，即计入"开发成本——房屋开发成本"账户的借方，贷记"开发成本——土地开发成本"账户。

(3) 对于企业自用的建设性场地，开发完工后近期暂时不使用的，应将其实际成本转入"开发产品"账户中，即计入"开发产品"账户的借方，贷记"开发成本——土地开发成本"账户。

分项平行结转法，就是将应结转的土地开发费用，按成本项目分别平行转入有关房屋开发成本的相关成本项目内，这种结转方法主要适用于改作自用的商业性建设场地的成本结转，因为原商业性建设场地的开发成本中归集了该场地应负担的全部费用。其会计分录如下。

借：开发成本——房屋——土地征用及拆迁费　　　　a_1
　　　　　　　　　　——前期工程费　　　　　　　a_2
　　　　　　　　　　——基础设施费　　　　　　　a_3
　　　　　　　　　　——建筑安装费　　　　　　　a_4
　　　　　　　　　　——配套设施费　　　　　　　a_5
　　　　　　　　　　——开发间接费用　　　　　　a_6
　　贷：开发成本——土地——土地征用及拆迁费　　a_1
　　　　　　　　　　——前期工程费　　　　　　　a_2
　　　　　　　　　　——基础设施费　　　　　　　a_3
　　　　　　　　　　——建筑安装费　　　　　　　a_4
　　　　　　　　　　——配套设施费　　　　　　　a_5
　　　　　　　　　　——开发间接费用　　　　　　a_6

归类集中结转法，就是将应结转的各项土地开发费用，归类合并为"土地征用及拆迁补偿费"和"基础设施费"两个费用项目，然后转入有关房屋开发成本的"土地征用及拆迁补偿费"和"基础设施费"成本项目。这种结转方法主要适用于自用建设场地成本的结转。因为自用建设场地一般不归集配套设施费和开发间接费用，所以为简化核算手续，可采用这种方法结转。其会计分录如下。

借：开发成本——房屋——土地征用及拆迁费　　　　a_1
　　　　　　　　　　——基础设施费　　　　　　　$a_2+a_3+a_4$
　　贷：开发成本——土地——土地征用及拆迁费　　a_1
　　　　　　　　　　——前期工程费　　　　　　　a_2
　　　　　　　　　　——基础设施费　　　　　　　a_3
　　　　　　　　　　——建筑安装费　　　　　　　a_4

【例5-1】甲房地产开发公司于2021年5月在梁园开发一块土地,占地面积40 000m²。开发完成后准备将其中的30 000m² 土地使用权对外转让,其余的10 000m² 企业自行开发商品房。假设梁园土地在开发过程中只发生了如下经济业务。

(1) 支付土地出让金25 000 000元,做会计分录如下。
借:开发成本——土地——梁园(土地征用及拆迁费)　　25 000 000
　　贷:银行存款　　　　　　　　　　　　　　　　　　25 000 000

(2) 支付拆迁补偿费5 500 000元,做会计分录如下。
借:开发成本——土地——梁园(土地征用及拆迁费)　　5 500 000
　　贷:银行存款　　　　　　　　　　　　　　　　　　5 500 000

(3) 支付勘察设计费210 000元,做会计分录如下。
借:开发成本——土地——梁园(前期工程费)　　　　　210 000
　　贷:银行存款　　　　　　　　　　　　　　　　　　210 000

(4) 支付土石方费用5 500 000元,做会计分录如下。
借:开发成本——土地——梁园(前期工程费)　　　　　5 500 000
　　贷:银行存款　　　　　　　　　　　　　　　　　　5 500 000

(5) 由某施工企业承包的地下管道安装工程已竣工,支付价款1 500 000元,做会计分录如下。
借:开发成本——土地——梁园(基础设施费)　　　　　1 500 000
　　贷:应付账款——××施工企业　　　　　　　　　　1 500 000

(6) 9月末,梁园土地开发工程完工。假设"开发成本——土地——梁园"账户归集的开发总成本为37 710 000元,则单位土地开发成本为942.75元/m²,其中自用的10 000m² 土地尚未投入使用,其余30 000m² 土地使用权已全部转让,月终结转本块土地的开发成本,做会计分录如下。
借:开发产品——土地——梁园　　　　　　　　　　　9 427 500
　　主营业务成本——土地使用权转让成本　　　　　　28 282 500
　　贷:开发成本——土地——梁园　　　　　　　　　37 710 000

【例5-2】续前例,若自用的10 000m² 土地在开发完成后立即投入房屋开发工程的建设中,则企业可采用下面两种方法结转土地开发成本。

(1) 采用归类集中结转法结转土地成本时,做会计分录如下。
借:开发成本——房屋——梁园(土地征用及拆迁费)　　7 625 000
　　　　　　　　　　——梁园(基础设施费)　　　　　1 802 500
　　贷:开发成本——土地——梁园(土地征用及拆迁费)　7 625 000
　　　　　　　　　　　　——梁园(前期工程费)　　　1 427 500
　　　　　　　　　　　　——梁园(基础设施费)　　　375 000

(2) 采用分项平行结转法结转土地成本时,做会计分录如下。
借:开发成本——房屋——梁园(土地征用及拆迁费)　　7 625 000
　　　　　　　　　　——梁园(前期工程费)　　　　　1 427 500
　　　　　　　　　　——梁园(基础设施费)　　　　　375 000
　　贷:开发成本——土地——梁园(土地征用及拆迁费)　7 625 000
　　　　　　　　　　　　——梁园(前期工程费)　　　1 427 500
　　　　　　　　　　　　——梁园(基础设施费)　　　375 000

二、房屋开发成本的核算

(一) 房屋开发的种类及成本核算对象

1. 房屋开发的种类

房屋开发是房地产开发企业的主要经济业务，其开发建设的房屋，按开发的目的不同可以分为以下4类：为了销售而开发建设的商品房；为了出租经营而开发建设的出租房；为了安置被拆迁居民周转使用而开发建设的周转房；企业接受其他单位委托代为开发建设的代建房。以上房屋虽然用途不同，但其所发生的开发费用的性质和用途大体相同，在成本核算上也可采用相同的方法。为了既能总体反映房屋开发所发生的支出，又能分门别类地反映企业各类房屋的开发支出，便于计算开发成本，在会计上除设置"开发成本——房屋开发成本"账户外，还应按开发房屋的性质和用途，分别设置"商品房""周转房""代建房"等三级账户，并按各成本核算对象和成本项目进行明细分类核算。

2. 房屋开发成本核算对象的确定

企业在房屋开发过程中发生的各项支出，应按房屋成本核算对象和成本项目进行归集。房屋的成本核算对象，应结合开发地点、用途、结构、装修、层高、施工队伍等因素加以确定。

一般房屋开发项目，以每一独立编制设计概算，或每一独立的施工图预算所列的单项开发工程为成本核算对象。

(1) 同一开发地点，结构类型相同的群体开发项目，开始和竣工时间相近，统一施工队伍施工的，可以合并为一个成本核算对象，开发完工算得实际开发成本后，再按各个单项工程预算数的比例，计算各幢房屋的开发成本。

(2) 对于开发规模较大、工期跨度较长、开发产品各异、装修标准不同的工程，可以结合项目特点和成本管理的需要，将工程划分成若干部位或区域，以分部位、分区域的子工程作为成本核算对象。如按区域可以将项目划分为南区、北区，按开发进度可以分为一期、二期项目，按产品形态可以分为写字楼、配套设施、别墅等。

(3) 同一项目中有公寓、写字楼等不同功能的，在按区域或期限划分成本核算对象的基础上，还应按照产品类型划分成本核算对象：同一区域、同一期有高层、多层、复式等不同结构的，还应按结构划分成本核算对象。

3. 房屋开发成本项目设置

企业在房屋开发过程中发生的各项费用支出，按照经济用途设置成本项目，如土地出让金、土地征用及拆迁补偿费、前期工程费、基础设施费、建筑安装工程费、配套设施费、开发间接费等。

(二) 房屋开发成本核算的归集

(1) 对于土地征用及拆迁补偿费、前期工程费、基础设施费等成本项目，开发房屋使用的建设场地所发生的土地成本应计入房屋开发成本。因此，在核算房屋开发成本时，需归集两部分费用，一部分是开发房屋使用建设场地所发生的土地开发费用；另一部分是开发建设房屋发生的费用。前一部分费用，在发生时能够分清负担对象的，可直接计入各房屋的开发成本；在发生时不能够分清负担对象的，应先归集为土地开发费用，计入"开发成本——土地开发成本"账户，待土地开发完工投入使用时，再分配计入有关房屋的开发成本。

(2) 对于建筑安装工程费，如果开发企业对建筑安装工程采用招标方式发包，并将几个工程一并招标发包，则在工程完工结算工程价款时，应按各项工程的预算造价的比例，计算它们的标价即实际建筑安装工程费用，计算公式为

某工程实际建筑安装工程费用＝工程标价×该项目预算造价/各项目工程预算造价合计

采用自营方式进行建筑安装工程施工的房屋开发项目，其发生的各项建筑安装工程支出，一般可直接计入有关房屋开发成本核算对象的"建筑安装工程费"成本项目，并计入"开发成本——房屋开发成本——某工程——建筑安装工程费"账户的借方和"原材料""应付职工薪酬""银行存款"等账户的贷方。如果开发企业自行施工大型建筑安装工程，可以设置"工程施工""施工间接费用"等账户，用来核算和归集各项建筑安装工程支出，月末将其实际成本转入"开发成本——房屋开发成本"账户，并计入有关房屋开发成本核算对象的"建筑安装工程费"成本项目。

【例5-3】沈阳隆昌房地产公司对两栋商品建筑安装工程进行招标，标价为10 000 000元，这两栋商品房的预算造价为101商品房9 000 000元、102商品房3 000 000元，预算造价共计12 000 000元。在工程完工结算工程价款时，计算各栋商品房的实际建筑安装工程费。

101商品房实际建筑安装工程费＝10 000 000×9 000 000/12 000 000＝7 500 000元
102商品房实际建筑安装工程费＝10 000 000×3 000 000/12 000 000＝2 500 000元

会计分录如下。

借：开发成本——房屋开发成本——101商品房—建筑安装　　7 500 000
　　　　　　——房屋开发成本——102商品房—建筑安装　　2 500 000
　　贷：应付账款——应付工程款　　　　　　　　　　　　　　10 000 000

(3) 在介绍配套设施费之前，我们先了解配套设施的相关概念。配套设施是指房地产开发企业根据城市市政建设规划的要求，或按照开发项目建设的要求，为满足居民居住的需求，与开发项目配套建设的各种服务性设施。房地产开发企业开发产品的配套设施可分为两大类。一类是在开发小区内开发的不能有偿转让的公共配套设施，如派出所、幼儿园、消防设施、锅炉房、水塔、公共厕所等。另一类是能有偿转让的城市规划中规定的大型配套设施项目，其中包括：开发小区内的营业性公共配套设施，如超市、银行、文体场馆、健身房、邮局等；开发小区内的非营运性公共配套设施，如中小学校、幼儿园、会馆、文化馆、医院等；开发小区外为居民服务的供电、供水、供暖、给排水的增容增压设施、交通道路等。

按照我国财务制度的有关规定，城市市政建设规划中的大型配套设施项目，不得计入商品房成本；不能有偿转让的开发项目内的公共配套设施发生的支出可以计入开发项目成本。

为了正确核算和反映企业开发建设中各种配套设施发生的支出，并准确计算房屋开发成本和各种大型配套设施的开发成本，对配套设施支出的归集可分为如下三种情况。

第一种情况，对能分清受益对象并直接计入某个成本核算对象的第一类不能有偿转让的配套设施支出，可直接计入有关房屋等开发成本，并在"开发成本——房屋开发成本——某房屋——配套设施"账户中归集其发生的支出。

第二种情况，对不能直接计入有关房屋开发成本的第一类不能有偿转让的配套设施支出，应先在"开发成本——配套设施开发成本"账户进行归集，于开发完成后再按一定标准分配计入有关房屋等开发成本，即计入"开发成本——房屋开发成本——某工程——配套设施费"账户的借方和"开发成本——配套设施开发成本"账户的贷方。

第三种情况，对能有偿转让的第二类大配套设施支出，应在"开发成本——配套设施开发成本"账户进行归集。在配套设施开发成本中核算的配套设施支出，只包括不能直接计入有关房屋等成本核算对象的第一类配套设施支出和第二类大配套设施支出。

此处所讲配套设施是指开发小区内不能有偿转让的公共配套设施。对配套设施与房屋等开

发产品不同步开发，或房屋等开发完成等待出售或出租，而配套设施尚未全部完成的，经批准后可按配套设施的预算成本或计划成本预提配套设施费，将它计入房屋等开发成本明细分类账的"配套设施费"项目，计入"开发成本——房屋开发成本——配套设施费"等账户的借方和"其他应付款"账户的贷方。因为一个小区的开发时间较长，有的需要几年，开发企业在开发进度安排上，有时先建房屋，后建配套设施，这样，往往出现房屋已经建成而有的配套设施可能尚未完成，或者是商品房已经销售，而幼托、消防设施等尚未完工的情况，这种房屋开发与配套设施建设的时间差，使得那些已具备使用条件并已出售的房屋应负担的配套设施费，无法按配套设施的实际开发成本进行结转和分配，只能以未完成配套设施的预算成本或计划成本为基数，计算出已出售房屋应负担的数额，用预提方式计入出售房屋等的开发成本。开发产品预提的配套设施费的计算公式为

某项开发产品预提的配套设施费＝该项开发产品预算成本(或计划成本)×
配套设施费预提率

配套设施费预提率＝该配套设施的预算成本(或计划成本)/应负担该配套设施各开发
产品的预算成本(或计划成本)×100％

应负担配套设施费的开发产品一般应包括开发房屋、能有偿转让在开发小区内开发的大型配套设施。预提数与实际支出数的差额，在配套设施完工时进行修正。

(4) 开发间接费用应先通过"开发间接费用"账户进行核算，每月终了，按一定标准分配计入各有关开发产品成本。应由房屋开发成本负担的开发间接费用，应自"开发间接费用"账户的贷方转入"开发成本——房屋开发成本"账户借方，并计入有关房屋开发成本核算对象的"开发间接费用"成本项目。

【例 5-4】 2021 年度，沈阳隆昌房地产公司对 A 栋商品房、B 栋商品房、C 栋出租房、D 栋周转房进行开发，发生了与房屋开发有关的经济业务(见表 5-2)。

表 5-2 房屋开发费用汇总

单位：万元

序号	费用项目	A栋商品房	B栋商品房	C栋出租房	D栋周转房	合计
1	支付土地出让金	100 000	80 000			180 000
2	支付拆迁费			75 000	75 000	150 000
3	应付设计单位基础设施期工程费	30 000	30 000	30 000	30 000	120 000
4	应付承包单位基础设施费	90 000	75 000	70 000	70 000	305 000
5	结算承包单位建筑安装工程费	600 000	480 000	450 000	450 000	1980 000
6	分配配套设施费(水塔)	80 000	65 000	60 000	60 000	265 000
7	预提配套设施费(托儿所)	80 000	72 000	64 000	64 000	280 000
8	分配开发间接费用	82 000	66 000	62 000	62 000	272 000

企业会计部门编制会计分录如下。

(1) 在用银行存款支付土地出让金时，会计分录如下。

借：开发成本——房屋开发成本——A 栋商品房　　　　100 000
　　　　　——房屋开发成本——B 栋商品房　　　　　80 000
　　贷：银行存款　　　　　　　　　　　　　　　　　180 000

(2) 支付拆迁费时，会计分录如下。

借：开发成本——房屋开发成本——C栋出租房　　　　75 000
　　　　　　——房屋开发成本——D栋周转房　　　　75 000
　　贷：开发成本——土地开发成本　　　　　　　　　　　　150 000

(3) 将应付设计单位前期工程款入账时，会计分录如下。

借：开发成本——房屋开发成本——A栋商品房　　　　30 000
　　　　　　——房屋开发成本——B栋商品房　　　　30 000
　　　　　　——房屋开发成本——C栋出租房　　　　30 000
　　　　　　——房屋开发成本——D栋周转房　　　　30 000
　　贷：应付账款——应付工程款　　　　　　　　　　　　120 000

(4) 将应付施工企业基础设施工程款入账时，会计分录如下。

借：开发成本——房屋开发成本——A栋商品房　　　　90 000
　　　　　　——房屋开发成本——B栋商品房　　　　75 000
　　　　　　——房屋开发成本——C栋出租房　　　　70 000
　　　　　　——房屋开发成本——D栋周转房　　　　70 000
　　贷：应付账款——应付工程款　　　　　　　　　　　　305 000

(5) 将应付施工企业建筑安装工程款入账时，会计分录如下。

借：开发成本——房屋开发成本——A栋商品房　　　　600 000
　　　　　　——房屋开发成本——B栋商品房　　　　480 000
　　　　　　——房屋开发成本——C栋出租房　　　　450 000
　　　　　　——房屋开发成本——D栋周转房　　　　450 000
　　贷：应付账款——应付工程款　　　　　　　　　　　　1 980 000

(6) 分配应由房屋开发成本负担的水塔配套设施支出时，会计分录如下。

借：开发成本——房屋开发成本——A栋商品房　　　　80 000
　　　　　　——房屋开发成本——B栋商品房　　　　65 000
　　　　　　——房屋开发成本——C栋出租房　　　　60 000
　　　　　　——房屋开发成本——D栋周转房　　　　60 000
　　贷：开发成本——配套设施开发成本——水塔　　　　　265 000

(7) 预提应由房屋开发成本负担的幼托设施支出时，会计分录如下。

借：开发成本——房屋开发成本——A栋商品房　　　　80 000
　　　　　　——房屋开发成本——B栋商品房　　　　72 000
　　　　　　——房屋开发成本——C栋出租房　　　　64 000
　　　　　　——房屋开发成本——D栋周转房　　　　64 000
　　贷：其他应付款——预提配套设施费(托儿所)　　　　280 000

(8) 分配应由房屋开发成本负担的开发间接费用时，会计分录如下。

借：开发成本——房屋开发成本——A商品房　　　　　82 000
　　　　　　——房屋开发成本——B商品房　　　　　66 000
　　　　　　——房屋开发成本——C出租房　　　　　62 000
　　　　　　——房屋开发成本——D周转房　　　　　62 000
　　贷：开发间接费用　　　　　　　　　　　　　　　　　272 000

注：水塔费用归集时，由于其有多个受益对象，因此核算时，会计分录如下。

```
借：开发成本——配套设施开发成本——水塔(各明细科目)    265 000
    贷：银行存款                                              265 000
```

【例5-5】 沈阳鑫苑房地产开发公司开发小区内的自行车棚的成本应由A、B栋商品房，C栋出租房，D栋周转房和F栋大型配套设施商店负担。由于自行车棚在商品房等完工出售、出租时尚未完工，为了及时结转完工的商品房等成本，应先将自行车棚配套设施费预提计入商品房等的开发成本。各项开发产品和自行车棚的预算成本如表5-3所示。

表5-3 鑫苑房地产开发公司开发小区开发项目预算成本

单位：元

配套设施	A栋商品房	B栋商品房	C栋出租房	D栋周转房	F栋商店	自行车棚
预算成本	10 000 000	9 000 000	8 000 000	8 000 000	5 000 000	3 200 000

预提自行车棚配套设施费计算如下。

自行车棚设施费预提率
=3 200 000÷(10 000 000+9 000 000+8 000 000+8 000 000+5 000 000)×100%=8%

各项开发产品预提自行车棚的配套设施费为

A栋商品房：10 000 000×8%=800 000元
B栋商品房：9 000 000×8%=720 000元
C栋出租房：8 000 000×8%=640 000元
D栋周转房：8 000 000×8%=640 000元
F栋大型配套设施商店：5 000 000×8%=400 000元

根据上述计算，编制会计分录如下。

```
借：开发成本——房屋开发成本——A栋商品房——配套设施      800 000
            ——房屋开发成本——B栋商品房——配套设施      720 000
            ——房屋开发成本——C栋出租房——配套设施      640 000
            ——房屋开发成本——D栋周转房——配套设施      640 000
            ——配套设施开发成本——F栋商店——配套设施    400 000
    贷：其他应付款——预提配套设施费                        3 200 000
```

按预提率计算各项开发产品的配套设施费时，其与实际支出数的差额，应在配套设施完工时，按预提数的比例，调整增加或减少有关开发产品的成本。

三、配套设施开发成本的核算成本

(一) 配套设施的种类和支出归集基本原则

这里的配套设施是指能有偿转让的第二类配套设施支出，不能直接计入有关房屋等成本核算对象的第一类配套设施支出和第二类配套设施支出，应在"开发成本——配套设施开发成本"账户进行归集，作为开发企业的一项开发产品来核算。

(二) 配套设施成本核算项目设置、归集与结转

配套设施的开发成本应设置如下成本项目：土地出让金、土地征用及拆迁补偿费、前期工程费、基础设施费、建筑安装工程费、配套设施费、开发间接费用。

企业开发的各项配套设施支出，应在"开发成本——配套设施开发成本"账户进行核算，并按成本核算对象和成本项目进行明细分类核算。对于发生的土地征用及拆迁补偿或土地出让金、前期工程费、基础设施费、建筑安装工程费等支出，可直接计入各配套设施开发成本明细分类账的相应成本项目，并计入"开发成本——配套设施开发成本"账户的借方和"银行存款""应付账款——应付工程款"等账户的贷方。对于分配的开发间接费用，应计入"开发成本——配套设施开发成本"账户的借方和"开发间接费用"账户的贷方。

【例5-6】沈阳鑫苑房地产开发公司根据建设规划要求，在开发小区内负责建设一间商店、一座水塔和一所幼托所，上述设施均发包给施工企业施工，其中商店建成后，有偿转让给商业部门。水塔和幼托所的开发支出按规定计入有关开发产品的成本。水塔与商品房等同步开发，幼托所与商品房等不同步开发，其支出经批准采用预提办法。上述各配套设施有关支出如表5-4所示。

表5-4 配套设施工程费用支付情况

单位：元

支出项目	商店	水塔	幼儿园	合计
支付征地拆迁补偿费	500 000	50 000	500 000	1 050 000
支付设计单位前期工程费	300 000	200 000	300 000	800 000
支付施工单位基础设施工程费	500 000	300 000	500 000	1 300 000
应付施工单位建筑安装工程费	2 000 000	2 450 000	1 900 000	6 350 000
合计	3 300 000	3 000 000	3 200 000	9 500 000

为商店分配水塔设施配套设施费350 000元，分配开发间接费用55 000元；预提商店应负担的幼托所设施配套设施费400 000元。企业财会部门编制会计分录如下。

(1) 用银行存款支付征地拆迁费时，会计分录如下。

借：开发成本——配套设施开发成本——商店　　　　500 000
　　　　　　　配套设施开发成本——水塔　　　　　 50 000
　　　　　　　配套设施开发成本——幼托所　　　　500 000
　　贷：银行存款　　　　　　　　　　　　　　　 1 050 000

(2) 用银行存款支付设计单位前期工程款时，会计分录如下。

借：开发成本——配套设施开发成本——商店　　　　300 000
　　　　　　　配套设施开发成本——水塔　　　　　200 000
　　　　　　　配套设施开发成本——幼托所　　　　300 000
　　贷：银行存款　　　　　　　　　　　　　　　　800 000

(3) 将应付施工企业基础设施工程款和建筑安装工程款入账时，会计分录如下。

借：开发成本——配套设施开发成本——商店　　　 2 500 000
　　　　　　　配套设施开发成本——水塔　　　　 2 750 000
　　　　　　　配套设施开发成本——幼托所　　　 2 400 000
　　贷：应付账款——应付工程款　　　　　　　　 7 650 000

(4) 分配应计入商店配套设施开发成本的水塔设施支出时，会计分录如下。

借：开发成本——配套设施开发成本——商店　　　　350 000
　　贷：开发成本——配套设施开发成本——水塔　　350 000

(5) 分配应计入商店配套设施开发成本的开发间接费用时，会计分录如下。

借：开发成本——配套设施开发成本——商店　　　　 55 000

| 贷：开发间接费用 | 55 000 |

(6) 预提应由商店配套设施开发成本负担的幼托所设施支出时，会计分录如下。

| 借：开发成本——配套设施开发成本——商店 | 400 000 |
| 贷：其他应付款——预提配套设施费 | 400 000 |

四、代建工程开发成本的核算

（一）代建工程成本核算对象确定及成本项目设置

代建工程是指开发企业接受委托单位的委托，代为开发的各种工程，包括土地、房屋、市政工程等。由于各种代建工程有着不同的开发特点和内容，在会计上也应根据各类代建工程成本核算的不同特点和要求采用相应的费用归集和成本核算方法。企业代委托单位开发工程，其所发生的支出，应通过"开发成本——代建工程开发成本"账户进行核算。

（二）代建工程开发成本的归集和结转

房地产开发企业发生的各项代建工程支出和对代建工程分配的开发间接费用，应计入"开发成本——代建工程开发成本"账户的借方和"银行存款""应付账款——应付工程款""原材料""应付职工薪酬""开发间接费用"等账户的贷方。同时，应按成本核算对象和成本项目分别归类计入各代建工程开发成本明细分类账。

完成全部开发过程并经验收的代建工程，应将其实际开发成本自"开发成本——代建工程开发成本"账户的贷方转入"开发产品"账户的借方，并在将代建工程移交委托代建单位，办妥工程价款结算手续后，将代建工程开发成本自"开发产品"账户的贷方转入"主营业务成本"账户的借方。

【例5-7】沈阳鑫苑房地产公司接受市政工程管理部门的委托，代为扩建开发小区旁边的一条道路，发生的有关会计业务如下。

(1) 本月用银行存款支付拆迁补偿费、前期工程费600 000元，应付基础设施和建筑安装费800 000元，分配的开发间接费用1 500 000元，编制会计分录如下。

借：开发成本——代建工程	2 900 000
贷：银行存款	600 000
应付账款	800 000
开发间接费用	1 500 000

(2) 上述的代建工程已竣工验收，结转已完工工程成本2 900 000元，应做如下会计处理。

| 借：开发产品——代建工程 | 2 900 000 |
| 贷：开发成本——代建工程 | 2 900 000 |

(3) 结算工程价款3 000 000元，应做如下处理。

借：银行存款	3 000 000
贷：主营业务收入——代建工程结算收入	3 000 000
借：主营业务成本——代建工程开发成本	2 900 000
贷：开发产品——代建工程	2 900 000

任务小结

房地产开发企业按开发产品的类型分别核算产品的成本，土地开发成本分商品性土地和自用性土地，凡能够分清受益对象的土地开发成本可直接通过开发成本——房屋开发成本进行归集，不能分清受益对象的费用通过开发成本——土地开发成本进行归集。房屋开发成本主要包括两部分内容，一是转入房屋开发成本的土地开发成本，二是房屋开发的建筑安装费、配套设施费等成本内容。配套设施总体分为能够出售和不能出售的两种类型，能够出售的配套设施单独归集成本，不能出售的配套设施费用归集分配记入房屋开发成本。

任务考核

一、填空题

1. 房地产开发企业开发产品的配套设施可分为两大类：一类是在开发小区内开发的(　　)的公共配套设施，另一类是(　　)的城市规划中规定的大型配套设施项目。
2. 企业开发的土地，按其经济用途可分为两类：一类是为了有偿转让而开发的(　　)建设场地，另一类是为了有偿转让开发的建造商品房、周转房或出租房等而开发的(　　)场地。
3. 归类集中结转法，就是将应结转的各项土地开发费用，归类合并为(　　)和(　　)两个费用项目。
4. 按预提率计算各项开发产品的配套设施费时，其与实际支出数的差额，应在配套设施完工时，按预提数的比例，调整增加或减少有关开发产品的(　　)。

二、选择题

1. 土地费用结转为房屋成本有以下(　　)方法。
   A. 分项平行结转　　　　B. 归类集中结转法
   C. 比例分摊法　　　　　D. 预算成本法
2. 预提配套设施费通过(　　)账户贷方核算。
   A. 应付账款　　　　　　B. 其他应付款
   C. 应收账款　　　　　　D. 其他应收款
3. 自营施工项目可设置(　　)科目归集费用，归集完成后转入开发成本。
   A. 工程施工　　　　　　B. 施工间接费用
   C. 生产成本　　　　　　D. 制造费用
4. 企业代委托单位开发工程，其所发生的支出，应通过"开发成本——(　　)"账户进行核算。
   A. 房屋　　　　　　　　B. 土地
   C. 配套　　　　　　　　D. 代建

三、综合测评

某房地产开发企业的 A 开发小区，在 2021 年度内共发生下列土地开发支出和有关土地开发结转经济业务。

(1) 用银行存款支付征地拆迁费 1 050 000 元。
(2) 应付设计单位前期工程款 250 000 元。
(3) 用银行存款支付建筑公司基础设施工程款 300 000 元。
(4) 上列各项土地开发支出，按各开发产品用地面积进行分配，各开发产品用地面积如下：A 商品房 4 000m²、B 商品房 6 000m²、C 出租房 4 000m²、D 商品性土地 20 000m²、E 自用土地 16 000m²。
(5) D 商品性土地应分配的开发间接费用为 80 000 元。

(6) D商品性土地和E自用土地开发完成并经验收，等待以后转让和用作房屋的建造。

(7) E自用土地根据规划设计要求，用于建造X商品房、Y出租房和Z周转房，自用土地开发成本按房屋用地面积进行分配，各栋房屋用地面积如下：X商品房 6 000m^2、Y出租房 6 000m^2、Z周转房 4 000m^2。

要求根据上列资料，为各项经济业务做出会计分录。

任务拓展

知识链接

预提配套设施费应注意的问题有：
(1) 配套设施为不可转让的公共配套设施；
(2) 必须与商品房非同步开发；
(3) 预提配套设施费需单独设立账户；
(4) 每项配套设施完工时逐项结转，而非全部配套设施完工再结转。

关键词汇中英对照

配套设施	Supporting Facilities
土地出让金	Land-transferring Fee
建筑安装费	Construction and Installation Cost
基础设施费	Infrastructure Fee

任务三　开发产品核算

任务引入

开发产品是指房地产开发公司开发、经营的产品，包括已经完成全部开发过程，并已验收合格，合乎设计标准，可以按照合同规定的条件移交购货单位的产品，或者可以作为商品对外销售的产品，如已开发完成的土地、房屋、配套设施和代建工程等。作为开发产品，其用途不仅仅是用于销售，还可能进行出租，或代其单位建设开发，以及作为安置被拆迁居民周转而开发等，因而开发产品的核算，不仅包括开发产品的增减核算，还会涉及分期收款的开发产品、周转房等开发产品的核算，不同的开发产品，应根据其具体情况分别进行核算。

沈阳隆昌房地产开发公司开发一品小区房屋已竣工验收，其中1号楼作为商品房销售中心自己使用，2号楼作为对青年大街进行改造工程安置被拆迁居民使用，3号楼作为商品房对外出售，销售价格为70 000 000元，假定每栋楼的开发成本均为50 000 000元，如何对这三栋房屋进行账务处理？

一、房地产开发企业"营改增"

2016年3月24日,财政部、国家税务总局向社会公布了《关于全面推开营业税改征增值税试点的通知》(财税〔2016〕36号),经国务院批准,自2016年5月1日起,在全国范围内全面推开"营改增"试点,房地产业全部营业税纳税人纳入此次试点范围,由缴纳营业税改为缴纳增值税。在中华人民共和国境内销售自己开发的房地产项目的企业,为增值税纳税人。房地产企业销售自己开发的房地产项目适用销售不动产税目;房地产企业出租自己开发的房地产项目(包括商铺、写字楼、公寓等),适用租赁服务税目中的不动产经营租赁服务税目和不动产融资租赁服务税目。房地产企业销售、出租不动产适用的税率均为11%,按照销售额和增值税税率计算并收取增值税税额。房地产开发企业中的一般纳税人销售其开发的房地产项目(选择简易计税方法的房地产老项目除外),以取得的全部价款和价外费用,扣除受让土地时向政府部门支付的土地价款后的余额为销售额。房地产老项目,是指《建筑工程施工许可证》注明的合同开工日期在2016年4月30日前的房地产项目。

房地产开发企业中的一般纳税人,销售自行开发的房地产老项目,可以选择适用简易计税方法,按照5%的征收率计税。房地产开发企业中的小规模纳税人,销售自行开发的房地产项目,按照5%的征收率计税。房地产开发企业采取预收款方式销售所开发的房地产项目,在收到预收款时,按照3%的预征率预缴增值税。

销售和出租不动产税率经过2018年和2019年两次下降后,现适用税率为9%。

二、开发产品的种类及核算

企业应设置"开发产品"账户来核算已完工开发产品。"开发产品"账户核算企业开发建造完工的产品的实际成本。其借方登记竣工验收开发产品的实际成本;贷方登记结转对外销售、转让和结算开发产品的实际成本。期末借方余额反映尚未销售、转让和结算的开发产品的实际成本。本账户应按开发产品的组成内容设置明细账户,并在明细账户下,按成本核算对象设置账页进行核算。在房地产开发企业竣工验收时,会发生开发产品的增加;在房地产开发企业出售、出租或者转让开发产品时,则会导致其开发产品的减少。在出售或有偿转让开发产品时,应在每月月末结转转让或销售开发产品的成本;结转时,借记"主营业务成本"账户,贷记"开发产品"账户。房地产开发企业的开发产品概括起来主要包括以下几类。

(一) 土地开发产品

土地开发产品指房地产开发企业为出租或有偿转让而开发经营的商品性建设场地。而企业为建设商品房、出租房等而开发经营的自用建设场地属于企业的中间产品,不能列入开发产品,但如果企业开发完工的自用建设场地近期不使用,也可以暂时视同最终产品。

(二) 房屋开发产品

房屋开发产品按其用途可以划分为4种:为销售而开发的商品房、为出租经营而开发建设的出租房、为安置被拆迁居民周转使用而开发建设的周转房、受其他单位委托代为开发的代建房屋。

(三) 配套设施开发产品

配套设施开发产品指属于市政建设规划中的大型配套设施,包括:开发项目外为居民服务的供电、供暖、供气、给排水的增容增压及道路交通配套设施等；开发项目内的经营性公共配套设施，如超市、银行、邮局等；开发项目内非经营性公共配套设施，如学校、医院、文化中心等。

(四) 代建工程开发产品

代建工程开发产品指接受了其他单位的委托，开发建设的各种工程，包括场地、房屋及其他工程等。

【例5-8】 沈阳鑫苑房地产开发公司，根据其开发的一品小区住宅楼竣工验收交接单，结转该开发产品的开发成本5 000 000元，编制会计分录如下。

借：开发产品——房屋　　　　　　　　　　　　5 000 000
　　贷：开发成本——房屋开发成本　　　　　　　　　　　5 000 000

【例5-9】 沈阳鑫苑房地产开发公司，将天通小区一幢已竣工验收的住宅楼出售，其销售实际成本为1 000 000元，编制会计分录如下。

借：主营业务成本　　　　　　　　　　　　　　1 000 000
　　贷：开发产品——房屋　　　　　　　　　　　　　　1 000 000

【例5-10】 沈阳鑫苑房地产开发公司，将已竣工验收的配套设施作为自己的商业用房，其实际成本为3 000 000元，编制会计分录如下。

借：固定资产　　　　　　　　　　　　　　　　3 000 000
　　贷：开发产品　　　　　　　　　　　　　　　　　3 000 000

三、分期收款开发产品的核算

分期收款开发产品是指房地产开发企业以分期收款的方式销售的开发产品。在全部款项收回之前，该开发产品全部或部分产权仍归属本企业。作为一项特殊的存货，企业应对分期收款开发产品进行单独的核算与管理。分期收款销售开发产品是一种赊销方式，如果企业采用这种方式销售开发产品，其实际成本将在开发产品移交购买单位或办妥分期收款销售合同时结转，并按合同的约定确认销售的同时结转当期的销售成本。

房地产开发企业应设置"分期收款开发产品"账户，用来核算以分期收款方式销售的开发产品的实际成本，企业以分期收款方式销售开发产品，在将开发产品移交购买单位或个人，或办妥分期收款销售合同时，应将商品房等开发产品的实际成本，借记"分期收款开发产品"账户，贷记"开发产品"账户。企业按合同规定的期限收取销售价款时(包括第一次收款)，借记"银行存款""应收账款"等账户，贷记"主营业务收入""应交税费账户"。同时，按收入与费用相配比的原则，根据当期应收回的价款(合同规定当期应收价款数额)占分期收款产品应收价款总额(全部售价)的比例，计算分期收款开发产品应结转的成本，借记"主营业务成本"账户，贷记"分期收款开发产品"账户。

【例5-11】 沈阳鑫苑房地产开发公司将已完工的一品小区某栋楼采用分期收款方式出售，总售价为3 000 000元，增值税270 000元，实际总成本2 200 000元。按照双方合同规定，价款分两次付清，房屋移交时支付70%，其余款项于第二年年底付清，应做如下分录。

(1) 在签订分期收款销售合同时，会计分录如下。

借：分期收款开发产品——一品小区　　　　　　2 200 000
　　贷：开发产品——房屋　　　　　　　　　　　　　2 200 000

(2) 首次收款时，会计分录如下。

借：银行存款(3 000 000×70%)   2 289 000
    贷：主营业务收入   2 100 000
       应交税费——应交增值税(销项税)   189 000

同时，

借：主营业务成本(2 200 000×70%)   1 540 000
    贷：分期收款开发产品——一品小区   1 540 000

(3) 在第二年底收回余款时，会计分录如下。

借：银行存款   981 000
    贷：主营业务收入   900 000
       应交税费——应交增值税(销项税)   81 000

借：主营业务成本   660 000
    贷：分期收款开发产品——一品小区   660 000

"分期收款开发产品"账户应按开发产品的销售对象设置明细账或设置"分期收款开发产品备查簿"，以便详细记录分期收款开发产品的坐落地点、结构、层次、面积、售价、成本、分期收款时间、价款及已收取价款和未收取价款等有关资料。

四、周转房的核算

房地产开发企业的周转房，是指用于安置被拆迁居民周转使用的各种房屋。其产权仍归开发企业所有，主要包括以下几类：①已有明确的文件或合同，表明该房屋为安置被拆迁居民使用的房屋；②搭建的，用于安置拆迁居民周转使用的临时性简易房屋；③企业已开发经营的开发产品，在未销售前被用于安置拆迁居民的房屋。

为了便于核算，应设置"周转房"账户核算安置拆迁居民周转使用的房屋的实际成本。本账户应设置"在用周转房"和"周转房摊销"两个明细账户，分别核算周转房的实际成本和损耗价值的摊销情况。

(一) 周转房增加的核算

企业开发建成的周转房，应在其竣工后，借记"开发产品"账户，贷记"开发成本"账户。明确作为周转房后，按其实际成本，借记"周转房——在用周转房"账户，贷记"开发产品"账户。

【例5-12】沈阳鑫苑房地产开发公司为安置新安小区的动迁居民，将其建造的2号楼作为周转房，实际成本为5 000 000元，根据房屋交付使用等凭证，做如下会计处理。

借：开发产品   5 000 000
    贷：开发成本   5 000 000
借：周转房——在用周转房   5 000 000
    贷：开发产品   5 000 000

(二) 周转房摊销的核算

周转房随着使用及自然力的侵蚀，会逐渐发生损耗而减少其价值，因此，应根据周转房的使用年限按月摊销其损耗价值。这部分损耗价值应作为开发期间的费用，计入土地、房屋的开发成本。周转房摊销额的基本计算公式为

$$月摊销率＝(1-估计净残值率)/(摊销年限×12)$$
$$月摊销额＝周转房账面原值×月摊销率$$

周转房损耗价值的摊销额，应在"周转房——周转房摊销"账户核算。每月计提的周转房摊销额，对能确定其为某项土地或房屋开发项目负担的周转房摊销额，应计入该土地或房屋发成本，借记"开发成本——土地开发"或"开发成本——房屋开发"账户，贷记"周转房——周转房摊销"账户。对于不能确定其为某项土地或房屋开发项目负担的周转房摊销额，应计入"开发间接费用"账户的借方和"周转房——周转房摊销"账户的贷方。

【例5-13】6月30日，沈阳鑫苑房地产开发公司计提2号楼周转房的摊销额为5 000元，做如下会计处理。

借：开发间接费用(或开发成本)　　　　　　　　　　　5 000
　　贷：周转房——周转房摊销　　　　　　　　　　　　　　5 000

(三) 周转房修理费用的核算

由于周转房是为了安置动迁居民，直接服务于某项开发项目，因此，周转房在使用过程中发生的修理费用，应作为有关开发项目的成本，按其实际发生的成本，借记"开发成本""开发间接费用"账户，贷记"银行存款""应付职工薪酬"等账户。如果发生的修理费用数额较大，可通过"待摊费用"账户进行归集，分次摊入有关开发项目的成本。

【例5-14】2号楼周转房发生修理费用50 000元，以银行存款支付，该费用分10个月摊销计入成本，应做如下会计处理。

支付费用时，会计分录如下。

借：待摊费用　　　　　　　　　　　　　　　　　　　50 000
　　贷：银行存款　　　　　　　　　　　　　　　　　　　　50 000

每月摊销修理费时，会计分录如下。

借：开发间接费用(或开发成本)　　　　　　　　　　　5 000
　　贷：待摊费用　　　　　　　　　　　　　　　　　　　　5 000

(四) 周转房改变用途对外销售的核算

与固定资产出售核算不同，改变用途对外销售的周转房，应视作开发产品对外销售处理。在销售成立时，借记"银行存款"或"应收账款"账户，贷记"主营业务收入"账户；同时，按其摊余价值，借记"主营业务成本"账户，按其已提累计摊销额，借记"周转房——周转房摊销"账户，按其原值，贷记"周转房——在用周转房"账户。

【例5-15】2号楼周转房使用20个月后，公司将其作为商品房对外销售(老项目)，销售收入为4 000 000元，增值税200 000元，已存入银行。该房累计摊销额为100 000元(5 000×20)，根据有关凭证，做如下会计处理。

根据售房结算账单和银行结算凭证，会计分录如下。

借：银行存款　　　　　　　　　　　　　　　　　　4 200 000
　　贷：主营业务收入　　　　　　　　　　　　　　　　4 000 000
　　　　应交税费——应交增值税(销项税)　　　　　　　 200 000

根据"周转房"有关明细账记录，会计分录如下。

借：主营业务成本　　　　　　　　　　　　　　　　2 900 000
　　周转房——周转房摊销　　　　　　　　　　　　　 100 000
　　贷：周转房——在用周转房　　　　　　　　　　　 3 000 000

五、商品房销售的处理

房地产开发企业营业收入，是指房地产企业对外销售、转让开发产品或材料，提供劳务，代建工程，出租开发产品及从事其他经营活动取得的收入。各种营业收入按其占企业全部营业收入的比重和是否经常发生，可以分为主营业务收入和其他业务收入两类。主营业务收入是指房地产开发企业从事主要经营活动所取得的收入，包括土地使用权转让收入、商品房销售收入、配套设施销售收入、代建工程收入等。其他业务收入是指房地产开发企业从事非主营业务活动所取得的收入，它具有每笔业务金额较小、不经常发生、在企业的全部营业收入中所占的比重较低等特点，包括商品房售后服务收入、材料销售收入、无形资产使用费收入、固定资产出租收入等。

(一) 转让、销售开发产品营业收入的确认

根据《企业会计准则第14号——收入》的规定，房地产开发企业转让销售开发产品，必须同时满足以下4个条件才能确认收入。

(1) 企业已将产品所有权上的主要风险和报酬转移给购买方。如买方已预付部分商品房价款，企业已开发建设完成，并办妥房屋产权手续、开出发票账单，说明商品房所有权上的主要风险和报酬已转移给了购买方，可以确认营业收入。如果买方验收时发现房屋有严重的质量问题，拒绝支付余款，要求退换或修理，在双方未达成一致意见之前，房屋所有权上的风险和报酬并未转移，在这种情况下，不能确认营业收入。

(2) 企业既没有保留通常与所有权相联系的继续管理权，也没有对已售出的商品实施控制。如房地产开发企业在销售开发产品时签订必须回购协议，或签订有选择性回购协议且回购可能性较大，这表明卖方仍对售出的开发产品实施控制，买方无权对该商品进行处置。因此，对这种销售行为，不能确认营业收入。但如果企业对售出的开发产品保留了与所有权无关的管理权(如物业管理权)，则商品房销售成立，可以确认营业收入。

(3) 与交易相关的经济利益能够流入企业。在销售开发产品的交易中，与交易相关的经济利益即为开发产品的售价，其是否有把握收回，是收入确认的一个重要条件。房地产开发企业在销售开发产品时，如果预计收回价款的可能性不大，即使收入确认的其他条件均已满足，也不能确认收入。

(4) 相关的收入和成本能够被可靠地计量。房地产开发企业采用预售方式销售房地产开发产品，在收到预收款时，虽然当期已发生纳税义务，但因销售的房地产开发产品正在开发建设过程中，无法确认相关的成本，因此，也不能确认营业收入。只有待房地产开发完毕，办妥交付手续，可以可靠地计量成本时，才能确认收入。

(二) 代建工程开发建造收入的确认

房地产开发企业接受委托，为其他单位代建的土地、房屋或其他工程，一般情况下应在竣工验收、办妥财产交接手续，并开具"代建工程价款结算账单"，经委托单位签证认可后，确认开发建造收入的实现。如果代建工程的规模较大、工期较长，在合同结果能够可靠估计的情况下，应按完工进度于每季末确认开发建造收入的实现。如果合同收入的收回存在不确定性，则不应当确认收入。

(三) 设置账户

为了总括核算和监督房地产开发企业主营业务收入的实现情况，以及与主营业务收入相配

比的成本结转和税金的计算情况，房地产开发企业应设置如下总分类账户。

1. "主营业务收入"账户

"主营业务收入"账户核算企业对外转让、销售开发产品等所取得的收入。企业实现的上述收入，应按实际价款记账，借记"应收账款""银行存款"等账户，贷记该账户。该账户应按经营业务收入的类别，如"土地使用权转让收入""商品房销售收入""配套设施销售收入""代建工程结算收入""出租产品租金收入"等设置明细账。

2. "主营业务成本"账户

"主营业务成本"账户核算企业对外转让、销售开发产品等应结转的成本。月份终了，企业应根据本月对外转让、销售和结算开发产品的实际成本，借记该账户，贷记"开发产品""分期收款开发产品"等账户。该账户也应按经营业务的种类设置明细账，如"土地使用权转让成本""商品房销售成本""配套设施销售成本""代建工程结算成本"。

3. "其他业务收入"账户

"其他业务收入"账户是根据收入确认准则确认的除主营业务收入以外的其他业务收入。按照其他业务的种类设置明细账户进行核算，如设置"商品房销售收入""无形资产转让收入""固定资产出租收入"等明细账户。

4. "其他业务成本"账户

"其他业务成本"账户用来核算企业发生的与其他业务收入相关的成本、费用、经营税金及附加等，包括销售材料的成本、出租固定资产的累计折旧、出租无形资产的累计摊销、出租包装物的成本或摊销额等。

(四) 房地产开发企业预售商品房核算

对于一般产品，生产企业需要在产品完工后进行销售，而房地产企业在商品房竣工验收前后均可以签订销售合同。根据国家有关法律法规，房地产开发企业按规定取得房地产预售许可证后，就可以上市预售房地产。所谓房地产预售，指房地产开发经营企业将正在建设中的房屋预先出售给承购人，由承购人支付定金或者房屋价款的行为。在日常生活中可以发现，不少商品房在没有正式完工、达到竣工验收交付的条件时就已销售完毕。在商品房尚未竣工验收时，不符合会计上收入确认条件，即使收到购房款，也不能确认为"主营业务收入"，而只能通过"预收账款"核算。

【例 5-16】沈阳鑫苑房地产开发企业进行某项目开发，本月收到购房户购房订金 5 000 万元，其中普通住宅为 2 500 万元，商铺为 2 500 万元。

借：银行存款　　　　　　　　　　　　　　　50 000 000
　　贷：预收账款　　　　　　　　　　　　　　50 000 000

只要在没有交付商品房钥匙之前，所有收到的购房款项全部计入"预收账款"，通常，工业产品生产企业在收到客户订金时不需要纳税，但房地产企业从事商品房的预售所收到的预收购房款，需要按税法规定纳税。收到预收购房款，按税法规定所缴纳的相关税金，在交付商品房钥匙之前(一般在交完购房全款，开具了商品房销售发票之后，才交付商品房钥匙)，除印花税外，全部计入"应交税费"有关具体税种项目下。

【例 5-17】承上例，假设该房地产开发企业销售商品房需要缴纳以下税款：3%的增值税(按收取的购房款总额计算)；以缴纳的增值税为基础缴纳 7%的城建税、3%的教育费附加和 2%的地方教育附加;按预收房款总额缴纳万分之五的印花税,同时按规定预缴土地增值税(普通住宅2%,商铺3%),其他税收暂不考虑。那么该房地产开发企业在次月15日前要到主管税务机关申报缴纳相关税收,并做如下会计处理。

  借:应交税费——应交增值税(已交税金)   1 500 000
    应交税费——应交城市维护建设税   105 000
    应交税费——应交教育费附加   45 000
    应交税费——应交地方教育附加   30 000
    应交税费——应交土地增值税   1 250 000
    管理费用——印花税   25 000
    贷:银行存款   2 955 000

  在交付钥匙之前,所有收到的预收购房款都按上述方法进行会计处理,达到交房条件时再从"预收账款"转入"主营业务收入"。

  【例5-18】 2021年8月底累计预收购房款22 000万元,2021年9月交付钥匙的商品房(均为普通住宅)补收购房款950 000元(这部分商品房之前有预收款6 000万元),假设交付钥匙的这部分商品房面积为12 190m^2,单位售价5 000元。

  借:银行存款   950 000
    贷:预收账款   950 000
  借:预收账款   60 950 000
    贷:主营业务收入   55 917 431.19
      应交税费——应交增值税(销项税) 5 032 568.81

  预收房款纳税时会计处理同上,假设整个项目从预售到交房过程,相关税率没有发生变化。对结转收入部分,必须将已缴的相应城市维护建设税、教育费附加、地方教育费附加和土地增值税转入"税金及附加",借记"税金及附加",贷记"应交税费"。

  【例5-19】 承上例,假设经具体的成本核算确定,该小区普通住宅单位成本为每平方米3900元,结转销售成本。

  借:主营业务成本   47 541 000
    贷:开发产品——商品房   47 541 000

(五) 房地产开发企业销售商品房核算

  【例5-20】 鑫苑房地产开发公司2021年6月发生如下经济业务。
  (1) 销售A商品房5套,建筑面积600m^2,每平方米售价6 000元,对外一次收款3 600 000元。房屋已经移交,并将发票账单提交买主,价款收讫存入银行,做会计分录如下。

  借:银行存款   3 600 000
    贷:主营业务收入——商品房销售收入 3 302 752.29
      应交税费——应交增值税(销项税) 297 247.71

  (2) 销售配套设施商店用房一套,销售价款1 500 000元。房屋已移交,发票已提交买主,同时收到买主开具并承兑的商业汇票,做会计分录如下。

  借:应收票据   1 500 000
    贷:主营业务收入——配套设施销售收入 1 376 146.79
      应交税费——应交增值税(销项税) 123 853.21

(3) 企业开发的商品性建设场地土地甲竣工验收合格，根据转让协议，将该土地5 000m² 移交市旅游局，协议规定的转让价格为每平方米1 200元，交接手续已办妥，款项尚未收到，做会计分录如下：

借：应收账款——市旅游局　　　　　　　　　6 000 000
　　贷：主营业务收入——土地转让收入　　　　　　5 504 587.16
　　　　应交税费——应交增值税(销项税)　　　　　495 412.84

(4) 月末，结转本期已售开发产品成本6 280 000元，其中，商品房2 180 000元，商店900 000元，土地3 200 000元，做如下会计分录。

借：主营业务成本——商品房销售成本　　　　2 180 000
　　　　　　　　——配套设施销售成本　　　　900 000
　　　　　　　　——土地使用权转让成本　　　3 200 000
　　贷：开发产品——商品房　　　　　　　　　　2 180 000
　　　　　　　　——配套设施(商店)　　　　　　900 000
　　　　　　　　——土地　　　　　　　　　　　3 200 000

任务小结

开发产品是指房地产开发公司开发、经营的产品，包括已经完成全部开发过程，并已验收合格，合乎设计标准，可以按照合同规定的条件移交购货单位的产品，或者可以作为商品对外销售的产品，如已开发完成的土地、房屋、配套设施和代建工程等。经国务院批准，自2016年5月1日起，在全国范围内全面推开"营改增"试点，房地产业全部营业税纳税人纳入此次试点范围，由缴纳营业税改为缴纳增值税。房地产开发企业的开发产品概括起来主要包括土地开发产品、房屋开发产品、配套设施的开发产品、代建工程开发产品。分期收款开发产品是指房地产开发企业以分期付款方式销售的开发产品，分期收款销售开发产品是一种赊欠方式。房地产开发企业的周转房，是指用于安置被拆迁居民周转使用的各种房屋。对于一般产品，生产企业需要在产品完工后才能进行销售，而房地产企业在商品房竣工验收前后均可以签订销售合同。房地产开发经营企业将正在建设中的房屋预先出售给承购人，由承购人支付的定金或者房价款只能通过"预收账款"核算。

任务考核

一、填空题

1. 房地产开发经营企业将正在建设中的房屋预先出售给承购人，由承购人支付的定金或者房价款，只能通过(　　)核算。
2. 周转房计提的摊销可以通过(　　)或(　　)科目进行核算。
3. 在交付钥匙之后，所有收到的预收购房款达到交房条件时再从"预收账款"转入(　　)。
4. 分期收款开发产品是指房地产开发企业以(　　)销售的开发产品，作为一项特殊的(　　)，企业应进行单独的核算与管理，分期收款销售开发产品是一种(　　)。
5. 周转房在使用过程中发生的修理费用，应作为有关开发项目的成本，按其实际发生的成本，借记(　　)或(　　)账户，贷记相关账户。
6. 如果周转房发生的修理费用数额较大，可通过(　　)账户进行归集，分次摊入有关开发项目的成本。

7. 所谓房地产预售，指房地产开发经营企业将(　　)预先出售给承购人，由承购人支付(　　)或者(　　)的行为。

8. 工业产品生产企业在收到客户订金时不需要纳税，但房地产企业从事商品房的预售所收到的(　　)，按税法规定缴纳相关税金。

二、选择题

1. 房地产开发企业开发完成的开发产品有(　　)。
   A. 土地　　　　B. 房屋　　　　C. 配套设施　　　　D. 代建房屋
2. 房地产开发企业应通过"税金及附加"科目核算的税金有(　　)。
   A. 营业税　　　B. 城市维护建设税　　C. 印花税　　　D. 所得税
3. 房地产开发企业应缴纳的税金包括(　　)。
   A. 增值税　　　B. 城市维护建设税　　C. 教育费附加　　D. 印花税

三、业务题

1. A 周转房屋开发完成，成本 360 万元，决定用于临时安置被拆迁居民，假定每月该周转房摊销金额为 1 万元，使用 5 个月后发生维修费 2 万元，10 个月后将该周转房对外出售，出售价为 500 万元。

2. 某地产公司对外转让开发完工土地，转让价格为 6 000 000 元，土地开发成本为 4 500 000 元，款项已收妥入账。

3. 对外销售一栋商品房，销售价格为 9 000 000 元，商品房成本为 6 000 000 元。收到的货款 5 000 000 元收妥入账，其余款项尚未收到。

4. 公司采取分期收款方式销售一栋商品房，款项分 4 期等额收回，商品房成本为 6 000 000 元，本期收到第一期款项为 2 000 000 元且存入银行。

四、综合测评

某房地产公司本月预收购房款 1 000 万元存入银行，收到交付钥匙房屋补交房款 100 万元，该批房屋已收房款 500 万元，假定该批房屋开发成本 400 万元，计算缴纳相关税金并进行会计核算。

知识链接

房地产商在预售商品房时应具备建设用地规划许可证、建设工程规划许可证、建筑工程施工许可证、国有土地使用证和商品房预售许可证，简称"五证"。

关键词汇中英对照

周转房	Temporary House
房屋预售	Forward House-Selling
分期收款	Instalment Payment
预收账款	Deposit Received
土地增值税	Increment Tax on Land Value

项目六　运输企业会计核算

能力目标

1. 能够根据满油箱制核算制度对燃料进行会计核算。
2. 能够根据铁路的管理模式办理内部往来结算。
3. 能够根据民用航空企业资产的特殊性完成资产配置的核算。

知识目标

1. 掌握燃料、轮胎的核算方法。
2. 掌握上下级往来核算方法。
3. 掌握完成运输收入进款核算方法。
4. 掌握机上供应品、航材消耗件、高价周转件、票证结算的核算方法。

素质目标

1. 培养学生根据企业性质灵活设置会计科目的能力。
2. 培养学生根据实物性质灵活选择核算方法的应变能力。

思政目标

1. 遵守规则，维护安全，构建和谐的社会主义核心价值观。
2. 了解高铁"高速"发展，培养学生爱国主义情怀。

项目六 运输企业会计核算

🔍 项目情境

中国陆地面积约 960 万平方千米，海域面积约 473 万平方千米，陆地边界线长达 2.28 万千米。长江全长约 6 300 千米，是中国最长的河流，也是中国东西水上运输的大动脉，素有黄金水道之美称。黄河是中国第二大河流，全长 5 464 千米，乃是中国古代文明的发祥地、中华民族的摇篮。中国还有一条著名的人工河——京杭大运河。在这片广袤的土地上，生活着大约 14 亿人。随着中国经济的发展，中国已经建立了密集的立体交通网，每逢佳节，异地工作的人可以选择航空、铁路、陆路等方式回家团聚，这也产生了中国特有的词汇——"春运"。为协调管理，2008 年 3 月 23 日，中华人民共和国交通运输部在北京建国门内大街 11 号挂牌，交通运输部是在原交通部的基础上组建的，中国民用航空局、国家邮政局等部门均在此次"大部制"改革中划归交通运输部管理。2013 年 3 月，实行铁路政企分开，组建国家铁路局，由交通运输部管理，承担原铁道部的其他行政职责，不再保留铁道部，因此运输企业包含了陆路运输、铁路运输、航空运输、邮政运输等多个传统运输企业。

运输企业运输过程集生产过程与销售过程于一体，因此运输成本即是销售成本，通过"主营业务成本(运输支出)"来核算生产成本。

🔍 会计核算流程图

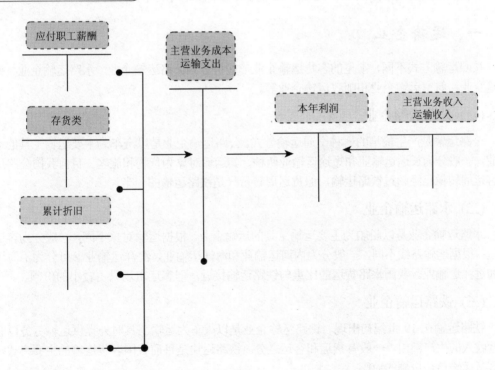

任务一 交通运输企业业务与财务核算

任务引入

运输企业是指利用运输工具专门从事运输生产或直接为运输企业生产服务的企业。运输企业处于流通过程的中间环节，是现代物流实现的基本手段，在国民经济中起着非常重要的作用。运输企业的主要业务就是提供客货运输，运输生产活动的结果是使得劳动对象发生空间位置上的转移，使旅客到达目的地、货物到达经销商或消费者手中。运输企业属于第三产业，它能够把社会再生产过程中的生产、分配和消费过程有机地结合在一起。与一般工商企业相比，运输企业的生产经营过程比较特殊，具有较强的个性。

2014年1月1日后，运输企业全面实行"营改增"，以前营业税纳税人采购材料物资进项税额全部构成采购成本，实行"营改增"后，进项税额可以抵扣销项税额，因此，进项税额不再作为材料物资的采购成本，可以凭票抵扣(增值税专用发票、海关缴款书、机动车销售统一发票、农产品收购发票)。目前，运输企业增值税税率经过两次降税，调整为9%。

一、运输企业

按照运输方式不同，常见的客货运输企业一般可分为公路运输企业、水路运输企业、铁路运输企业、航空运输企业和邮政运输企业等。

(一) 公路运输企业

公路运输是产生最早的一种交通运输方式。公路运输企业是以汽车为主要运输工具的运输企业，一般分为长途运输业和短途运输业两种，其运输对象为货物和旅客。目前我国公路运输的客运周转量已经超过铁路运输，但货运周转量只是铁路运输的一半。

(二) 水路运输企业

水路运输企业是以船舶为主要运输工具的运输企业。根据运输对象不同，一般分为客运和货运；根据运输路线不同，一般分为内河运输业和海洋运输业，海洋运输业又可分为沿海运输业和远洋运输业。我国水路货运的比重与铁路运输接近，但客运市场只占较小的份额。

(三) 铁路运输企业

铁路运输在19世纪初出现。铁路运输企业是以火车为运输工具对外提供运输劳务以获得经营收入的生产部门，一般有货运和客运之分。铁路运输是目前我国客货运输的主要方式，约占客货运输市场份额的40%。

(四) 航空运输企业

航空运输企业是以飞机为运输工具对外提供运输劳务以获得经营收入的生产部门，包括货运业和客运业两种。在几种运输方式中，航空运输出现得最晚，但发展得最快。在20世纪90年代中期，我国航空运输在客运中只占5%左右，而在2015年，这一比例已达22.8%，且处在持续的增长中。

(五) 邮政运输企业

邮政运输企业属于第三产业。邮政企业提供的是信息流的传递服务，在一般情况下，邮政企业的服务涉及两个和两个以上的邮政企业才能完成。邮政运输是在大部制改革背景下新划入交通运输部的运输企业，负责信件、包裹等物品的运输与传递，在电子商务快速发展的背景下，邮政运输越来越重要。

除此之外，管道运输业也属于运输企业，但它只从事特殊货物的运输，比如石油。财政部针对运输企业制定并颁布了 4 个会计制度，即《运输(交通)企业会计制度》《运输(铁路)企业会计制度》《运输(民用航空)企业会计制度》《邮电通信企业会计制度》，财政部财会〔2015〕3 号《关于公布若干废止和失效的会计准则制度类规范性文件目录的通知》并不涵盖这 4 个会计制度。运输企业生产过程就是消费过程，同工业企业相比具有自身的特殊性。运输企业与工业企业的生产经营特点比较如表 6-1 所示。

表 6-1 运输企业与工业企业的生产经营特点比较

运输企业的生产经营特点	工业企业的生产经营特点
生产过程具有流动性、分散性；除港口、车站卸装场地固定外，其整个运输生产的过程始终在一个广阔的空间内不断流动，且流动的方向很分散	一般是在一个固定厂房或工地内从事生产经营活动
在生产过程中不改变劳动对象(旅客和货物)的属性和形态，不创造新物质产品，只能改变其他空间位置	通过对劳动对象(原材料)等进行生产加工活动，不断创造新的物质产品
运输生产与消费同时进行；不生产有形产品，不储存产品，也不能转让产品，其运输生产过程就是产品消费过程；要提高经济效益，就要充分消费，提高载运率，避免回程空载	生产与消费不同时进行；生产有形产品，能储存产品，也能转让产品
运输生产过程中只消耗劳动工具(运输设备与工具)，不消耗劳动对象(原材料)；在生产过程中如果消耗了劳动对象，则意味着交通事故的发生	在工业企业生产过程中既消耗劳动工具(机器、设备等)，也消耗劳动对象
固定资产比重大，流动资产占用少；在流动资产中，原材料比重小，燃料、备品配件及轮胎等比重较大	在流动资产中，原材料比重较大
各种运输方式之间替代性较强	工业企业不同的生产经营活动的替代性较弱

二、运输企业会计的特点

运输企业会计是专门核算和监督运输企业生产经营活动引起的资金运动的行业会计。运输企业会计是一种特殊业务会计，它的适用性局限于那些对外提供各种运输服务以获得一定收入的企业。运输企业的特点决定了其会计具有与其他企业会计不同的特点。这些特点主要表现以下几个方面。

(一) 存货核算的独特性

由于运输企业持有存货不是为了生产或销售，而是为其开展的运输业务而服务。因此，与制造业、流通业企业相比，其存货所占的比重不大，而且存货中不包括制造业和流通业大量持有的原材料和库存商品等，而主要以燃料、轮胎及修理用备件为主，因而其核算具有一定的独特性。

(二) 成本结转的特殊性

因汽车运输企业的生产过程与销售过程是直接统一的，生产过程本身就是销售过程，生产过程的结束也是销售过程的结束，所以汽车运输企业在运输过程中发生的各项成本实际上就是"主营业务成本"，可以直接计入"主营业务成本"账户。在主营业务成本总账科目下设置"运输支出""装卸支出"等二级科目，在"运输支出"二级科目下设置"客运""货运"等三级账户进行核算。为了减少账户的层次，也可以直接将"运输支出""装卸支出"等直接设为一级科目，月末，再将"运输支出""装卸支出"等科目的发生额全部转入"主营业务成本"账户。

(三) 主营业务核算对象的多样性

运输企业的运输业务按运输方式划分，可分为公路运输、铁路运输、水路运输、民用航空运输、邮政运输和管道运输等。其中，公路运输又可分为长途运输和短途运输。此外，运输企业的装卸、堆存等业务也属于主营业务，对这些主营业务都需要设置专门的账户进行单独核算。

(四) 计量单位的特殊性

运输企业运输生产的结果是劳动对象的位移，这就决定了运输生产计量单位的特殊性。运输生产计量单位是货物与旅客的周转量。周转量的计量取决于两个因素：一是数量，即货物的重量和旅客的人次；二是距离，即位移的千米、海里等。因此，运输生产的计量单位为人/千米(海里)、吨/千米(海里)和换算吨/千米(海里)等。

(五) 收入结算的复杂性

运输企业取得运输业务收入的方式是向旅客发售客票和向货物托运人开出货票，同时收取票款。这种一手交票、一手收钱的方式是一种特殊的销售行为。由于运输企业生产点多线长、流动性大，其生产过程要经过许多部门、许多单位共同参与才能完成，因此就决定了其收入结算方式的多样化。运输企业既要在其营运区域或线路上设营业站、所、代办机构等，直接对外售票结算运费，并将其汇缴企业集中；还需要与其他运输企业对代理业务收入进行相互划转与清算。

三、交通运输企业存货的种类

交通运输企业存货，按其在运输生产中所起作用不同，可分为以下4类。

(一) 原材料

原材料指企业为维护、修理和保养其所拥有的各种运输设备、装卸机械等而储存的各种材料，包括各种消耗性材料、修理用备件(备品备件)、轮胎内胎、垫带、通信导航器材(水路运输企业)等。

(二) 燃料

燃料是交通运输企业中最重要的存货之一，指企业库存和车(船)存的各种液体燃料、气体燃料和固体燃料，以及可作为燃料使用的各种废料。燃料在存货中所占的比例较大。

(三) 轮胎

轮胎指汽车运输企业在库和在用的轮胎外胎。轮胎在汽车运输企业存货中所占的比例较大。

(四) 低值易耗品

低值易耗品指企业单位价值较低，使用年限较短，达不到固定资产的标准不作为固定资产核算的各种物品、工具等，如工具、修理用具、玻璃器皿，以及在经营过程中周转使用的包装容器等。

在上述几种存货中，原材料和低值易耗品的核算与工业企业的原材料和低值易耗品的核算方法基本相同，这里不再专门介绍。

四、燃料的核算

燃料包括固体燃料、液体燃料、气体燃料等。交通运输企业为核算各种用途的固体燃料、液体燃料、气体燃料及可作燃料使用的废料的成本，应设置"燃料"账户。"燃料"下可设两个二级账户，即"库存"明细账户和"车(船)存"明细账户。"库存"明细账户核算企业库存的各种燃料的增减及结存情况。

购入及验收入库的燃料同"原材料"账户的会计核算相近，在"燃料——库存"账户中进行核算，此处不再赘述。交通运输企业的燃料管理制度有两种，一种是满油箱制油耗管理制度，另一种是盘存制油耗管理制度。领用燃料的核算可结合不同企业的实际情况采用上述两种方法。

(一) 满油箱制油耗的核算

实行满油箱制的企业要求投入运营的车(船)，在每次加油时必须装满油箱，月末根据领油凭证计算出车(船)耗油的数额，以此考核车(船)耗油情况。

在满油箱管理制度下，企业可只设"燃料"总账，不设"库存"和"车(船)存"明细账。日常领用油时，领料部门只填制领油凭证，不用记账。在月初、月末车(船)都加满油的情况下，车(船)本月耗油的总数应该等于该车(船)本月领油凭证上每次领油的累积数。月末根据领油凭证计算出各个部门的耗油总数后，应借记"主营业务成本——运输支出——××车(船)""管理费用""其他业务成本"等账户，贷记"燃料"账户；实行计划成本核算的企业，还应在月末计算结转燃料的成本差异，借记"主营业务成本——运输支出——××车(船)""管理费用""其他业务成本"等账户，贷记"材料成本差异——燃料"账户(若实际成本小于计划成本用红字)。

【例6-1】沈通汽车运输企业实行满油箱油耗管理制度，本月验收入库燃料计划成本200 000元，实际成本203 000元，月末根据燃料发出汇总表(见表6-2)进行燃料核算，该企业采用计划成本核算，材料成本差异率为3%。

表6-2 燃料发出汇总

单位：元

领用单位或用途	计划成本
客运	50 000
货运	80 000
公司	10 000
销售	10 000
合计	150 000

(1) 燃料验收入库时,编制会计分录如下。

借:燃料	200 000	
材料成本差异	3 000	
贷:材料采购——燃料		203 000

(2) 月末,根据燃料发出汇总表,编制会计分录如下。

借:主营业务成本——运输支出——客车	51 500	
——货车	82 400	
管理费用	10 300	
其他业务成本	10 300	
贷:燃料		150 000
材料成本差异		4 500

(二) 盘存制油耗的核算

采用盘存制油耗管理制度管理燃料的企业,每一投入运营的车(船)都应根据实际需要领料加油,月末经盘存油箱的实存数后,计算出当月实际耗油数量。采用盘存制油耗管理制度时,企业应设置"库存"和"车(船)存"两个明细账户。领油时,根据领油凭证,借记"燃料——车(船)存"账户,贷记"燃料——库存"账户;月末,经过实际测量油箱的存油数后,计算出当月耗油的实际数量,借记"主营业务成本——运输支出""管理费用""其他业务成本"等账户,贷记"燃料——车(船)存"账户。采用计划成本核算的企业,月末还要计算并结转材料成本差异。采用盘存制油耗管理制度进行核算时,月末车(船)实际耗油数的计算公式为

当月实际耗油数＝月初车(船)存油数+本月领油料数－月末车(船)存油数

月初、月末车(船)实际存油数均需经过实际盘存,因为它是一个变量,而不是一个固定数。

【例6-2】沈通交通运输企业采用盘存制油耗的管理制度,本月验收入库燃料计划成本80 000元,实际成本80 800元,本月各部门耗用燃料如表6-3所示。

表6-3 燃料耗用计算汇总

领用单位或用途	本月领用/L	期初存油/L	期末存油/L	本期耗用/L	计划成本/(6元/L)	成本差异/%
客运	5 700	500	200	6 000	36 000	360
货运	5 800	800	600	6 000	36 000	360
公司	2 050	100	150	2 000	12 000	120
销售	1 000			1 000	6 000	60
合计	14 550	1 400	950	15 000	9 0000	900

根据上述资料,编制会计分录如下。

(1) 燃料验收入库时,会计分录如下。

借:燃料——库存	80 000	
材料成本差异	800	
贷:材料采购——燃料		80 800

(2) 车队领用油料时,会计分录如下。

借:燃料——车存	87 300	
贷:燃料——库存		87 300

(3) 月末结转本月实际耗用油料的成本时，会计分录如下。

借：主营业务成本——运输支出——客车　　　　　　36 360
　　　　　　　　　　　　　　　——货车　　　　　　36 360
　　管理费用　　　　　　　　　　　　　　　　　　　12 120
　　其他业务成本　　　　　　　　　　　　　　　　　 6 060
　　贷：燃料——车存　　　　　　　　　　　　　　　　　　90 000
　　　　材料成本差异　　　　　　　　　　　　　　　　　　　900

五、轮胎的核算

轮胎是汽车运输企业的重要部件，它一般包括外胎、内胎和垫带。因为汽车运输企业的轮胎尤其是外胎更换频繁，库存量大，所以汽车运输企业应单独设置"轮胎"账户来进行核算。

"轮胎"账户是资产类账户，它专门用来核算汽车运输企业轮胎(在库和在用)外胎的增减及结存数。购入的轮胎外胎验收入库时，计入该账户的借方；领用的轮胎外胎计入该账户的贷方；期末余额为库存的轮胎外胎。非汽车运输企业所有的在库轮胎外胎，可视同修理用零件，在"原材料"账户内核算。汽车运输企业所有的轮胎内胎及垫带，由于价值较低，可视为一般消耗性材料，在"原材料"账户内核算。"轮胎"账户应按轮胎外胎的保管地点(仓库)及轮胎外胎的类别、规格、品牌等进行在库轮胎外胎的明细核算。

轮胎的采购和入库的核算可比照"原材料"账户的核算方法进行。企业领用轮胎时，其核算方法有两种，即一次摊销法和按行驶胎千米数预提的核算方法。企业可以根据实际情况，采用上述方法之一来核算。

(一) 一次摊销法

一次摊销法，就是领用轮胎外胎时，一次将轮胎外胎的成本计入运输成本中去。企业运输成本的核算应通过"主营业务成本——运输支出"账户进行，领用轮胎时，借记"主营业务成本——运输支出"账户，贷记"轮胎"账户。采用计划成本核算的企业，月末还要计算并结转材料成本差异。

采用一次摊销法核算的企业，如果一次性领用轮胎的数量很大，也可以先将轮胎成本计入"其他应收款"账户中，然后再分次摊到运输成本中去，一般应在本年度内摊完。

【例6-3】沈通汽车运输企业2021年10月领用新轮胎外胎，外胎的计划成本为5 000元，应分摊的材料成本差异(超支差)为50元。根据有关资料，编制会计分录如下。

借：主营业务成本——运输支出　　　　　　　　　　5 050
　　贷：轮胎　　　　　　　　　　　　　　　　　　　　　5 000
　　　　材料成本差异——轮胎　　　　　　　　　　　　　　50

(二) 按行驶千米数预提的核算方法

这种核算方法的步骤具体如下。

(1) 月末，按照轮胎实际行驶里程和企业规定的胎千米摊销费用，计算并预提本月在用轮胎应负担的轮胎费用，其计算公式为

$$每月预提轮胎费用 = 本月轮胎行驶里程 \times 胎千米摊销费用$$

按每月预提的轮胎费用，借记"主营业务成本——运输支出"账户，贷记"其他应付款——预提轮胎费"账户。

(2) 当轮胎报废不能使用时，首先应按报废残值，借记"原材料"账户，贷记"主营业务成本——运输支出"账户，然后将报废轮胎的实际行驶里程与定额行驶里程做比较，如果实际行驶里程与定额行驶里程不相等，应调整运输成本。

调整运输成本的计算公式为

$$超驶或亏驶应调整的运输成本＝轮胎超驶或亏驶里程×胎千米摊销费用$$

当报废轮胎超驶里程时，应按上面计算结果冲减多预提的轮胎费用，借记"其他应付款——预提轮胎费"账户，贷记"主营业务成本——运输支出"账户。

当报废亏驶里程时，应按上面计算的结果补提少预提的轮胎费用，借记"主营业务成本——运输支出"账户，贷记"其他应付款——预提轮胎费"账户。

(3) 领用新轮胎时，应按新轮胎的价值冲减该轮胎已经预提的轮胎费用，借记"其他应付款——预提轮胎费"账户，贷记"轮胎"账户。按计划成本核算的企业，月末还应按领用新轮胎的计划成本，计算出应负担的材料成本差异，直接计入运输成本，借记"主营业务成本——运输支出"账户，贷记"材料成本差异"账户 (超支差用蓝字，节约差用红字)。

(4) 汽车不能使用报废时，应计算并冲减第一套轮胎的预提费用，借记"其他应付款——预提轮胎费"账户，贷记"主营业务成本——运输支出"账户。

【例6-4】沈通汽车运输企业本月发生如下经济业务。
(1) 领用新轮胎，计划成本为60 000元。
(2) 月末计算出本月领用新轮胎应负担的材料成本差异为2 800元(超支差)。
(3) 本月报废轮胎残值800元，已验收入库，经计算报废轮胎亏驶里程应补提费用为1 100元。
(4) 月末计算出本月应预提的轮胎费用为11 000元。
根据上述资料，应编制会计分录如下。
领用新轮胎时，按新轮胎价值，编制会计分录如下。
　借：其他应付款——预提轮胎费　　　　　　　60 000
　　　贷：轮胎　　　　　　　　　　　　　　　　　　　60 000
月末，结转新轮胎应负担的材料成本差异时，编制会计分录如下。
　借：主营业务成本——运输支出　　　　　　　2 800
　　　贷：材料成本差异　　　　　　　　　　　　　　　2 800
报废轮胎残料入库时，编制会计分录如下。
　借：原材料——其他材料　　　　　　　　　　800
　　　贷：主营业务成本——运输支出　　　　　　　　　800
补提报废轮胎亏驶里程运输费用时，编制会计分录如下。
　借：主营业务成本——运输支出　　　　　　　1 100
　　　贷：其他应付款——预提轮胎费　　　　　　　　　1 100
预提本月轮胎费用时，编制会计分录如下。
　借：主营业务成本——运输支出　　　　　　　11 000
　　　贷：其他应收款——预提轮胎费　　　　　　　　　11 000

汽车运输企业，无论采用上述哪种核算方式，都应加强对再用轮胎的管理，核定车队周转轮胎数量定额，定期盘点，实行交旧领新措施，建立和健全单胎里程记录。轮胎在清查盘点时，若发现有盘盈、盘亏或损毁的情况，应按实际成本，估计价值或计划成本，先计入"待处理财产损溢"账户，待查明原因后，再进行处理。

六、运输收入与增值税账务处理

在增值税下,作为一般纳税人的企业,其应纳税额是根据销售额和进项税额计算确定的,最显著的特征是凭票抵扣进项税额。如果纳税人未能取得符合规定和要求的进项税额抵扣凭证,那么就需承担较高的增值税税负,就会多缴纳相当的增值税税款。因此,交通运输企业必须做好经营模式与会计核算模式的转变与调整。要改变不要发票而按合同支取承包费的问题;其一,与中石油、中石化等燃料供应单位联系办理统一的加油卡,并取得增值税专用发票,同时规定公司承包经营的车辆必须到中石油、中石化所属加油站加油,进而改变企业加油不能取得增值税专用发票的问题,以便增大增值税进项税额的抵扣;其二,与相关汽车修理、修配单位联系,选择最佳、最优的汽车修理单位,在确定价格的同时,与相关企业签订较长期限的合作合同,并要求驾驶人员在规定的汽车维修单位进行车辆的维修。如此,基本上可以解决目前车辆维修不能取得增值税专用发票的问题。

一般纳税人在国内购进货物、接受应税劳务和应税服务的,取得专用发票或取得增值税扣税凭证,按税法规定符合抵扣条件可在本期申报抵扣的进项税额,借记"应交税费——应交增值税(进项税额)"科目,按应计入相关项目成本的金额,借记"材料采购""商品采购""原材料""制造费用""管理费用""营业费用""固定资产""主营业务成本""其他业务成本"等科目,按照应付或实际支付的金额,贷记"应付账款""应付票据""银行存款"等科目。

【例6-5】2021年8月,沈通汽车运输企业从中国石油公司购买汽油10 000升,每升汽油含税价格为7.91元。

借:材料采购   70 000
　　应交税费——应交增值税(进项税额)   9 100
　　贷:银行存款   79 100

【例6-6】2021年8月,沈通汽车运输企业本月委托上海B公司一项运输业务,取得B企业开具的货物运输业增值税专用发票,价款200 000元,注明的增值税税额为18 000元。沈通汽车运输企业取得B企业货物运输业增值税专用发票后的会计处理如下。

借:主营业务成本   200 000
　　应交税费——应交增值税(进项税额)   8 000
　　贷:应付账款——B公司   218 000

【例6-7】沈通汽车运输企业接受兴隆商贸公司委托,将一批货物从甲地运输至乙地,运费为3 000 000元;沈通汽车运输企业将部分货物委托明睿运输公司运送,约定的运费为1 200 000元,相互间通过银行存款结算。三家公司均为一般纳税人,相互间的票据是货物运输业增值税专用发票。假设本月沈通汽车运输企业与明睿公司没有其他增值税的进项与销项,明睿公司开出货物运输业增值税专用发票,会计处理如下。

借:应收账款——沈通   1 200 000
　　贷:应交税费——应交增值税(销项税额)   99 082.57
　　　　主营业务收入   1 100 917.43

沈通公司收到货物运输业增值税专用发票,会计处理如下。

借:主营业务成本   1 100 917.43
　　应交税费——应交增值税(进项税额)   99 082.57
　　贷:应付账款——明睿公司   1 200 000

沈通公司开出货物运输业增值税专用发票,会计处理如下。
借:应收账款——兴隆　　　　　　　　　　　　3 000 000
　　贷:应交税费——应交增值税(销项税额)　　　　247 706.42
　　　　主营业务收入　　　　　　　　　　　　　2 752 293.58

【例6-8】 承上例,如果明睿公司为小规模纳税人,则会计核算如下。
明睿公司开出货物运输业增值税专用发票,会计处理如下。
借:应收账款——沈通　　　　　　　　　　　　1 200 000
　　贷:应交税费——应交增值税(销项税额)　　　　34951.46
　　　　　　　　　　　　　　　　　　　　　(1 200 000÷(1+3%)×3%)
　　　　主营业务收入　　　　　　　　　　　　　1 165 048.54
沈通公司收到货物运输业增值税专用发票,会计处理如下。
借:主营业务成本　　　　　　　　　　　　　　1 116 000
　　应交税费——应交增值税(进项税额)　　84 000(1 200 000×7%)
　　贷:应付账款——明睿公司　　　　　　　　　　1 200 000
沈通公司开出货物运输业增值税专用发票,会计处理如下。
借:应收账款——兴隆　　　　　　　　　　　　3 000 000
　　贷:应交税费——应交增值税(销项税额)　　　　247 706.42
　　　　　　　　　　　　　　　　　　　　　(3 000 000÷(1+9%)×9%)
　　　　主营业务收入　　　　　　　　　　　　　2 752 293.58

七、营业成本的核算

交通运输企业经营业务核算对象的多样性,决定了交通运输企业营业成本核算的复杂性,下面主要介绍汽车公路运输企业营业成本核算。

(一) 交通运输企业成本核算的特点

交通运输企业作为国民经济的一个特殊产业,由于其生产特点与工业企业不同,所以其成本核算与工业企业也有所区别(见表6-4)。

表6-4　交通运输企业成本核算与工业企业成本核算的区别

区　别	交通运输企业	工业企业
成本的构成不同	由于不创造实物产品,不消耗劳动对象,因此其营运成本中无原材料,主要是由运输工具和运输设备的折旧费、修理费、燃料费及营运间接费用构成	工业企业产品成本中,原材料的比重较大
成本与完成业务量的关系不同	营运成本与其完成的客货周转量没有直接的关系,营运成本的大小主要取决于营运距离的长短	产品成本与产量有着直接关系,产量对产品成本来说是一个敏感因素
成本核算对象不同	成本核算对象很复杂,不同类型的企业成本核算对象不同;一般情况下,交通运输企业的运输业务以货运和客运作为成本核算对象	主要以产品的品种作为成本核算对象
成本计算的单位不同	其成本计算单位是周转量,主要有吨·千米、人·千米、人·海里、吨·海里等	其成本计算单位是产品的产量

(续表)

区　　别	交通运输企业	工　业　企　业
成本计算期不完全相同	成本计算期一般也采用月历制,但从事海洋运输的航运企业,由于其活动范围广、航行距离长,为适应企业管理的需要,可以航次作为成本计算期	工业企业的成本计算期一般采用月历制

(二) 交通运输企业成本对象的确定

交通运输企业的成本核算对象很复杂,不同的企业,经济业务不同,其成本核算对象也有所区别。本章以汽车运输企业为例加以说明。汽车运输企业从事的主要业务是运输业务和装卸业务,此外还有少量的其他业务,如堆存业务、代理业务等。

1. 运输业务的成本核算对象及成本计量单位

汽车运输企业一般以客车运输和货车运输作为成本核算对象。在车型类别比较复杂的汽车运输企业中,还可按耗用不同燃料、不同品牌型号的客车运输和货车运输作为成本核算对象。对于特种型车、集装箱专用车、冷藏车、罐车等运输业务,可单独作为成本核算对象。

2. 装卸业务的成本核算对象及成本计量单位

汽车运输企业的装卸业务有机械装卸和人力装卸等不同种类。汽车运输企业一般以机械装卸和人力装卸作为装卸业务的成本核算对象,装卸成本的计算单位是操作吨或千操作吨。

3. 其他业务的成本核算对象

汽车运输企业除运输与装卸外,还有堆存业务、客货运代理业务、旅客服务业务、集装箱服务业务等其他业务。对这些业务,企业可按每种业务的种类作为成本核算对象,分别计算每种业务的成本。辅助生产成本是指汽车运输企业的辅助生产部门进行产品生产和供应劳务所发生的辅助生产费用。

(三) 会计账户的设置

1. "主营业务成本"账户

"主营业务成本"账户是损益类账户。它核算交通运输企业经营运输、装卸、堆存、代理及港务管理等业务所发生的各项费用,需设置以下明细账户。

(1) 运输支出,用来核算汽车运输企业和沿海、内河、远洋运输企业经营旅客、货物运输公司业务所发生的各项费用支出。借方登记运输业务所发生的各项费用,贷方登记期末转入"本年利润"账户的本期运输支出的实际发生额;结转后,本账户一般无余额。

(2) 装卸支出,用来核算汽车运输企业和沿海、内河港口企业经营装卸业务所发生的各项费用支出。借方登记装卸支出的全部发生额,贷方登记月末转入"本年利润"账户的全部装卸支出;结转后,本账户一般无余额。

(3) 堆存支出,用来核算企业经营仓库和堆场业务所发生的费用支出。借方登记堆存支出的全部发生额;贷方登记月末转入"本年利润"账户的全部堆存支出;结转后,本账户一般无余额。

(4) 代理业务支出,用来核算企业经营各种代理业务所发生的各项费用。借方登记各项代理业务发生的支出,包括工资、职工福利费、材料、低值易耗品摊销、折旧费、水电费、修理费、租赁费、差旅费、取暖费、劳动保护费等;贷方登记月末转入"本年利润"账户的数额;结转后,本账户无余额。

(5) 其他支出,用来核算企业经营的不属于上述业务的其他主要业务所发生的费用。当企业发生不能直接计入上述不同成本项目的费用时,借记本账户(运费支出、装卸支出、堆存支出、代理业务支出、港务管理支出、其他支出),贷记"原材料""银行存款""预付账款"等账户;期末将本账户余额转入"本年利润"账户。

2. "其他业务成本"账户

"其他业务成本"账户是损益类账户。该账户核算企业除营运业务以外的其他业务所发生的各项支出,包括相关的成本、费用等。该账户应按其他业务种类设置二级明细账户,并按规定的成本项目进行明细核算。企业经营其他业务种类所发生的各项支出,应按成本核算对象和规定的成本项目予以归集。能直接计入的支出,借记"其他业务成本"账户,贷记有关账户;不能直接计入的,可先在"营运间接费用""辅助营运费用"等账户核算,月末,再分别计入各成本核算对象。期末应将"其他业务成本"账户的余额转入"本年利润"账户,结转后该账户无余额。

3. "辅助营运费用"账户

"辅助营运费用"账户是成本类账户。本账户核算航运企业、港口企业发生的辅助船舶费用和企业其他辅助生产部门生产产品、提供劳务所发生的辅助生产费用,包括工资、福利费支出、燃料、折旧费用、劳动保护费、事故损失费。发生辅助营运费用时,借记本账户,贷记"应付职工薪酬""燃料""原材料""银行存款""营运间接费用"等账户。月末,按照规定的分配标准由各项受益业务的对象负担时,借记"主营业务成本——运输支出""主营业务成本——装卸支出""主营业务成本——堆存支出""主营业务成本——港务管理支出""其他业务成本""在建工程"等账户,贷记本账户。本期账户期末一般应无余额。若有余额,则反映从事工业性产品生产的辅助生产部门期末尚未完工的产品成本。

4. "营运间接费用"账户

"营运间接费用"账户是成本类账户。本账户核算企业日常生产经营过程中所发生的,应由所经营业务承担的不能直接计入有关营运业务成本的各种间接费用,如实行内部独立核算单位船队或码头的作业区管理费用、装卸队费用、自营港埠费用、船员管理部门费用等。企业行政管理部门发生的管理费用和企业辅助生产部门发生的辅助营运费用不通过本账户核算。本账户应按照发生费用的不同部门设置明细账户,并分别按工资、职工福利费、燃料、材料、低值易耗品、折旧费、修理费、办公费、水电费、业务费、差旅费等费用项目,设置专栏进行明细核算。企业应于各项营运间接费用发生时,借记本账户,贷记"库存现金""银行存款""原材料""应付职工薪酬""累计折旧"等账户。期末,将本期实际发生数在有关受益对象间进行分配,本账户期末应无余额。

(四) 营业成本的核算

交通运输企业的营运成本主要有运输成本、装卸成本和堆存成本,其核算方法各有不同,这里主要介绍运输成本的核算。运输成本是指企业为完成一定的客货运输任务而发生的各项成本。在交通运输企业中,汽车运输企业、内河运输企业及远洋运输企业都需按月、按季或按年计算运输成本。由于这几类企业的生产经营特点不同,因此它们的运输成本核算方法也不尽相同。本节只介绍汽车运输企业成本核算。汽车运输企业运输成本的核算可分为以下三个步骤进行。

(1) 明确成本核算对象。汽车运输企业可以客货运输业务、单车等作为成本核算对象。

(2) 设置成本项目。汽车运输企业的成本项目主要有：①车辆费用，指车辆从事运输生产中发生的各项费用，包括工资、职工福利费、燃料、材料费用、折旧费、修理费、养路费、车船使用税、行车事故损失及其他。②车队车站费用，指车队车站为管理和组织运输生产所发生的各项费用，包括工资、职工福利费、折旧费和修理支出等。

(3) 按成本核算对象及成本项目设置多栏式明细账，进行成本核算。企业运营中发生的车辆费用及车队车站费用，直接或经分配后计入有关成本核算对象的成本项目内。月末，"运输支出"账户借方总额减去与运输支出无关的费用后即为本期汽车运输总成本。

【例6-9】 沈通汽车运输公司以汽车种类作为成本核算对象，2021年9月成本核算资料如表6-5所示。

表6-5 工资和福利费汇总

编制单位：沈通汽车运输公司　　　2021年9月　　　　　　　金额单位：元

项目	客车队		货车队		修理厂	车站人员	公司管理人员	合计
	车队工人	管理人员	车队工人	管理人员				
工资总额	50 000	10 000	50 000	5 000	15 000	2 500	7 500	140 000

根据表6-5的资料，会计部门编制会计分录如下。

借：主营业务成本——运输支出——客车　　　　50 000
　　　　　　　　　　　　　　——货车　　　　50 000
　　辅助营运费用　　　　　　　　　　　　　　15 000
　　营运间接费用　　　　　　　　　　　　　　17 500
　　管理费用　　　　　　　　　　　　　　　　 7 500
　　贷：应付职工薪酬——工资　　　　　　　　　　　140 000

【例6-10】 沈通汽车运输公司固定资产采用两种折旧方法，其中运输车辆采用工作量法；其余固定资产采用年限法。2016年9月该公司的固定资产计提折旧情况如表6-6所示。

表6-6 固定资产计提折旧情况

编制单位：沈通汽车运输公司　　　2021年9月

固定资产类别	使用单位	固定资产原值/元	分类月折旧率(量)	行驶/千米	应提折旧额/元
房屋及建筑物	公司	500 000	0.00167		835
	车站	300 000	0.00167		501
	客车队	60 000	0.00167		100
	货车队	60 000	0.00167		100
运输设备	保养队	250 000	2元/千米	1 000	2 000
	客车队	850 000	3元/千米	10 000	30 000
	货车队	760 000	3元/千米	10 000	30 000

根据表 6-6 的资料，会计部门编制会计分录如下。

借：主营业务成本——运输支出——客车　　　　　30 100
　　　　　　　　　　　　　　——货车　　　　　30 100
　　辅助运营费用　　　　　　　　　　　　　　　2 000
　　运营间接费用　　　　　　　　　　　　　　　　501
　　管理费用　　　　　　　　　　　　　　　　　　835
　　贷：累计折旧　　　　　　　　　　　　　　　　　　63 536

【例6-11】沈通汽车运输公司 2021 年 9 月营运间接费用明细账归结发生额为 18 001(17 500 + 501)元，当月营运车日总计为 2 500 日，其中：客车为 1 000 日，货车为 1 500 日，根据以上资料，编制营运公司间接费用分配表(见表 6-7)。

表 6-7　营运间接费用分配表

编制单位：沈通汽车运输公司　　　　2021 年 7 月

成本核算对象	分配标准/营运车日	分配率	分配额/元
客车队	1 000	18 001/2 500	7 200.4
货车队	1 500	18 001/2 500	10 800.6
合计	2 500	7.200 4	18 001.0

根据表 6-7 的数据，编制营运费用分配会计分录如下。

借：主营业务成本——运输支出——客车　　　　　7 200.4
　　　　　　　　　　　　　　——货车　　　　　10 800.6
　　贷：营运间接费用　　　　　　　　　　　　　　　　18 001.0

辅助运营费用分配参照运营间接费用，月末，结转客运、货运车队的运营成本及费用，借记"本年利润"，贷记"主营业务成本——运输支出""营运间接费用""辅助营运费用"等科目。

任务小结

交通运输企业存货，按其在运输生产中所起作用不同，可分为以下 4 类：原材料、燃料、轮胎、低值易耗品。燃料包括固体燃料、液体燃料、气体燃料等。交通运输企业为核算各种用途的燃料，应设置"燃料"账户。"燃料"下可设两个二级账户，即"库存"明细账户和"车(船)存"明细账户。交通运输企业的燃料管理制度有两种，一种是满油箱制油耗管理制度，另一种是盘存制油耗管理制度。轮胎是汽车运输企业的重要部件，它一般包括外胎、内胎和垫带。因为汽车运输企业的轮胎尤其是外胎更换频繁，库存量大，所以汽车运输企业应单独设置"轮胎"账户来进行核算。"轮胎"账户是资产类账户，企业领用轮胎时，其核算方法有两种，即一次摊销法和按行驶胎千米数预提的核算方法，企业可以根据实际情况，采用上述方法之一来核算。运输企业"营改增"后营业收入开具增值税专用发票，运输企业营业成本包括运输、装卸、堆存、代理及港务管理等业务所发生的各项费用。

任务考核

一、单项选择题

1. 在交通运输企业中，轮胎是存货的重要组成部分，应在(　　)科目里核算。
　　A. 原材料　　　B. 低值易耗品　　　C. 轮胎　　　D. 周转材料

2. 交通运输企业的燃料管理制度有两种,一种是盘存制油耗管理制度,另一种是(　　)。
   A. 先进先出油耗管理制度　　　　B. 满油箱制油耗管理制度
   C. 一次领用油耗管理制度　　　　D. 定期领用油耗管理制度
3. 当轮胎报废不能使用时,首先应按报废残值,借记(　　)账户。
   A. 原材料　　B. 低值易耗品　　C. 轮胎　　D. 周转材料
4. 汽车运输企业所有的轮胎内胎及垫带,在(　　)账户内核算。
   A. 原材料　　B. 低值易耗品　　C. 轮胎　　D. 周转材料
5. 一次摊销法,领用轮胎外胎时,借记(　　)账户。
   A. 原材料　　B. 低值易耗品　　C. 轮胎　　D. 周转材料

二、多项选择题
1. 交通运输企业对燃料的领用、发出核算应在"燃料"账户下设置(　　)明细科目。
   A. 在库　　B. 在用　　C. 车存　　D. 库存
2. 以下属于交通运输企业"主营业务成本"设置的二级账户有(　　)。
   A. 运输成本　　B. 装卸成本　　C. 堆存成本　　D. 营运间接费用
3. 汽车运输企业轮胎摊销方法有(　　)。
   A. 一次摊销　　B. 分期摊销　　C. 分次摊销　　D. 按胎千米预提
4. 以下属于运输企业成本类账户的有(　　)。
   A. 辅助运营费用　B. 运营间接费用　C. 管理费用　　D. 运输支出
5. 交通运输企业的营运成本主要有(　　)。
   A. 运输成本　　B. 装卸成本　　C. 堆存成本　　D. 代理业务成本

三、综合测评
某运输企业有 A 型客车一辆,本月 A 客车报废轮胎 2 只,超驶 10 000 千米,残料价值 130 元,客车摊提率为 5 元/千胎千米,本月行驶 50 000 千米,领用新轮胎 2 只,价值 3 000 元,根据材料进行会计核算。

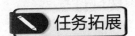

任务拓展

知识链接

运输成本核算在"主营业务成本"总账科目下设置"运输支出""装卸支出"等二级科目,在"运输支出"二级科目下设置"客运""货运"等三级账户进行核算。为了减少账户的层次,也可以直接将"运输支出""装卸支出"等直接设为一级科目,月末,再将"运输支出""装卸支出"等科目的发生额全部转入"主营业务成本"账户。

关键词汇中英对照

交通运输	Transportation
燃料	Fuel
轮胎	Tyre
营运成本	Operating Cost
运营间接费	Operate Overhead
运输成本	The Cost of Transportation
装卸成本	Loading and Unloading Cost

任务二 铁路运输企业业务与财务核算

任务引入

2013年3月，国家进行大部制改革，实行铁路政企分开，国务院组建国家铁路局和中国铁路总公司。国家铁路局由交通运输部管理，中国铁路总公司统一调度指挥铁路运输，实行全路集中统一管理，确保铁路运营秩序和安全，确保重要运输任务完成，不断提高管理水平，为人民群众提供安全、便捷、优质服务，铁路总公司承担原铁道部职责。我国铁路运输企业的运输生产是铁路总公司、各个铁路局及其所属的各个机务段相互配合、共同完成的。在新的会计核算制度未出台前，仍适用《运输(铁路)企业会计制度》。按《运输(铁路)企业会计制度》的规定，在会计核算上，铁路运输企业实行分级核算。处于转制情况下的铁路企业，其本身运输生产和管理体制具有一定的特殊性，这从根本上决定了其会计核算的特殊性。

截至2014年，中国铁路总公司共有18个铁路局(铁路集团公司)，下辖68个机务段，其中沈阳铁路局共有8个机务段：沈阳机务段(沈局沈段)、锦州机务段(沈局锦段)、苏家屯机务段(沈局苏段)、吉林机务段(沈局吉段)、通辽机务段(沈局辽段)、大连机务段(沈局大段)、白城机务段(沈局白段)、梅河口机务段(沈局梅段)。

"营改增"后，中国铁路总公司所属运输企业按规定预缴增值税，中国铁路总公司汇总向机构所在地主管税务机关申报纳税。

一、铁路运输企业业务特点

铁路运输企业除了具有前面阐述的运输企业共有的特点之外，还具有以下两个特点。

(一) 业务周转量较大

与西方发达国家相比，我国的铁路客货运输业务量是非常大的，铁路运输生产具有运输距离长、站点多、覆盖面广的特点，服务的范围涉及全国各个地区和角落，日常铁路客货运输的周转量较大。应该说，不论是客运还是货运，铁路运输在我国所有各类交通运输方式中基本上都排在第一位，铁路运输是我国最主要和最重要的客货运输手段。

(二) 组织结构和管理体制比较复杂

由于铁路是国民经济的命脉，所以，多年以来，我国的铁路运输一直是由原国家铁道部直接控制的。原铁道部在全国下设若干铁路局，一个铁路局管辖几千千米线路，拥有几十万职工和几百亿固定资产。生产中广大职工的劳动不是固定在一个地点，而是分散在铁路沿线。在铁路局内部又设置有机务、车辆、工务、电务、车站、材料供应等基层单位。在现行体制下，行政职能划归交通运输部，企业职能由新组建的铁路总公司承担。

二、铁路运输企业的会计核算特点

铁路运输企业会计核算特点是由其业务特点决定的，在新体制下，还没有出台新的会计核算制度,这里只简单介绍原体制下会计核算的特点,主要表现在以下三个方面。

(一) 实行分级核算

分级核算是指铁路运输企业实行铁路局、铁路分局和基层单位分层次进行会计核算的做法。在分级核算中,由铁路局掌管全局的资金,根据铁道部批准的生产计划,组织生产、计算运输收入、确定经营成果;铁路分局和基层单位属于铁路运输企业内部的经济核算单位,对铁路企业的经济活动进行局部的、独立的核算,按计划核算铁路局划拨的运营资金,正确核算本单位的运输支出,并计算应取得的运输清算收入。

(二) 上下级往来业务较多

铁路运输企业的分级核算方式决定了上下级单位之间的往来业务较多(见表 6-8),主要包括以下几种。

1. 投资资金转拨业务

投资资金转拨是指铁路运输企业内部上下级之间转拨投资资金的经济业务。投资资金在企业内部转拨时,上级单位的"拨付所属投资"增加,下级单位的"上级拨入投资"增加。拨出资金对上级来说是一种投资,对下级来说是一种集资。

2. 运营资金清算拨款业务

运营资金清算拨款业务是指铁路运输企业内部上下级之间因运输工作需要发生的运营资金预付和结算的经济活动。为了保证生产的正常进行,在铁路运输企业内部,上级单位要定期向下级单位预付营运资金。拨款以后,上级单位应收下级的款项增加,下级单位应付上级的款项也将增加。完成运输工作以后,下级单位要向上级单位清算所拨付的运营资金。

3. 运输收入结算业务

运输收入结算就是铁路运输企业内部上下级之间因完成运输工作而形成的内部收入的结算。铁路运输企业的运输收入由铁路局集中核算,实行独立核算的铁路分局和基层单位分别向铁路局结算,并取得相应的收入,以弥补支付的成本费用。完成运输工作的运输收入结算款,对下级单位来说是收入,对上级单位来说是支出。

4. 利润解缴业务

利润解缴是通过基层单位上缴到铁路分局、铁路分局上缴到铁路局、铁路局再上缴到铁路总公司的方式完成的。对于下级单位来说,解缴利润时"利润分配"增加;对于上级单位来说,解缴利润时"所属上缴利润"增加。

表 6-8 上下级往来核算业务汇总

经 济 业 务	铁 路 局	基 层 单 位
铁路局按规定预拨运营款	借:内部往来(下级单位) 贷:银行存款	借:银行存款 贷:内部往来(上级单位)
铁路局为所属基层单位支付燃料、线上料款	借:内部往来(下级单位) 贷:银行存款	借:材料采购 贷:内部往来(上级单位)
基层单位上缴税金		借:应交税费 贷:内部往来(上级单位)
铁路局收到基层上缴税金	借:内部往来(下级单位) 贷:应交税费	

(续表)

经济业务	铁路局	基层单位
铁路局上缴税金	借：应交税费 贷：内部往来(总公司)	
基层单位上缴利润		借：应缴利润 贷：内部往来(上级单位)
铁路局收到上缴利润	借：内部往来(下级单位) 贷：所属上缴利润	
铁路局上缴利润	借：应付利润 贷：内部往来(总公司)	
基层单位清算完成运输工作款	借：完成工作清算 贷：内部往来(下级单位)	借：内部往来(上级单位) 贷：完成工作清算
铁路局向总公司清算完成运输工作款	借：内部往来(总公司) 贷：主营业务收入	

(三) 铁路运输收入进款单独进行会计核算

铁路运输收入进款是指在铁路沿线各个点上实现的，由列车站的各收款点收取的，以车站(段)为单位按有关规定的手续通过银行向铁路局逐级解缴的客货运输收入。对于运输收入进款，各站段应当在银行开立运输收入进款存款专户专项存储，逐级上缴到铁路总公司，再由铁路总公司按照规定的方法重新分配到各铁路局。总之，在铁路运输企业会计中，对运输收入进款应实行单独核算，单独设立会计科目和账户，单独编制会计报表，不能与各核算单位的其他核算业务混淆进行。

三、铁路运输收入进款及营运资金的会计核算

铁路运输收入进款分为客运收入、货运收入、铁路建设基金、代收款。铁路运输费用具体核收方式分为现付、到付、后付、预付4种。现付是指由发站负责计费收款，发送运输企业审核列账。到付是指由到站负责计费收款，到达运输企业审核列账。后付是指由发站负责制票，发送运输企业集中审核、列账，并按铁路总公司制定的结算办法向指定单位进行结算。预付是指铁路客货运输费用在付款人和收款人双方自愿的原则下可签订协议按预付办理。

客货营业单位必须建立严格的运输收入进款管理制度，指定专人负责运输收入进款的保管、存汇及账表编报工作，并实行账款分管制度。专职负责运输收入进款的人员不得直接对外办理客货运输及收付款业务。铁路运输企业和所属客货营业单位应在当地银行开立运输收入存款专户。运输收入进款必须坚持专户管理的原则，专户内不办理运输收入范围以外的其他收付款业务。运输收入进款的动支范围：铁道总公司规定支付的待结算款，垫付旅客和路外人员意外伤亡、急救或埋葬费，铁路运输企业批准垫付自然灾害急需款，垫付托运人责任的途中货车整理换装费和包装补修费，垫付保价行李、包裹赔偿款，支付代收款，支付行李、包裹、货物运到逾期违约金，支付铁路运输企业批准的运输计划违约金，退还旅客和托运人、收货人的客货运输费用。铁路运输收入进款与营运资金实行收支两条线管理。

(一) 铁路运输收入进款的核算

铁路运输企业所属各营业站、列车段(客运段)在办理客货运输中，按照客货运规章及有关规定向旅客、托运人、收货人核收的票价、运费、杂费及其他各项款项，称为铁路运输收入进款。铁路运输收入进款主要用于两个方面：一是按规定向国家缴纳税金和利润；二是用于补偿运输支出和扩大再生产等方面。

现阶段，我国对铁路运输收入进款实行车站、铁路局分别在存款专户办理存款和结算，单独核算，按时逐级上缴，最后集中到铁路总公司的办法。铁路运输收入进款不能由基层单位直接用于购买材料、支付工资等项支出，必须专户存储，并按规定时间及时上缴。车站核收的运输收入进款，应由专人负责，对收进的各种款项要做到当日整理算清，次日送存银行，并将进款的收、存登记到运输收入进款日记账，按规定日期汇缴铁路局，特殊规定除外。

为了正确反映运输收入进款经济业务，铁路运输企业需要设置两类专门的会计科目。一类是反映货币资金的增减变动和结算情况的科目，并按货币资金所处的不同状态分别设置"车站在途"和"其他货币资金"等科目。另一类是反映结算关系的科目，主要包括4个方面：一是反映铁路运输企业内部各级收款责任的科目，如"运输进款"科目；二是反映铁路系统层级结算关系的科目，如"应缴运输收入""已缴运输进款""下级欠缴运输进款"和"欠缴上级运输进款"等会计科目；三是反映铁路企业内部营业资金与进款资金之间的结算关系的账户，如"应收运营款"和"应付运营款"等会计科目；四是反映铁路企业与其他企业和个人之间的结算关系的账户，如"其他应收款"和"其他应付款"等会计科目。根据运输进款会计核算的要求，每一会计科目又可分设若干个明细科目。

1. 站段收入管理

铁路系统实行铁路总公司、铁路局、车站段三级核算的模式，对车站段收取的运费收入应建立"运输收入进款银行日记账"，站、段的运输收入进款必须在收款次日12点前送存银行，并按规定日期上缴上级收入管理部门，车站必须按月将银行对账单报收入管理部门审核。

2. 铁路局进款核算

运输收入进款总表的收方反映铁路分局各种来源的进款，包括各项收入、收回欠款、多收款等，应该分别计入"应收账款""其他应收款""应付账款""其他应收款""应付运营款""应缴运输收入"账户。运输收入进款总表的支方项目反映当期进款的占用形态，其中退客票支出等应冲减"应缴运输收入"账户；路外伤亡垫款、防洪料支出、机煤支出等应该计入"应收运营款"账户；货主发生的欠款、少收的运输款等往来性款项应分别计入"应收账款""其他应收款""应付账款""其他应付款"等账户；尚未进入铁路分局的运输收入进款专户的运输收入进款应计入"车站在途"账户。

【例6-12】2021年12月某铁路局发生如下经济业务。
(1) 银行通知，收到车站汇缴的运输收入进款400 000元。
借：银行存款　　　　　　　　　　　　　　　　400 000
　　贷：车站在途——汇缴途中款　　　　　　　　　　400 000
(2) 银行通知，收到机务段上缴机车租金40 000元。
借：银行存款　　　　　　　　　　　　　　　　40 000
　　贷：应缴运输收入——其他收入　　　　　　　　　40 000
(3) 以运输收入银行存款支付路外装卸费30 000元，路内整车装卸费60 000元。
借：应付运营款——路外装卸费　　　　　　　　　30 000
　　　　　　——路内整车装卸费　　　　　　　　60 000

　　　　贷：银行存款　　　　　　　　　　　　　　　　　　90 000
　(4) 以运输收入银行存款上缴运输收入进款400 000元。
　　借：已缴运输进款——上缴运输进款　　　　　　　400 000
　　　　贷：银行存款　　　　　　　　　　　　　　　　　　400 000

【例6-13】根据运输收入进款总表(见表6-9)，进行会计核算。

表6-9　铁路分局运输收入进款总表

单位：万元

收　方		支　方	
项　目	金　额	项　目	金　额
客运收入	20	防洪支出	5
货运收入	25	车站途中款	40
多收款	5	退票款	5
收方合计	50	支方合计	50

　　借：运输进款　　　　　　　　　　　　　　　　　　500 000
　　　　贷：应缴运输收入——客运　　　　　　　　　　200 000
　　　　　　　　　　　　　——货运　　　　　　　　　　250 000
　　　　　　应付账款——多收　　　　　　　　　　　　　50 000
　　借：应收营运款——防洪支出　　　　　　　　　　　　50 000
　　　　车站在途——途中款　　　　　　　　　　　　　400 000
　　　　应缴运输收入——客运　　　　　　　　　　　　　50 000
　　　　贷：运输进款　　　　　　　　　　　　　　　　500 000

【例6-14】年度终了，将"应缴运输收入""已缴运输进款"账户的累计结余分别转入"欠缴上级运输进款"账户。

　　借：应缴运输收入(40 000＋450 000－50 000)　　　440 000
　　　　贷：欠缴上级运输进款　　　　　　　　　　　　440 000
　　借：欠缴上级运输进款　　　　　　　　　　　　　　400 000
　　　　贷：已缴运输进款　　　　　　　　　　　　　　400 000

(二) 铁路营运资金核算

　　铁路运输企业的运输收入应分别在铁路局和基层站段等不同主体间进行核算。在核算时涉及的会计科目主要有"运输收入""铁路建设基金""完成工作清算""内部往来"等。

　　"运输收入"是损益类科目，用于核算铁路局按规定方法分配取得的运输收入。该科目贷方登记铁路局向铁路总公司清算应得的运输清算收入，借方登记期末结转到"本年利润"的数额，结转后本科目无余额。该科目一般下设两个明细科目：一个是"铁路运输收入"明细科目，用于核算铁路提供客货运输服务实现的收入；另一个是"铁路建设基金收入"明细科目，用于核算铁路运输系统各级单位随运输收入进款收取的铁路建设基金。

　　"铁路建设基金"用于核算铁路系统按规定随运费收到的铁路建设基金，收到铁路建设基金时先登记在"运输收入铁路建设基金"账户中，月末结转到"铁路建设基金"账户中，年末再结转到"实收资本"账户。

　　"完成工作清算"是损益类科目，用于核算企业内部运营单位对完成运输工作进行的内部清算。上级单位使用本科目时，借方登记上级单位拨付所属单位的清算款，贷方登记期末结转"本年利润"的数额；下级单位使用本科目时，贷方登记按规定清算方法向上级单位清算的完成运输工作款，借方登记期末结转"本年利润"科目的数额。结转后，本科目无余额。

"内部往来"用于核算铁路运输系统上下级之间的往来款项，包括预拨的运营款，燃料、线上料等垫付款，完成运输工作清算款，营业外支出清算款，上缴上级的款项等。该账户借方登记应收的往来款和偿还的应付款；贷方登记应付的往来款和收到的应收款。上下级之间的投资不在本科目核算，应在"拨付所属投资"和"上级拨入投资"科目核算。

【例6-15】铁路局运输主要经济业务核算。

1. 某铁路局收到铁路总公司拨付的运营费80万元。

  借：银行存款　　　　　　　　　　　　　　　　　800 000
    贷：内部往来——总公司　　　　　　　　　　　800 000

2. 某铁路局拨付基层A站运营款10万元。

  借：内部往来——基层A站　　　　　　　　　　　100 000
    贷：银行存款　　　　　　　　　　　　　　　　100 000

3. 该铁路局本月完成运输工作应得清算收入90万元，基层A站应得清算收入20万元。

  借：内部往来——总公司　　　　　　　　　　　　900 000
    贷：运输收入　　　　　　　　　　　　　　　　900 000
  借：完成工作清算　　　　　　　　　　　　　　　200 000
    贷：内部往来——基层A站　　　　　　　　　　200 000

4. 把运输收入中含的铁路建设基金1万元转为建设基金，批准后转为国家对铁路部门的国家投资。

  借：运输收入　　　　　　　　　　　　　　　　　10 000
    贷：铁路建设基金　　　　　　　　　　　　　　10 000
  借：铁路建设基金　　　　　　　　　　　　　　　10 000
    贷：实收资本　　　　　　　　　　　　　　　　10 000

5. 本月上缴增值税、所得税2万元。

  借：应交税费　　　　　　　　　　　　　　　　　20 000
    贷：内部往来——总公司　　　　　　　　　　　20 000

6. 本月发生营运生产人员工资40万元，营运设备折旧费1万元。

  借：运输支出　　　　　　　　　　　　　　　　　410 000
    贷：应付职工薪酬　　　　　　　　　　　　　　400 000
      累计折旧　　　　　　　　　　　　　　　10 000

7. 收到银行通知，营运差额款8万元到账。

  借：银行存款　　　　　　　　　　　　　　　　　800 00
    贷：内部往来——总公司　　　　　　　　　　　800 00

8. 把损益类科目余额转至本年利润账户。

  借：本年利润　　　　　　　　　　　　　　　　　610 000
    贷：完成工作清算　　　　　　　　　　　　　　200 000
      运输支出　　　　　　　　　　　　　　　410 000
  借：运输收入　　　　　　　　　　　　　　　　　890 000
    贷：本年利润　　　　　　　　　　　　　　　　890 000

任务小结

铁路运输企业具有业务周转量较大、组织结构和管理体制比较复杂、上下级往来业务较多的特点,因此,会计核算实行分级核算,主要包括:投资资金转拨业务、运营资金清算拨款业务、运输收入结算业务、利润解缴业务。铁路运输收入进款是指在铁路沿线各个点上实现的,由列车站的各收款点收取的,以车站(段)为单位按有关规定的手续通过银行向铁路局逐级解缴的客货运输收入。铁路运输收入进款分为客运收入、货运收入、铁路建设基金、代收款。铁路运输费用具体核收方式分为现付、到付、后付、预付4种。铁路运输收入进款主要用于两个方面:一是按规定向国家缴纳税金和利润;二是用于补偿运输支出和扩大再生产等方面。铁路运输收入进款不能由基层单位直接用于购买材料、支付工资等项支出,必须专户存储,并按规定时间及时上缴。铁路运输收入进款与营运资金实行收支两条线管理。

任务考核

一、填空题

1. 铁路运输收入进款是指在铁路沿线(　　)实现的,由列车站的各收款点收取的,以(　　)为单位按有关规定的手续通过(　　)向铁路局(　　)的客货运输收入。
2. 铁路运输收入进款不能由基层单位直接用于(　　)、(　　)等项支出,必须(　　),并按规定时间及时上缴。
3. "内部往来"用于核算铁路运输系统(　　)之间的往来款项,包括预拨的(　　)。
4. 运输收入进款主要用于两个方面:一是按规定(　　);二是用于补偿(　　)等方面。
5. 现付是指由(　　)负责计费收款,到付是指由(　　)负责计费收款,后付是指由发站负责制票,发送运输企业集中审核、列账,并按(　　)制定的结算办法向(　　)进行结算。

二、选择题

1. 铁路运输企业对(　　)进行单独核算,单独设置会计科目和账户,单独编制会计报表。
   A. 运输进款　　B. 运输收入　　C. 铁路建设基金　　D. 运输支出
2. 铁路运输企业的运输收入进款包括(　　)。
   A. 运输收入　　B. 其他业务收入　　C. 铁路建设基金　　D. 各种代收款
3. "完成工作清算"是(　　)类账户。
   A. 资产　　B. 负债　　C. 所有者权益　　D. 损益
4. 铁路运输费用具体核收方式分为(　　)。
   A. 现付　　B. 到付　　C. 后付　　D. 预付

三、综合测评

根据某铁路局运输收入总表(见表6-10)编制会计分录。

表6-10　运输收入进款总表

单位:元

项目		金额	会计科目
收方	旅客票价收入	110 000	运输收入
	行李运费收入	24 800	运输收入
	邮运运费收入	7 200	运输收入

(续表)

	项　目	金　额	会 计 科 目
收方	货物运费收入	84 000	运输收入
	旅游车上浮票价	10 400	运输收入
	收少交款	3 000	其他应收款——少交款
	收保价赔偿款	1 600	其他应收款——保价赔偿款
	收迟交运杂费	13 000	应收联款——迟交运杂费
	收代收外局款	8 000	应付账款——应付代收外局款
	运营临管线收入	5 200	应付运营款
	路内装卸费	4 800	应付运营款
	收货物保价收入	1 100	应交保价收入
	收入合计	273 100	
支方	少收款	2 400	应收账款
	路外人员伤亡垫款	2 200	应收运营款——其他
	职工责任赔款	2 800	应收运营款——其他
	退票款	5 400	应交运输收入
	退多收款	1 300	其他应付款
	迟交运杂费	3 600	应收账款——迟交款
	防灾品记账	7 000	应收运营款
	应交款项	248 400	未存款
	支方合计	273 100	

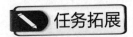任务拓展

知识链接

铁路运输企业实行"收支两条线"制度，运输收入全额上缴，由总公司确认的运输清算收入作为企业的"主营业务收入"。"营改增"后，"主营业务收入"剔除增值税部分，还原为税后收入和销项税，大幅降低了铁路运输企业的营业收入。但铁路运输企业可抵扣的增值税进项税额偏少，因为铁路运输企业大部分线路及房屋等固定资产是"营改增"前投资购置的，其购置费用中的进项税额无法抵扣，增加了铁路运输企业的成本，这些因素导致铁路运输企业的利润明显减少。

关键词汇中英对照

铁路运输	Railway Transportation
运输收入进款	Transport Income Takings
铁路建设基金	Railway Construction Fund
营运资金	Working Capital
投资资金	Investment Capital
利润解缴	Profits Deposited

任务三 航空运输企业业务与财务核算

任务引入

改革开放以来，中国民航持续快速健康发展，全行业共有员工约35万人，其中，截至2012年年底，取得驾驶执照的飞行员有31 381人，适航维修人员16 100名，管制员3 600人；共有运输航空公司46家，全行业运输飞机982架，其中客机937架，货机45架；起降波音737以上机型的机场113个，起降波音737以下机型的机场34个。2012年，民航直属院校共招收学生18 006人，其中：研究生676人，普通本专科生14 125人，成人招生2 698人，中专生507人。飞行、机务、空管三个民航特有专业计划招生7 161人，占总招生计划的50.4%。

近年来，随着国内民航事业的快速发展，飞行员成了人才市场上抢手的"香饽饽"。飞行员人才培养周期长、成本高，与旺盛的市场需求相比，人才供应却相对滞后。供需的不平衡导致各航空公司间"高薪挖角"、飞行员跳槽事件频频发生，并由此引发了一系列劳动合同纠纷。东航浙江分公司的6名飞行员集体离职、跳槽，被他们的"老东家"告上法庭，要求赔偿包括培训费、飞行资格养成费等，总额高达3 000多万元。近日，宁波市中级人民法院判处该6人向航空公司支付72.3万元至182万元不等的补偿费，双方解除劳动合同。

一、民航运输企业

民航运输分为两部分，即公共航空运输和通用航空，公共航空运输(商业航空)也称为航空运输，是指以航空器进行经营性的客货运输的航空活动。通用航空是指商业航空的其余部分，包括工业航空、农业航空、航空科研和探险活动、飞行训练、航空体育运动、公务航空、私人航空等。民用航空由下面的三大部分组成：政府部门、民航企业、民航机场。政府部门是指中国民用航空局，简称民航局，是中华人民共和国国务院主管民用航空事业的国家局。民航企业指从事与民航业有关的各类企业，其中最主要的是航空运输企业，即我们常说的航空公司，它们掌握航空器从事生产运输，是民航业生产收入的主要来源，其他类型的航空企业(如油料、航材、销售等)都是围绕着运输企业开展活动的。航空公司的业务主要分为两个部分：一是航空器的使用、维修和管理，另一部分是公司的经营和销售。民航机场是民用航空和整个社会的结合点，机场也是一个地区的公众服务设施。因此，机场既带有营利的企业性质，还带有为地区公众服务的事业性质，因而世界上大多数机场是地方政府管辖下的半企业性质的机构，主要为航空运输服务的机场称为航空港或简称空港。使用空港的一般是较大的运输飞机，空港要有为旅客服务的区域(候机楼)和相应设施。

二、民航运输企业会计

(一) 民航运输企业的特点

(1) 它不从事物质产品的生产，而是提供劳务使旅客、货物、邮件等发生位移。它的生产过程就是人和物的运输过程,生产过程完成之后并无实物产品,其产品就是人和物从甲地到乙地的转移,称为"位移"。

(2) 工业企业的生产经营过程包括供应、生产和销售三个环节,而民航运输企业的经营过程主要包括供应过程和营运过程,以及与生产过程相脱离而独立存在的销售过程。

(3) 民航运输企业销售票证和承担运输任务,往往不是全部由一个运输企业完成的,因而有大量的国际和国内运输收入结算事项。

(二) 民航运输企业会计的特点

民航运输企业会计是以民用航空运输企业为会计主体的一种行业会计。民航运输企业会计的特点表现在以下方面。

(1) 存货内容比较特殊,由于飞机维修、检修是飞机飞行的安全保障,检修维修过程中航材消耗件和高价周转件消耗量较大,这部分存货相对飞机价值较低,但对其他行业的存货价值相对较高,核算具有一定的灵活性。

(2) 固定资产价值较大,由于单架飞机价值较大,很多航空企业采用经营租赁或融资租赁飞机的方式来拓展业务,增加航线,因此,民航企业融资租赁的固定资产较多,形成的负债较大。

(3) 待结算收入较多,航空企业联运业务较多,收取的票款应在多家运输公司间进行分配,需设置"国内票证结算""国际票证结算"科目进行核算,按权责发生制原则要求,企业通过机票代售点和航站楼销售收到的票款,只有在完成运输撕收票证后才能确认收入实现。

(4) 成本核算对象特殊,民航运输企业的成本计算,要反映运输过程中各个不同方面的生产要素的消耗,并采用以航线、机型等为成本计算对象的特有成本计算方法。

三、器材收发业务的核算

(一) "航材消耗件"的核算

本账户期末借方余额,反映企业库存未用航材消耗件的实际成本或计划成本,本账户用来核算航空公司库存航材消耗件的计划成本或实际成本。航材消耗件是指领用后一次性消耗、通常不能反复修理使用或可反复修理但价值较低的航空器材。

1. 航材消耗件增加的账务处理

"航材消耗件"科目核算企业购入航材消耗件、高价周转件、普通器材、低值易耗品、机上供应品等器材的采购成本,购入航材消耗件时,同其他行业采购物资账务处理基本相同,根据发票账单支付物资价款和运杂费、增值税等,按应计入航材消耗件成本的金额,借记"材料采购""应交税费——应交增值税——进项税"账户,按应付的金额,贷记"银行存款""应付账款""预付账款"等账户。航材消耗件验收入库时,根据入库单,借记本账户,贷记"材料采购"账户,并同时结转材料成本差异。已验收入库但尚未收到发票账单的,月末暂估入账,借记本账户,贷记"应付账款——暂估应付账款"账户;下月初用红字做同样的会计分录,予以冲回。

【例6-16】某航空公司2021年7月19日购买一批航材消耗件入库,价款10 000元,增值税1 300元,已开出支票付款。根据发票账单和入库单,该批航材计划成本10 100元,根据上述业务,公司会计部门编制会计分录如下。

借:材料采购　　　　　　　　　　　　　　　　　　　　10 000
　　应交税费——应交增值税——进项税　　　　　　　　1 300
　　贷:银行存款　　　　　　　　　　　　　　　　　　　11 300

借：航材消耗件	10 100	
贷：材料采购		10 000
材料成本差异		100

2. 航材消耗件减少的账务处理

领用航材消耗件时，借记"主营业务成本"等账户，该账户是损益类型账户，贷记本账户。维修部门退回未用的航材消耗件，用红字编制相同的会计分录。航材消耗件的修理费，直接计入当期损益。航空公司对外销售航材消耗件，按航材消耗件售价借记"银行存款""应收账款"等账户，贷记"其他业务收入"账户，同时，按航材消耗件账面金额结转销售成本，借记"其他业务支出"账户，贷记"航材消耗件"。

【例6-17】某航空公司2021年8月发生下列经济业务，机务部门21日从仓库领用航材消耗件计30 000元，其中大修理工程领用10 000元，月末领出未用航材1 000元退库。根据上述业务，公司会计部门编制会计分录如下。

借：主营业务成本　　　　　　　　　　19 000
　　在建工程　　　　　　　　　　　　10 000
　　贷：航材消耗件　　　　　　　　　　　　30 000
　　　　航材消耗件　　　　　　　　　　　　1 000

【例6-18】本月收到维修航材消耗件发票金额11 300元，以银行存款支付。

借：主营业务成本　　　　　　　　　　10 000
　　应交税费——应交增值税——进项税　1 300
　　贷：银行存款　　　　　　　　　　　　　11 300

【例6-19】收到其他航空公司航材消耗件求援传真，卖出航材消耗件一批，该机型航材消耗件成本为18 000元，售价20 000元。

借：应收账款　　　　　　　　　　　　22 600
　　贷：其他业务收入　　　　　　　　　　　20 000
　　　　应交税费——应交增值税——销项税　2 600
借：其他业务支出　　　　　　　　　　18 000
　　贷：航材消耗件　　　　　　　　　　　　18 000

（二）"高价周转件"账户

"高价周转件"账户核算航空公司库存的高价周转件的实际成本或计划成本，以及高价周转件的领用和摊销。高价周转件是指可反复修理使用、价值较高、具有单独序号的航空器材，上述三个条件应同时具备。

1. "高价周转件"账户的明细账户设置

"高价周转件"账户应设置"在库高价件"和"高价件摊销"两个明细账户。"在库高价件"明细账户核算库存高价周转件的实际成本或计划成本，"高价件摊销"明细账户核算高价周转件的领用及摊销。企业可根据实际需要，增设"在用高价件"等明细科目，核算已领用高价周转件的实际成本或计划成本，以及高价周转件在企业内部的流动、送修等。

2. 高价周转件增加的财务处理

(1) 购入高价周转件时，根据发票账单支付物资价款和运杂费、关税、增值税时，按应计入高价周转件成本的金额，借记"材料采购""应交税费——应交增值税——进项税"账户，按支付或应付的金额，贷记"银行存款""应付账款""预付账款"等账户。

(2) 高价周转件验收入库时，根据入账单，借记本账户(在库高价件)，贷记"材料采购"账户，并同时结转材料成本差异。实际成本大于计划成本的差异，做相反的会计分录。

已验收入库但尚未收到发票账单的，月末时暂估入账，借记本账户，贷记"应付账款——暂估应付账款"账户；下月初用红字编制同样的会计分录予以冲回。

3. 高价周转件减少的账务处理

1) 领用的账务处理

领用高价周转件时，按实际成本或计划成本，借记在库高价件——高价件摊销，贷记在库高价件——在库高价件。机务维修部门退回已领未用的高价周转件，用红字做相同的会计分录。

2) 高价周转件摊销的账务处理

高价周转件采用分次摊销的方式计入成本。摊销时，借记"主营业务成本"账户，贷记本账户(高价件摊销)。

【例6-20】某航空2021年10月发生下列经济业务。
(1) 购入一批高价周转件已验收入库，用支票支付22 600元，含税金2 600元。
(2) 领用高价周转件一批，成本为30 000元。
(3) 摊销上月购入的高价周转件，其购入成本为120 000元，在5年内按月摊销。

  借：高价周转件——在库高价件   20 000
    应交税费——应交增值税——进项税 2 600
    贷：银行存款   22 600
  借：高价周转件——高价件摊销   30 000
    贷：高价周转件——在库高价件   30 000
  借：主营业务成本   2 000
    贷：高价周转件——高价件摊销   2 000

(三) 机上供应品

"机上供应品"科目核算企业库存的机上供应品的计划成本或实际成本，购入、自制、委托外单位加工完成并已验收入库的机上供应品，借记本科目，贷记"银行存款""应付账款""应付票据""运输成本""通用航空成本""机场服务费用""委托加工物资"等科目，按规定领用、发出的航线运营中为旅客提供的机上供应品，按实际成本或计划成本，借记"运输成本"科目，贷记本科目。对外销售的机上供应品，借记"其他业务支出"科目，贷记本科目，按销售收入，借记"银行存款""应收账款"等科目，贷记"其他业务收入"科目。按计划成本核算的企业，月份终了，应结转当月领用、发出的机上供应品应分摊的器材成本差异。

四、民航收入的核算

(一) 主营业务收入

本科目核算航空公司承运旅客、货物、邮件、逾重行李，执行专包机，机场提供飞机起降、航路保障和地面服务等日常生产经营活动中所产生的收入。本科目设置的二级明细科目如下。

1. 运输收入

运输收入是指运输旅客、货物而产生的收入，即航空公司因提供旅客、货物"位移"服务而得到的报酬。按运输收入的构成，可分为承运本公司运输凭证的运输收入和承运其他公司运输凭证的运输收入。其中，80%的运输收入是承运本公司运输凭证的运输收入。根据航线的不同，运输收入可分为国际航线收入和国内航线收入两类，在这两类下又可以分为客运收入、货运收入、专包机收入三种。由于旅客运输业务发展较快，通常客运收入在民航运输企业收入中所占比重较大，而货运收入只占较小的份额。此外，国内货运按空运价格收费，而由地面运输工具运输的收入也属国内航线收入。

2. 通用航空收入

通用航空收入是指企业完成通用航空业务按照规定计算取得的营业收入。根据具体的业务类型，通用航空收入又可以分为工业航空收入、农业航空收入、林业航空收入和其他航空收入，分别指企业承担工业、农业、林业等各种航空飞行业务所取得的营业收入。

3. 机场服务收入

机场服务收入是指机场为飞机起降和过港旅客提供各种地面服务及设施租赁所取得的营业收入，具体可分为飞机服务收入和场地柜台租赁收入。其中，飞机服务收入是指机场为中外航空公司飞机提供起降服务和过港旅客提供各种地面服务，按照规定的收费标准所取得的收入；场地柜台租赁收入是指企业出租场地、柜台等所取得的收入。

4. 代理收入

代理收入包括代理国际运输业务手续费收入、代理国内运输业务手续费收入、代理退票收入、代理保险手续费收入等。

5. 其他收入

其他收入包括调拨材料收入、技术转让收入、广告收入、旅客服务设施收入、延伸服务收入，以及航空公司自有机场为其他单位的飞机起降和过港旅客提供的各种地面服务及设施租赁所取得的收入。

(二) 其他业务收入

"其他业务收入"科目核算民航企业除主营业务收入以外的其他业务收入，其他业务收入的实现原则，与主营业务收入的实现原则相同。

(三) 国际票证结算

国际票证结算是企业销售国际航线运输票证和承运国际航线运输业务而与其他航空公司或其他单位所进行的运输收入款项的结算。国际票证结算有两个方面的内容：一是本企业发售的国际运输票证，由其他航空公司承运而应将票证销售收入转为本企业的运输收入，二是本企业承运由其他航空公司或其他单位销售票证的运输业务，则应向票证销售单位收取该项票证销售款项。民航运输企业所销售的国际运输票证，有的由本企业自己承运，而相当一部分是由其他航空公司承运的。因此，民航运输企业销售国际运输票证所取得的货币收入，并不能直接作为本企业的运输收入处理，而仅是一项待结算的预收款。只有本企业的飞机承运了所售票证的运输业务，才能将其转为本企业的运输收入。如果所售票证的运输业务由其他航空公司承运，企业则应在扣除代理手续费后，将所售票证的收入支付给承运企业。

为总括反映企业国际运输票证销售业务待结算款项的形成与结算情况，应设置"国际票证结算"科目，该科目是负债类型账户。该账户专用于国际运输票证的结算业务，贷方登记企业销售国际运输票证所取得的款项，借方登记销售票款的结算或偿付，余额一般在贷方，表示尚未结算的国际运输票证款项，期末作为流动负债在资产负债表中列示，该科目应按收款单位设置明细账,进行明细核算。

(四) 国内票证结算

国内票证结算是企业销售国内航线运输票证和承运国内航线运输业务,而与其他航空公司或其他单位所进行的运输收入款项的结算。国内票证结算也有两个方面的内容:一是本企业发售的国内运输票证经由其他航空公司承运而应将票证销售款转付给承运方,或由本企业自己承运而转为本企业的运输收入;二是由本企业承运由其他航空公司或其他单位销售票证的运输业务,应向其票证销售单位结算收取该项票证销售款项。

为总括反映企业销售国内运输票证待结算款项的形成与结算情况,应设置"国内票证结算"科目。该科目是负债类型账户,贷方反映销售国内运输票证所取得的销售票款;借方反映销售票款的结算或偿付情况,余额在贷方,表示尚未结算的国内运输票证款项。

(五) 收入及票证核算

(1) 票证所属航空公司销售(含通过代理人销售)旅客、货物、邮件、逾重行李票证,办理退票、误机、变更及旅费证等取得的销售收入,借记"银行存款""现金""应收账款"等科目,按规定比例支付销售单位的代理销售手续费,借记"销售费用"科目,按票证全额,贷记"国内(国际)票证结算"。

【例 6-21】 某航空公司 2021 年 3 月 1 日销售上海—吉隆坡客票 100 张,票价 8 000 元/张。对上述业务,公司会计部门做如下会计分录。

企业销售取得票款时,会计分录如下。

借:银行存款　　　　　　　　　　　　　　　　　800 000
　　贷:国际票证结算　　　　　　　　　　　　　　800 000

(2) 航空公司根据外航票证换开本企业票证时,借记"应收账款"科目,贷记"国内票证结算"。

(3) 票证所属航空公司为旅客办理退票时,以退票全额冲减票证结算科目,借记"国内(国际)票证结算"科目,按规定收取的退票费,贷记"主营业务收入"科目,按实际支付给旅客的票款,贷记"银行存款""现金"等科目。

【例 6-22】 承上例,3 月 10 日,售票部门接受上述退票 15 张,退票每张收手续费 10%,支付退票款项为 108 000 元。

借:国际票证结算　　　　　　　　　　　　　　　120 000.00
　　贷:主营业务收入　　　　　　　　　　　　　　113 207.55(120000÷1.06)
　　　　应交税费——应交增值税——销项税　　　　6 792.45
　　　　银行存款　　　　　　　　　　　　　　　　108 000.00

(4) 年末,航空公司将本科目余额转入按年份设置的二级科目,超过规定结算时限的部分,票证所属航空公司不再受理,经过清理查明后,转入本公司当期损益,借记"国内(国际)票证结算"科目,贷记"营业外收入"科目。

(5) 航空公司在国内航线承运的旅客、货物、邮件、逾重行李,属于本公司的票证,转入本公司收入,借记"国内票证结算"或"国际票证结算"科目,贷记"主营业务收入""应交税费——应交增值税——销项税"科目。承运属于其他公司的票证,按规定应支付的代理销售手续费和代理结算手续费,借记"销售费用"科目,按其净额,借记"应收账款"科目,按票证全额,贷记"主营业务收入""应交税费——应交增值税——销项税"科目。收到该款项时,借记"银行存款"科目,贷记"应收账款"科目。

【例6-23】 承上例,3月12日,企业自己承运上述发售的票证时,应做如下会计分录。

借:国际票证结算　　　　　　　　　　　　　680 000.00
　　贷:主营业务收入　　　　　　　　　　　623 853.21(680000÷1.09)
　　　　应交税费——应交增值税——销项税　56 146.79

【例6-24】 3月15日,航空企业自己承运A公司开证的票证,票款20 000元,按规定的5%支付代理手续费1 000元,应做如下会计分录。

借:销售费用　　　　　　　　　　　　　　　1 000.00
　　应收账款　　　　　　　　　　　　　　　19 000.00
　　贷:主营业务收入　　　　　　　　　　　17 431.19
　　　　应交税费——应交增值税——销项税　1 568.81

(6) 票证所属航空公司或航空邮运运费清算单位收到承运航空公司开账结算时,借记"国内票证结算""国际票证结算""应付账款"科目,按规定应收取的代理销售手续费或代理清算手续费,贷记"主营业务收入"科目,按其净额,贷记"银行存款"科目。

【例6-25】 承上例,A公司收到航空公司开账结算时的会计核算如下。

借:国内票证结算　　　　　　　　　　　　　20 000.00
　　贷:主营业务收入　　　　　　　　　　　943.40(1000÷1.06)
　　　　应交税费——应交增值税——销项税　56.60
　　　　银行存款　　　　　　　　　　　　　19 000.00

五、主营业务成本的核算

应设置"主营业务成本"账户,核算航空公司发生的运输、通用航空、机场服务等主营业务所耗费的成本总额。其明细账户应设置"运输成本""通用航空成本"和"机场服务费用"等项目,用来核算企业在执行航空运输业务过程中所发生的各项费用,包括:能直接计入机型成本的直接营运费用,如空勤人员、机务人员的工资及福利费、取暖降温费、上下班交通补贴、制服费、航空油料消耗、国外加油价差、飞机折旧、租赁费、修理费、高价周转件摊销、飞行训练费等;不能直接计入机型成本,需按照一定办法分摊的间接营业费用,如工资和福利费、折旧费、维修费、办公费、水电费、差旅费、保险费、机物料消耗、制服费、劳动保护费、票证印制费、警卫消防费、职工教育经费、环境绿化费、地面运输费、租赁费等;其他费用,如紧急救援费、空难急救费、防疫费、机场绿化费、环卫费、排污及污水处理费、机场跑道停用维护费、行李和货物损失赔偿费、业务费、差旅费等。

任务小结

民航运输分为两部分,即公共航空运输和通用航空。公共航空运输(商业航空)也称为航空运输,是指以航空器进行经营性的客货运输的航空活动;通用航空是指商业航空的其余部分。民用航空由下面的三大部分组成:政府部门、民航企业、民航机场。民运输企业不从事物质产品的生产,而是提供劳务使旅客、货物、邮件等发生位移。经营过程主要包括供应过程和营运。民航运输企业销售票证和承担运输任务,往往不是全部由一个运输企业完成的,因而有大量的国际和国内运输收入结算事项。航材消耗件是指领用后一次性消耗、通常不能反复修理使用或可反复修理但价值较低的航空器材。高价周转件是指可反复修理使用、价值较高、具有单独序号的航空器材。航空公司主营业务收入包括运输收入、通用航空收入、机场服务收入、代理收入、其他收入。国际票证结算是企业销售国际航线运输票证和承运国际航线运输业务而与其他航空公司或其他单位所进行的运输收入款项的结算，国内票证结算是企业销售国内航线运输票证和承运国内航线运输业务，而与其他航空公司或其他单位所进行的运输收入款项的结算。

任务考核

一、单项选择题

1. 航空企业的机上供应品主要是航线运营领用，当企业对外销售剩余的机上供应品时，取得的价款作(　　)入账。
   A. 运输收入　　B. 通用航空收入　　C. 机场服务收入　　D. 其他业务收入
2. 航空公司因其销售代理单位销售机票而支付的代理销售手续费应计入(　　)科目。
   A. 其他业务收入　　　　　　B. 主营业务收入
   C. 销售费用　　　　　　　　D. 管理费用
3. 国际票证结算科目是(　　)类型账户。
   A. 资产　　　B. 负债　　　C. 所有者权益　　　D. 损益
4. 航空公司根据外航票证换开本企业票证时，借记(　　)科目，贷记"国内票证结算"。
   A. 其他业务收入　　　　　　B. 主营业务收入
   C. 销售费用　　　　　　　　D. 应收账款

二、多项选择题

1. 民航运输企业的营运成本包括(　　)。
   A. 运输成本　　B. 通用航空成本　　C. 机场服务费用
   D. 管理费用　　E. 销售费用
2. 民用航空由(　　)组成。
   A. 政府部门　　B. 民航企业　　C. 民航机场　　D. 代理售票处
3. 高价周转件的明细账户设置包括(　　)。
   A. 在库高价件　　B. 在用高价件　　C. 高价件摊销　　D. 库存高价件
4. 以下属于航空运输企业存货的有(　　)。
   A. 高价周转件　　B. 航材消耗件　　C. 机上供应品　　D. 票证结算

三、综合测评

甲航空公司 2021 年 12 月发生以下业务。

(1) 12 月 1 日销售广州—东京航班客票 80 张，票价 8 500 元/张，款已收存银行。

(2) 12 月 2 日，售票部门接受上述航班退票 2 张，退票时每张收取 10%的手续费。

(3) 企业 12 月 12 日自己承运发售的上述票证。

(4) 假若企业发售的上述票证由外航承运，收到该公司承运票证结算付款，按规定收取手续费 10%。

(5) 12 月 20 日发售北京—成都客票 800 张，其中自己销售 300 张，销售代理单位销售 500 张，代理销售手续费为 10%。每张客票票价 1 000 元。

(6) 甲航空公司所发售的这 800 张客票中有 600 张由本公司承运，其余 200 张由乙航空公司承运，手续费比例为 8%。

要求：做出相关账务处理。

任务拓展

知识链接

1. 航空企业提供的旅客利用里程积分兑换的航空运输服务，不征收增值税。
2. 根据国家指令无偿提供的航空运输服务，不征收增值税。
3. 应征增值税销售额不包括代收的机场建设费和代售其他航空运输企业客票而代收转付的价款。
4. 已售票但未提供航空运输服务取得的逾期票证收入，不属于增值税应税收入，不征收增值税。

关键词汇中英对照

通用航空	General Aviation
民航机场	The Civil Aviation Airport
票证结算	Ticket And Settlement
航材消耗件	Air Material Consumption

项目七 餐饮旅游服务业会计核算

🔍 能力目标

1. 能够根据旅游产品报价单划分旅游收入。
2. 能够根据领料制核算餐饮企业营业成本。
3. 能够根据权责发生制核算多次使用的餐券。
4. 能够根据"营改增"政策正确计算销项税金。

🔍 知识目标

1. 掌握组团社与接团社的划分标准及收入和成本核算方法。
2. 掌握餐饮企业营业成本核算的方法。
3. 掌握客房出租率及租金收入率的计算方法及二者关系。

🔍 素质目标

1. 培养学生设计旅游产品的能力。
2. 培养学生降低餐饮企业成本、提高效益的能力。
3. 培养学生平衡出租率与收入率的关系,提高酒店效益的能力。

🔍 思政目标

1. 了解旅游产品,加深"绿水青山就是金山银山"的认识。
2. 了解中国的文化旅游产品,增强文化自信。
3. 疫情防控常态化下餐饮旅游业收益下降,了解防控政策,增强制度自信。

项目情境

随着社会经济的发展，人们的生活水平明显提升，对生活质量的要求越来越高，旅游产业在这种形势下产生并迅速发展。中国既是主要的国际旅游目的地国家，也是主要的旅游客源国。发达国家发展旅游业的经验表明，旅游消费将先后经历"观光游—休闲游—度假游"三个阶段，各阶段的消费特征不同，对应的旅游产品也不同。旅游产业的产业链较长，具有较强的综合性，该产业的发展能够带动关联产业的发展。我国在统计国民经济的过程中对旅游产业增加值的核算并不准确，只包含了旅行社一类的少数产业，没有对住宿、餐饮及娱乐等关联产业进行综合反映。广义的旅游产业将餐饮、酒店、交通等间接行业都作为旅游产业。从旅游这一社会活动对经济效益的影响来看，旅游产业的发展将带动餐饮、酒店、运输、零售、施工等多数行业的发展，详见具体旅游产品。

旅游产品：沈阳—华东双飞六日游

行程安排附行程表

含自由活动(略)

产品价格：2580元

费用包含以下内容。

(1) 交通：往返团队经济舱机票含税费、当地旅游巴士。
(2) 住宿：行程所列酒店。
(3) 用餐：行程中团队标准用餐。
(4) 门票：行程中所含的景点首道大门票，不含行程中注明需要另行支付的自费景点。
(5) 导服：当地中文导游。
(6) 当地参加的自费及以上"费用包含"中不包含的其他项目。
(7) 旅游人身意外保险。

会计核算流程图

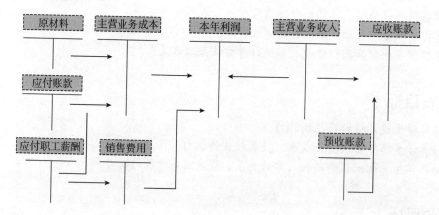

… 项目七 餐饮旅游服务业会计核算

任务一　旅游业业务与财务核算

任务引入

旅游业、餐饮业、服务业属于第三产业，在第三产业中，旅游业、餐饮业、服务业备受人们青睐，目前各国均看到了旅游餐饮服务业所带来的巨大利益，因而争相发展。随着中国经济持续快速增长，旅游、餐饮、服务业的迅速发展，在国民经济中的作用越来越大，它具有繁荣市场、平衡外汇收支、加速资金回笼、增加就业机会、增加国家税收和促进国民经济其他部门的发展等重要作用。旅游企业、餐饮企业、服务企业主要是以消费者为服务对象，以服务设施为条件，以向消费者提供劳动服务为特征的服务行业，是集生产、流通、服务三个职能于一体的综合性服务企业，不仅为消费者提供有形产品，还提供无形商品。其服务时间和空间作为无形商品，是同有形商品、物质设备等结合在一起的。

旅游服务属于生活服务业，四大行业"营改增"税收政策确定后，《关于全面推开营业税改征增值税试点的通知》(财税〔2016〕36 号)规定，试点纳税人提供旅游服务，可以选择差额征税办法。试点纳税人提供旅游服务，可以选择以取得的全部价款和价外费用，扣除向旅游服务购买方收取并支付给其他单位或者个人的住宿费、餐饮费、交通费、签证费、门票费和支付给其他接团旅游企业的旅游费用后的余额为销售额。

一、旅游餐饮服务企业会计的特点

旅游餐饮服务企业会计核算具有自身的特点，是由会计本身和旅游、餐饮、服务企业经营业务的特点决定的，与工业企业和商品流通企业相比在会计核算上表现为以下特点。

(一) 核算对象的多样性

旅游餐饮服务企业经营业务的开展往往带有系统性和配套性，如旅游企业除了组团旅游外，有条件的旅行社还经营客房、餐饮、售货、娱乐及其他业务；餐饮企业除了经营餐饮业务以外，还开展娱乐、售货及其他业务；服务企业也可同时经营文化娱乐、体育健身、美容美发、桑拿洗浴、照相、修理等多种业务。因此，为了分别提供各种经营业务的会计信息，就必须分门别类地进行会计核算。

(二) 成本核算的特殊性

旅游餐饮服务企业除向消费者提供劳务服务外，还从事商品的生产、销售和服务。如餐饮企业，要根据消费者的要求加工、烹调菜肴和食品，并将这些菜肴和食品直接出售给消费者，同时还要为消费者提供消费设施、场所和服务。但其整个生产、销售和服务过程均集中在较短的时间内完成，而且菜肴和食品的花色品种多、数量零星，因此不可能像工业企业那样按产品品种或类别逐批逐件地计算其总成本和单位成本，而只能计算菜肴和食品的总成本。而娱乐、美容、修理等服务业的成本很小，服务费用较大，因此，为简化会计核算，一般也不必单独计算服务成本，而只计算服务费用。

(三) 货币核算的涉外性

我国旅游业的接待工作有三种类型：第一种是组织国内居民在国内旅游；第二种是组织国内居民出国旅游；第三种是接待外国人来华旅游。后两种类型的业务活动都具有涉外性质，在这两类接待工作中必然涉及外币收支业务。因此，涉外旅游餐饮服务企业的会计核算，应按《中华人民共和国外汇管理条例》和外汇兑换管理办法办理外汇的存入、转出和结算业务，并以人民币为记账本位币，计算汇兑损益。

二、旅行社营业收入的核算

旅游企业是以旅游资源和服务设施为条件，通过组织旅行游览等活动向旅客出售劳务的服务性企业。旅游企业是通过对旅游的推动、促进和提供便利服务来获得收入的。从根本上来说，旅游也是一种具有服务性质的、以营利为目的的并需独立核算的特殊经济性产业，具有投资少、资金周转快、换汇成本低、利润高的特点。目前，我国最具实力的三大旅游公司是中国国际旅行社(国旅)、中国旅行社(中旅)和青年旅行社(青旅)，其中"国旅"主要负责接待外国自费旅游者；"中旅"负责接待海外华侨、外籍华人等；"青旅"负责接待世界各国或地区的青年旅游者。由于旅游产品没有物质形态，只有价值形态的运动，因此主要核算内容是组团社对外收取旅游服务费的结算，组团社与接团社之间服务费用拨付的核算，接团社与接待单位、旅游景点之间的费用结算。

(一) 旅行社营业收入的内容

旅行社的收入是指旅游企业为旅游、观光、度假、参观等提供服务所取得的收入。旅游业是通过优良的环境和迷人的自然条件吸引游人，并通过提供最佳的综合服务取得收入，获取利润。旅行社主要进行招揽、联系、安排、接待旅游者的各项工作。旅行社根据其经营内容又可分为组团社、接团社。组团社是享有外联权的，主要负责招揽、联系、安排旅游业务的旅行社，即组织国内外旅游者的旅行社。接团社是指负责接待旅游团体的旅行社。由于组团社有外联权，又称一类社；而接团社则是二类社。

旅行社的营业收入主要是各项服务收费。其收费方式一般有两种，一种是自行组团按团体收费；另一种是个别登记收费。无论采取何种收费方式，旅游营业收入都可以归为以下几种类型。

(1) 组团外联收入，是指由组团社自组外联，收取旅游者住房、用餐、旅游交通、翻译导游、文娱活动的收入。

(2) 综合服务收入，是指接团社向旅游者收取的包括市内交通费、导游服务费、一般景点门票费等在内的包价费用收入。

(3) 零星服务费，是指各旅行社接待零星旅游者和承办委托事项所得的服务收入。

(4) 劳务收入，是指非组团社为组团社提供境内全程导游翻译人员所得的收入。

(5) 票务收入，是指旅行社办理代售国际联运客票和国内客票的手续费收入。

(6) 地游及加项收入，是指接团社向旅游者收取的按旅游者要求增加的计划外当地旅游项目的收入。

(7) 其他服务收入，是指不属于以上各项的其他服务收入。

(二) 旅行社营业收入的确认

《企业会计准则》规定，企业劳务收入的确认要满足 4 个条件：①收入的金额能够可靠地计量；②相关的经济利益很可能流入企业；③交易的完工进度能够可靠地确定；④交易中已发生和将发生的成本能够被可靠地计量。旅行社营业收入就是依据上述原则确认的。旅行社无论是组团社还是接团社，组织境外旅游者到国内旅游，应以旅游团队离境或离开本地时确认营业收入的实现；旅行社组织国内旅游者到境外旅游，以旅游团队结束旅行返回时确认营业收入的实现；旅行社组织国内旅游者到国内旅游，也应以旅游团队旅行结束返回时确认营业收入的实现。

(三) 旅行社营业收入的账户设置

旅行社的营业收入，不论是组团社营业收入还是接团社的营业收入，都要通过"主营业务收入"账户进行核算。旅行社实现的营业收入，借记"银行存款""应收账款"等账户，贷记"主营业务收入"账户。该账户期末余额转入"本年利润"账户，借记"主营业务收入"账户，贷记"本年利润"账户；结转后，该账户无余额。

"主营业务收入"账户应按收入类别分别设明细账户，进行明细分类核算，如可设综合服务收入、组团外联收入、零星服务收入、劳务收入、票务收入、地游及加项收入、其他收入等二级账户，二级账户下设置三级明细账户，如在综合服务收入下设房费收入、餐费收入等。

(四) 组团社营业收入的核算

1. 组团社结算的一般程序

组团社为了招揽游客，可以直接与国内外有业务关系的旅行机构联系业务，组织国内外旅游团(者)进行旅游活动。组团社可按照路线价格一次收取全部旅游费用(或先收取部分费用，服务后再结算)，其收费核算程序如下。

首先，业务部门根据旅行团计划编制报价单。组团社的外联部门根据旅行团计划，参考有关收费标准，计算该旅游团每个人的综合服务报价及全团报价，编制"外联团外联预算明细表"，经财务部门审核无误后进行对外报价。不同地区、同一地区、不同季节、不同的团队、人数对旅游价格的影响不同，国家旅游局规定北京、广州、上海、桂林、西安、厦门、深圳、珠海、大连为旅游一类价格区，西藏为特类价格区，其他地区为二类价格区。一般旅游价格由以下几部分组成。

(1) 综合服务费，包括餐饮费、市内交通费、领队减免费、劳务费、接待手续费、公差费、销售手续费、杂费等。

(2) 房费，指按旅客要求预定的宾馆住宿费。

(3) 城市间交通费，指城市间乘坐交通工具的票价款。

(4) 专项附加费，包括特殊景点门票费、风味餐费、专业活动费、文娱费等。

其次，预收一定的费用，旅游团根据旅游合同，在规定的时间内汇交预定金，组团社对于应收的款项进行核算。

最后，结算旅游费。旅游团按照预定的时间、地点旅游结束时，应根据实际旅游项目的住宿、膳食、交通等情况填制结算表，核收全部旅费。有时，旅行社也可以在旅游团到达之前预收全部费用，旅游后再结算。

2. 账户设置

为了核算旅行社的组团营业收入，在进行会计核算时，除了设置"主营业务收入"账户外，还需设置"应收账款"(或"预收账款")账户来核算旅行社在经营过程中发生的各种应收、预收款项，并在该账户下分别设置"应收国内结算款""应收联社结算款""应收港澳结算款"和"应收国外结算款"4个明细账户进行明细分类核算。

对于允许从销售额中扣除相关费用的，应在"应交税费——应交增值税"科目下增设"'营改增'抵减的销项税额"专栏,用于记录该企业因按规定扣减销售额而减少的销项税额;企业接受应税服务时,按规定允许扣减销售额而减少的销项税额,借记"应交税费——应交增值税('营改增'抵减的销项税额)"科目,按实际支付或应付的金额与上述增值税税额的差额,借记"主营业务成本"等科目,按实际支付或应付的金额,贷记"银行存款""应付账款"等科目。

3. 税额计算与会计核算

旅游企业是增值税一般纳税人的,有两种计算缴纳增值税的选择。一是选择采用"销项税额——进项税额"的方法,以实际收取的费用为销售额,按照 6%的税率计算销项税额;以经营办公取得的增值税专用发票抵扣联注明的增值税税额为进项税额,计算实际应交的增值税。由于这种方法,进项的增值税专用发票取得比较难,一般旅游业者都不采用。二是选择以取得的全部价款和价外费用,扣除向旅游服务购买方收取并支付给其他单位或者个人的住宿费、餐饮费、交通费、签证费、门票费和支付给其他接团旅游企业的旅游费用后的余额为销售额。这种方法不得抵扣进项税额,增值税计入成本,也不得开具增值税专用发票,可以开具增值税普通发票。

根据《财政部 国家税务总局关于全面推开营业税改征增值税试点的通知》(财税〔2016〕36 号)的附件 2:《营业税改征增值税试点有关事项的规定》,试点纳税人提供旅游服务,可以选择以取得的全部价款和价外费用,扣除向旅游服务购买方收取并支付给其他单位或者个人的住宿费、餐饮费、交通费、签证费、门票费和支付给其他接团旅游企业的旅游费用后的余额为销售额。纳税人提供旅游服务选择差额征税办法并不属于简易征收办法,因此,对于一般纳税人来说,除了销售额中已抵减费用外,仍然可以抵扣其他正常进项税额。

选择差额计税办法计算销售额的试点纳税人,向旅游服务购买方收取并支付的上述费用,不得开具增值税专用发票,可以开具普通发票。

$$一般纳税人应纳增值税税额 = 当期销项税额 - 当期进项税额$$

$$当期销项税额 = 销售额 \div (1 + 6\%) \times 适用税率 6\%$$

$$小规模纳税人应纳增值税税额 = 销售额 \div (1 + 3\%) \times 征收率 3\%$$

【例7-1】××旅行社为一般纳税人,于2021年9月1日承接了北京某单位的旅游服务业务,合同含税总价106 000元,收到定金10 000元,约定并同意由吉林 A 旅游公司分包吉林景点游览服务,分包金额53 000元。××旅行社安排客人游览辽宁境内若干景区,旅途发生住宿费、餐饮费、交通费、门票费共计31 800元,游客人身意外险保费、购物费5 000元,均取得普通发票。9月10日到9月20日游览辽宁、吉林省际沿路景点,公司9日收到余款,20日游客顺利返回北京,无其他业务发生。

销售额可扣除费用不含游客人身意外险保费、购物费,因此本月增值税可扣除销售额为31 800元,扣除后的销售额为106 000 - 31 800 - 53 000 = 21 200 元。

(1) 收取定金时,会计分录如下。

借: 银行存款　　　　　　　　　　　　　　　　10 000
　　贷: 应收账款——应收国内结算款　　　　　　　10 000

(2) 收取余款时,会计分录如下。

借: 银行存款　　　　　　　　　　　　　　　　96 000
　　贷: 应收账款——应收国内结算款　　　　　　　96 000

(3) 返回取得旅游服务收入时,会计分录如下。

借: 应收账款——应收国内结算款　　　　　　　106 000
　　贷: 主营业务收入　　　　　　　　　　　　　100 000
　　　　应交税费——应交增值税(销项税额)　　　　6 000

(4) 支付 A 公司旅游服务分包款时，会计分录如下。

借：主营业务成本　　　　　　　　　　　　　　　　50 000
　　应交税费——应交增值税("营改增"抵减的销项税额)　3 000
　　　贷：银行存款　　　　　　　　　　　　　　　　　　53 000

(5) 住宿费、餐饮费、交通费、门票费入账时，会计分录如下。

借：主营业务成本　　　　　　　　　　　　　　　　30 000
　　应交税费——应交增值税("营改增"抵减的销项税额)　1 800
　　　贷：银行存款　　　　　　　　　　　　　　　　　　31 800

(五) 接团社营业收入的核算

1. 接团社结算的一般程序

组团社将组织旅游的旅游地点、所经城市及各项旅游活动、游览项目、抵达时间等通知各接团社，接团社根据组团社通知单做好各项准备工作，提供综合服务或零星服务。在旅游团离开本地后，接团社财务部门根据组团社发来的旅游团计划、接团社自己编制的接待计划、地陪人员填制的旅游团在当地详细活动情况表，按照结算标准或协议的价格填制"旅游团费用拨款通知单"及"费用结算单"，向有关组团社收取各项服务费，并根据这些单据及收到款项的情况进行营业收入处理。

2. 接团社营业收入的核算

接团社营业收入主要是组团社按拨款标准及双方协议价格拨付的费用。这些费用包括综合服务费、餐费、城市间交通费、加项服务费、陪同劳务费等。接团社的营业收入是组团社营业成本的一部分，接团社在核算营业收入时，除设置"主营业务收入"账户外，还应设置"应收账款"账户，以核算旅行社与经营业务有关的应收未收款项，该账户还可以按应收单位名称设置明细账户，凡发生应收未收款项时，借记本账户；收回款项时，贷记本账户。

【例7-2】承上例，吉林 A 旅行社在接待旅游团过程中，应向××旅行社收取旅行收入 53 000 元，财务部门根据有关凭证向组团社报"费用通知单"后接到了银行收款通知，编制会计分录如下。

(1) 确认营业收入时，编制如下会计分录。

借：应收账款——应收国内结算款　　　　　　　　　53 000
　　　贷：主营业务收入　　　　　　　　　　　　　　　　50 000
　　　　　应交税费——应交增值税(销项税额)　　　　　　3 000

(2) 接到银行收款通知时，编制如下会计分录。

借：银行存款　　　　　　　　　　　　　　　　　　53 000
　　　贷：应收账款——应收国内结算款　　　　　　　　　53 000

三、旅行社营业成本的核算

(一) 旅行社营业成本的特点

旅行社的营业成本是指用于接待旅游团队，为其提供各项服务所支付的费用，主要包括旅游者的膳食费、住宿费、游览船(车)票、门票以及交通费、文娱费、行李托运费、票务费、专业活动费、签证费、导游费、劳务费、宣传费、保险费、机场费等。如果由旅行社自行安排旅游车辆的,还包括其耗用的汽油费、车辆折旧费、司机工资等。

与生产经营企业成本相比,旅行社的营业成本有其显著的特点,主要表现在旅行社营业成本的核算对象既不是产品的生产成本,又不是商品的进价成本,也不是饮食服务企业的原材料成本,而是纯服务成本,即为旅游者服务所支付的各项直接费用。

(二) 旅行社营业成本的核算

旅行社的营业成本,不论是组团社的营业成本,还是接团社的营业成本,都要通过"主营业务成本""应付账款"等账户进行核算。其核算内容按权责发生制原则和配比原则要求,在结转主营业务收入的同时,相应结转成本进行账务处理,借记"主营业务成本",贷记"银行存款"或"应付账款"账户,月末将"主营业务成本"账户的借方余额从其贷方转入"本年利润"账户中。"主营业务成本"总分类账下可以设"组团外联成本""综合服务成本""零星服务成本""劳务成本""票务成本""地游及加项成本""其他服务成本"等账户。

(三) 旅行社销售费用和管理费用的核算

旅行社销售费用和管理费用是间接地为旅游团队提供服务发生的耗费和支出。它们在旅行社的经营支出中占有较大的比重,因此严格控制费用开支,对降低消耗、提高效益有非常重要的意义。销售费用是指旅行社各营业部门在经营业务过程中发生的各项费用,包括邮电费、水电费、差旅费、展览费、广告宣传费、业务部门的人员工资、福利费、服务费及其他费用。管理费用是指旅行社管理部门为经营活动的顺利进行而发生的各种费用,旅游公司取得水、电费等增值税专用发票进项税额可以据实抵扣销项税额。

为了对以上两项费用加强管理,会计上分别设置"销售费用"和"管理费用"账户进行核算。费用发生时,借记"销售费用""管理费用"等账户,贷记"库存现金""银行存款""累计折旧"等账户。期末将这两账户余额转入"本年利润"账户,结转后无余额。

任务小结

旅游业、餐饮业、服务业属于第三产业,旅游餐饮服务企业的会计是企业会计的一个分支,是企业管理的重要组成部分,旅游餐饮服务企业会计核算具有自身的特点,是由会计本身和旅游、餐饮、服务企业经营业务的特点决定的。与工业企业和商品流通企业相比,其在会计核算上表现为以下特点:核算对象的多样性、成本核算的特殊性、货币核算的涉外性。目前,我国最具实力的三大旅游公司是中国国际旅行社(国旅)、中国旅行社(中旅)和青年旅行社(青旅)。旅行社的收入是指旅游企业为旅游、观光、度假、参观等提供服务所取得的收入,包括以下几种类型:组团外联收入、综合服务收入、零星服务费、劳务收入、票务收入、地游及加项收入、其他服务收入。为了核算旅行社的组团营业收入,在进行会计核算时,除了设置"主营业务收入"账户外,还需设置"应收账款"(或"预收账款")账户。旅行社的营业成本既不是产品的生产成本,又不是商品的进价成本,也不是饮食服务企业的原材料成本,而是纯服务成本,即为旅游者服务所支付的各项直接费用,都要通过"主营业务成本""应付账款"等账户进行核算。

任务考核

一、选择题

1. 我国最具实力的三大旅游公司是(   )。

A. 中国国际旅行社　B. 中国旅行社　　C. 青年旅行社　　D. 康辉旅行社
2. 旅行社的收入包括但不限于( )。

A. 组团外联收入　B. 综合服务收入　C. 劳务收入　　D. 票务收入
3. 旅行社在经营过程中发生的各种应收款项需设置"应收账款"账户来核算,并在该账户下分别设置( )明细账。

A. 应收国内结算款　B. 应收联社结算款　C. 应收港澳结算款　D. 应收国外结算款
4. 由于组团社有外联权,又称( )。

A. 一类社　　　　B. 二类社　　　　C. 甲级社　　　　D. 乙级社

二、综合测评

浙江旅游服务经营企业 A 公司于 2021 年 5 月承接了杭州某单位的旅游服务业务,合同含税总价 1 091 800 元,约定游览浙江、江西省际沿路景点,并同意由 B 旅游公司分包江西景点游览服务,分包金额 436 720 元。A 公司安排客人游览浙江境内若干景区,旅途发生住宿费 235 500 元、餐饮费 184 210 元、交通费 65 370 元、门票费 60 820 元、游客人身意外险保费 21 850 元、购物费 37 040 元,均取得普通发票。本月 A 公司取得水、电费等增值税专用发票进项税额 2 550 元,无其他业务发生。假设 A 公司属一般纳税人,请做会计核算。

任务拓展

知识链接

旅行业作为典型的劳动密集型产业,人力成本在旅行社总成本中占据的比重较大,"营改增"后旅行社发生的人力成本因无法取得专用发票而无法进行抵扣,这无疑加重了旅行社的增值税税负,并挤压了旅行社的利润空间,这部分税负最终只能全部转嫁给消费者。

关键词汇中英对照

旅游企业	Tourism Enterprises
组团社	Travel Agent
综合服务收入	Comprehensive Service Income
外联收入	Outreach Income

任务二　餐饮、酒店业务与财务核算

任务引入

餐饮企业是利用一定的设施,通过职工的烹饪技术,将主、副原材料加工为菜肴或食品,同时提供消费设施、场所和服务,满足消费者的需要,直接为消费者服务,以提供各种餐饮服务而获得利润的服务型企业。其特点是既加工又销售,同时还提供服务。餐饮企业生产周期短,产品花样多,数量零星,包括各种规模的中餐馆、西餐馆、酒楼、快餐厅、咖啡馆、小吃店、酒馆等。餐饮企业的营业收入主要包括餐费收入、冷热饮收入、服务收入、其他收入等。酒店（又称为宾馆）的基本定义是提供安全、舒适，令利用者得到短期的休息或睡眠的空间的商业机构，一般来说就是给宾客提供歇宿和饮食的场所，具体来说是通过出售客房、餐饮及综合服务设施向客人提供服务，从而获得经济收益的组织。酒店主要为游客提供住宿服务，也提供餐饮、游戏、娱乐、购物、商务中心、宴会及会议等设施。

一、餐饮企业营业成本的核算

（一）餐饮企业营业成本核算的特点

从理论上讲，餐饮企业营业成本应该是餐饮部门加工烹饪主、副食品的生产费用和销售费用的总和，包括原材料、燃料、机器设备和人工的耗费等。但是，由于餐饮业加工烹制主、副食品，是边生产边销售，其生产周期短，生产费用与销售费用难以划分；同时，餐饮制品品种较多、数量零星，各种餐饮制品的成本难以一一计算，因此，现行制度规定：第一，餐饮企业的产品成本只核算耗用的原材料成本，其他成本项目，如工资、折旧费、物料消耗和其他费用等均列入有关费用中核算；第二，餐饮业的产品成本以全部产品为核算对象，核算综合成本。

（二）餐饮企业营业成本核算的方法

餐饮制品的成本包括所耗用的原材料，即组成餐饮制品的主料、配料和调料三大类。餐饮制品成本的核算方法，实际上就是餐饮制品耗用原材料成本的具体计算方法，通常有"领料制"和"以存计耗"两种方法。

1. "领料制"核算法

在采用领料制核算成本时，所有发出的原材料均需填制领料单，并据此借记"主营业务成本"账户，贷记"原材料"账户。但发出的原材料在制作过程中不一定全部用完，因此在计算饮食制品成本时，必须在月份终了对存放在操作间里已领用而未耗用的原材料和已制成但尚未售出的成品及在制品进行实地盘点，编制原材料、在制品和成品盘存表，并据此办理假退料手续，调整营业成本，借记"主营业务成本"（红字）账户，贷记"原材料"（红字）账户。调整后的"主营业务成本"账户本期借方发生额合计数，即为本月耗用原材料总成本。下月初，再将假退料数额原数冲回，借记"主营业务成本"账户，贷记"原材料"账户。

【例7-3】快餐公司采用领料制计算饮食制品成本，其9月份发料凭证汇总如表7-1所示。

表7-1 9月份发料凭证汇总

编制：　　　　　　　　　2021年9月30日

品　　名	千　克	元/千克	金额/元	备　注
大米	5 000	5	25 000	
面粉	2 000	4	8 000	
鸡蛋	1 000	4	4 000	
肉	1 000	10	10 000	
鱼	500	8	4 000	
合计			51 000	

会计部门编制会计分录如下。
(1) 领用原材料时，会计分录如下。
借：主营业务成本　　　　　　　　　　　　　　51 000
　　贷：原材料　　　　　　　　　　　　　　　　　　51 000
(2) 月末，根据操作间的实地盘点编制原材料盘点表(略)，假定有5 000元的原材料尚未使用，会计分录如下。
借：主营业务成本　　　　　　　　　　　　　　5 000
　　贷：原材料　　　　　　　　　　　　　　　　　　5 000
(3) 下月初将假退料冲回时，会计分录如下。
借：主营业务成本　　　　　　　　　　　　　　5 000
　　贷：原材料　　　　　　　　　　　　　　　　　　5 000

对月末盘存的在制品和未出售的成品中所含原材料数量，可按配料定额折合计算。领料制核算法的优点是核算手续完备，采购、保管和耗用各环节责任明确；但它要求企业建立健全领退料制度，日常原材料的出入库要严格履行填单手续，月末要组织好各方面人员认真做好盘点工作，核算工作量较大。

2. "以存计耗"核算法

"以存计耗"核算法，也称实地盘存制，此法适用于没有条件实行领料制的企业。采用这种方法，平时领用原材料时，只办理领料手续，不进行账务处理。本月耗用原材料总成本的计算公式为

本月耗用原材料总成本＝月初原材料仓库和操作间结存额 ＋ 本月购进原材料额 －
月末原材料仓库和操作间结存额

【例7-4】某农家菜庄原材料账户10月初余额为3 000元，本月购进原材料总额为100 000元，月末实际盘点原材料仓库和操作间结存总额为4 000元。该餐厅采用"以存计耗"核算法计算成本。10月耗用原材料总成本如下。
10月耗用原材料总成本＝3 000 ＋ 100 000 － 4 000＝99 000元
根据计算结果编制会计分录如下。
借：主营业务成本　　　　　　　　　　　　　　99 000
　　贷：原材料　　　　　　　　　　　　　　　　　　99 000

采用此法，虽然手续简便，但因平时材料出库无据可查，会将一些材料的丢失、浪费、贪污计入待销售品的成本中，不利于加强企业管理、降低成本和维护消费者利益。相比之下，采用"领料制"计算产品成本，虽然手续烦琐，却因材料出口有据可查，对耗费材料的成本计算就能比较准确，使降低成本、维护消费者的利益成为可能。

二、餐饮企业销售结算方式

餐饮企业销售业务既是实现营业收入、取得经营成果的过程，也是为顾客提供服务的过程，所以采用合理适用的销售结算方式，对提高饮食企业的服务质量有着重要意义。

餐饮业销售结算方式主要有以下几种。

(一) 先就餐后结算

先就餐后结算指顾客先入座点菜，然后由服务员记录，凭证一式两联，其中一联交厨房作

为取菜凭证。在顾客用餐完毕后,服务员据另一联向顾客收取款额,最后由服务员凭第一联向收款员结算。

(二) 开单收款结算

开单收款结算指服务员引导顾客选好座位,点好菜由服务员直接开单收款,然后由服务员负责与柜台结算。

(三) 现款现售结算

现款现售结算指一手交钱一手取货的收款方式,也就是顾客直接以货币到柜台购买食品。

(四) 柜台结算

柜台结算指由顾客到柜台购买专用的定额小票或筹码,然后凭小票或筹码领取食品,也可由服务员收取顾客的小票或筹码将食物送至桌上。营业结束后,柜台收款员要填制"营业收入日报表",经服务员核对签章后,连同营业款一并交财会部门。

(五) 转账结算

转账结算指对有往来关系的单位和个人,在用完餐后,由服务员开具收款单据,用餐人(或负责人)在收款单上签字,据以办理转账款项。

(六) 信用卡结算

信用卡结算指企业有关银行签订使用信用卡合同后,客人凭信用卡用餐,企业根据信用卡结算单入账。

三、饮食制品销售价格的确定

饮食制品的销售价格,一般要求根据配料的定额成本和规定的毛利率,由企业自行制定。而且随着季节的变化及采购成本的不同,同一品种不同时期的价格变化幅度也较大。餐饮业销售的饮食制品,包括自制和外购两个部分。由于两者价格制定和经营要求不同,核算方法也有差别,这里只介绍自制品销售价格的计算。

饮食制品配料数量定额是指制作每一单位饮食品所规定的投料数量标准。这一标准除一部分食品由上级主管单位统一规定外,大部分自制品由企业根据食品风味特点、规格及厨师投料的经验研究制定。这一标准主要是根据投料的数量定额计算出来的。将配料数量定额乘以配料单位成本,然后相加,即求出配料定额成本,并以此作为制定售价的依据。饮食自制品销售价格的计算有毛利率计算法和加成率计算法。

(一) 毛利率计算法

毛利率计算法也称内扣法,是以售价为基数,按照规定的毛利率和配料定额成本,用内扣方式确定售价的一种方法,相关计算公式为

$$销售价格 = 配料定额成本 + 毛利额$$

$$毛利率 = 毛利 \div 销售价格 \times 100\%$$

$$自制品销售价格 = \frac{配料定额成本}{1 - 毛利率}$$

【例 7-5】木须肉的配料定额成本为 12 元,规定毛利率为 40%,那么木须肉销售价格 = $12 \div (1-40\%) = 20$ 元。

(二) 加成率计算法

加成率计算法是以配料定额成本为基数,按照规定的加成率,用外加方式计算自制饮食品售价的一种方法。相关计算公式为

$$加成率 = \frac{加成额}{配料定额成本} \times 100\%$$

$$销售价格 = 配料定额成本 + 加成额$$

$$自制品销售价格 = 配料定额成本 \times (1 + 加成率)$$

【例 7-6】假设例 7-5 中规定加成率为 66.7%,那么木须肉销售价格 = $12 \times (1+66.7\%) = 20$ 元。

(三) 毛利率与加成率的换算

毛利率计算法与加成率计算法各有优缺点。从账务分析方面看,毛利率法优于加成率法。这是因为国民经济指标中有许多指标与毛利率的计算口径一致,都是以售价为基数计算的,如费用率、税金率、利润率等。它们之间的关系为

$$毛利率 - 费用率 - 税金率 = 利润率$$

从计算售价上看,加成率法比毛利率法简便。因此,在实际工作中就经常需要将两种比率进行换算,换算公式为

$$加成率 = \frac{毛利率}{1 - 毛利率} \times 100\%$$

【例 7-7】假定宫保鸡丁的毛利率为 35%,那么其加成率 = $\frac{35\%}{1-35\%} = 53.85\%$。

四、餐饮企业营业收入的核算

(一) 普通业务营业收入核算

餐饮企业无论采用哪种结算方式,均应在每日营业终了,由收款员根据当日销售情况编制"营业收入日报表"(见表 7-2),连同收到的现款一并交企业财会部门,或者由收款员将现金送存银行,凭银行进账单回单联等凭证,向财会部门报账。财会部门根据收款员转来的"营业收入日报表"等凭证及现金,经审核无误后,进行账务处理,即借记"库存现金"或"银行存款"账户,贷记"主营业务收入"账户;如果发生现金溢余或短缺,计入"待处理财产损溢"账户。

表 7-2 营业收入日报表

年   月   日

金额单位：元

项 目	销售金额		上 缴		备 注
	应 收	实 收	现 金	支 票	
早点					
正餐					
夜宵					
小吃					
切面					
……					
销售商品					
……					
合计					

【例 7-8】沈阳风味餐厅 2021 年 9 月 1 日的"营业收入日报表"列明应收现金 3 180 元，实收现金 3 130 元，缺 50 元待查，编制会计分录如下。

借：库存现金　　　　　　　　　　　　　　　　　　3 130
　　待处理财产损溢　　　　　　　　　　　　　　　　 50
　　贷：主营业务收入　　　　　　　　　　　　　　　　　3 000
　　　　应交税费——应交增值税——销项税　　　　　　　180

如果属收款员工作差错，经批准，30%由收款员负责，其余作为企业损失，则应编制会计分录如下。

借：其他应收款——收银员　　　　　　　　　　　　 15
　　销售费用　　　　　　　　　　　　　　　　　　　 35
　　贷：待处理财产损溢　　　　　　　　　　　　　　　　　50

（二）发行有价票券时营业收入的核算

有的餐饮企业为了方便住店客人，合理组织餐饮营业收入，会使用发行内部有价票券的方式为客人提供餐饮服务。有价票券分为两种：一种是一次性使用的有价票券；另一种是多次循环使用的有价票券。

一次性使用票券，是指只能使用一次，饭店根据经营中客人使用的需要发行，并且使用后就作废的票券。饭店发行此类票券时，应根据收到的实际发售价款，借记"库存现金"账户，贷记"其他应付款"账户，收到餐券时借记"其他应付款"账户，贷记"主营业务收入"账户。

多次循环使用的票券，是指可供客人多次周转、循环使用的票券。采用多次循环使用的票券时，企业要根据这种情况增设"库存有价票券"账户和"发行有价票券"账户。

【例 7-9】盛京饭店发行 20 000 元内部多次循环使用的票券，当月售出 15 000 元，当月收回 10 600 元票券，编制会计分录如下。

(1) 发行 20 000 元内部多次循环使用的票券时，会计分录如下。

借：库存有价票券　　　　　　　　　　　　　　　　20 000
　　贷：发行有价票券　　　　　　　　　　　　　　　　　20 000

(2) 当月售出有价证券15 000元时，会计分录如下。
借：库存现金　　　　　　　　　　　　　　　　　　15 000
　　贷：库存有价票券　　　　　　　　　　　　　　　　　15 000
(3) 月末收回有价票券时，会计分录如下。
借：库存有价票券　　　　　　　　　　　　　　　　10 600
　　贷：主营业务收入　　　　　　　　　　　　　　　　　10 000
　　　　应交税费——应交增值税——销项税　　　　　　　600

当多次循环使用的有价票券作废时，借记"发行有价票券"账户，贷记"库存有价票券"账户。

五、酒店营业收入的内容和收费的基本方式

酒店是服务业的重要组成部分，是集旅游业、饮食业、服务业于一身的综合服务性企业。其接待的对象是国内和国外的旅游者等广大顾客。这些顾客是为了观光旅游、探亲访友、参加各类会议、进行文化技术交流和进行商务活动而来的。他们要求企业提供综合服务项目包括客房服务、餐饮、商品供应、通信、健身娱乐及旅游观光、商务谈判等。这些项目构成了酒店的营业收入来源。所以，酒店营业收入主要包括客房收入、餐饮收入、车队收入等。

酒店的收费方式主要有两种：集中收费和分散收费。

(一) 集中收费

集中收费是对客人住店期间的住宿、饮食及其他服务收费采取单式记账，客人离店时由设在总服务台的出纳统一根据记账单收费的一种收费方式。采取这种收款方式，营业收入的管理工作由总服务台出纳处或收银部负责，餐厅、客房和综合服务部门设立记账员，具体收费的程序如下。

(1) 登记。客人入住酒店后，首先在总服务台办理住宿手续，填写"住宿登记表"和记账卡，建立客人档案。

(2) 收取保证金。酒店对客人预收部分房租保证金，离店时结算；或者预收费用，在结算时多退少补。

(3) 建立消费账户并及时入账。酒店为散客、团体住客建立消费账户，在酒店的电脑系统中分配账号，及时把客人的各项消费数额输入户头，作为客人结算的原始依据。

(4) 结算。酒店确认客户离店情况，检查账卡资料，询问客人是否有最新消费，填写或打印账单，审核无误后交客人确认，根据客人选定的付款方式结算。

(5) 交款编表。每日营业结束时，相关部门要清点现金，整理账单，编制"营业收入日报表"和"内部交款单"，核对无误后交财会部门。

(6) 稽核。稽核员对上述账单资料进行检查核对，是对业务流程的控制手段。

大部分的收入稽核分为夜间稽核和日间稽核。在规模较大的酒店，每天晚上都有专门的人员负责稽核当日的经营活动。夜间稽核一般在当天营业结束后进行。夜间稽核人员审核无误后，编制"营业收入日报表"(见表7-3)汇总客房、饮食等经营数据。日间稽核人员对"营业收入日报表"核对无误后，在表上签字，作为核对依据，在第二天上午按指定时间报送总经理室。

表 7-3 营业收入日报表

编表：　　　　　　　　　　　　　　年　月　日　　　　　　　　　　　金额单位：元

项目		本日收入		本月累计		去年同期累计	
		计划	实际	计划	实际	计划	实际
客房	出租收入						
	服务费收入						
	小计						
餐饮	中餐						
	西餐						
	宴会						
	服务费						
	其他费						
	小计						
其他	洗衣						
	车费						
	电话费						
	杂项						
	小计						
收入合计							

（二）分散收费

分散收费是对客人住店期间的住宿、饮食和其他服务的收费，分别由内部各部门的出纳负责收费的一种收费方式。采取这种方式，各餐厅、客房及其他服务部门分别设立收款员，负责本部门的账务处理，各现金出纳将客人的消费账单和现金及时送交总服务台账务处汇总。

在这两种收费方式中，集中收费方式收费集中，方便顾客，但是容易漏账、跑账；分散收费方式比较严谨，不易发生跑账、漏账，但是收费分散，顾客不方便。酒店应结合实际情况选择合理的收费方式。

六、客房出租率和租金收入率

客房收入在酒店的营业收入中占有很大的比重。客房的经营情况可以由客房出租率和租金收入率来反映，这是衡量酒店经营情况的重要指标。

（一）客房出租率

客房出租率是指客房的利用率或开房率，即已出租客房占可以出租客房的比例。客房出租率的高低说明住店人数的多少。客房出租率高说明住店人数多；客房出租率低，则说明住店人数少。其计算公式为

$$客房出租率 = \frac{计算期客房实际出租间天数}{可出租客房数量 \times 计算期天数} \times 100\%$$

【例 7-10】盛京大酒店 2021 年 9 月可供出租的客房有 100 间，当月 15 天出租了 80 间，还有 15 天出租了 60 间。当月共出租了 2 100 间天(80 间×15 天＋60 间×15 天)，则

$$9月该酒店客房出租率 = \frac{2\,100}{100 \times 30} \times 100\% = 70\%$$

一般来说，可供出租的客房数是不变的，但是有特殊情况时，比如客房装修等，则应将暂时不能出租的客房从可供出租的客房总数中扣除。例如，在上例中的 100 间客房中如果有 20 间因为客房装修施工而暂时停止出租 5 天，则

$$该酒店当月客房出租率 = \frac{80 \times 30 + 20 \times 15}{100 \times 30 - 20 \times 5} \times 100\% = 72.17\%$$

（二）租金收入率

租金收入率是指一定时期内酒店客房实际收到房租总额占应收房租总额的比例。租金收入率反映一定时期内酒店的实际收入水平。客房租金收入率是衡量客房收入水平的一个重要指标，相关计算公式为

$$客房租金收入率 = \frac{报告期实收客房租金总额}{报告期应收客房租金总额} \times 100\%$$

报告期应收客房租金总额 = Σ(某类可供出租客房数×该类客房日租金额×报告期天数)

【例 7-11】盛京大酒店有客房 100 间，其中一等房间 10 间，每天租金 350 元；二等房间 60 间，每天租金 250 元；三等房间 30 间，每天租金 100 元。9 月，客房实际租金收入 500 000 元，则该月酒店客房收入租金收入率为

客房收入租金收入率 = 500 000 ÷ [30×(10×350 + 60×250 + 30×100)] = 77.5%

在客房出租率完全相同的两个月里，其实际的收入和经营情况可能不同，租金收入率一般能反映客房的实际收入和经营情况，这是因为酒店在经营时会根据实际情况制定一些优惠和促销措施，比如给旅游团和钟点客人以不同程度的折扣、给某些客人免费等。在这种情况下，客房的出租率可能很高，但是实际的收入却不高。另外，在节假日和旅游旺季，由于客人较多，可能在有的客人当天退房后，酒店会将客房再次出租。在这种情况下，客房出租率可能是 100%，而租金收入率却可能超过 100%。租金收入率超过 100%，表明这个酒店在这个期间客房出租基本没有折扣，而且有一些房间在某些天里出租了两次。

另外，通过租金收入率和客房出租率的比较可以帮助酒店制定房租价格。一般来说，租金收入率会高于客房出租率。如果客房出租率过低而租金收入率较高，则表明房租的价格过高，为了扩大经营，提高利润，应当适当降低租金；反之，如果租金收入率和客房出租率都很高，则可以根据市场分析结果，调高客房的租金，赚取更多的利润。

七、客房收入的核算

客房营业收入是通过出租客房而取得的收入，因此，客房一经出租，不论房租收到与否，都应作为销售处理。根据收入的确认原则，客房收入的入账时间是客房实际出租的时间。

酒店预收客户住店保证金时，借记"库存现金""银行存款"账户，贷记"预收账款"账户；按当期应收的客房租金额借记"应收账款"账户，贷记"主营业务收入"和"应交税费"账户；按当日结账客人交付的现金借记"库存现金"账户，贷记"应收账款"账户；当客人有保证金时，应冲减其应付租金，借记"预收账款"账户，贷记"应收账款"账户。

【例 7-12】盛京大酒店财务部收到酒店总服务台转来的"营业收入日报表"(见表 7-4)和"内部交款单"(见表 7-5)，同时收到现金 78 560 元。

表7-4 营业收入日报表

部门：　　　　　　　　　　　20××年××月××日　　　　　　　金额单位：元

预 收 账 款	上 日 结 存	今 日 应 收	今 日 应 交	本 日 结 存
	589 500	198 680	78 560	469 380

实收现金(大写)：柒万捌仟伍佰陆拾元整

备注：

表7-5 内部交款单

20××年××月××日　　　　　　　　　　　　　　收款员：

缴纳的现金			支票及信用卡	
货 币 面 值	张　　数	金额／元	种　　类	金额／元
100元	160	16 000	转账支票	28 600
50元	85	4 250	牡丹卡	16 520
20元	38	760	长城卡	11 150
10元	128	1 280		
5元				
2元				
1元				
		22 290		56 270
合计	实际缴纳现金(大写)：柒万捌仟伍佰陆拾元整			

编制会计分录如下。

(1) 根据当日预收押金(今日交付)，编制会计分录如下。

借：库存现金　　　　　　　　　　　　　　　　　　　　22 290
　　银行存款　　　　　　　　　　　　　　　　　　　　56 270
　　贷：预收账款　　　　　　　　　　　　　　　　　　78 560

(2) 根据当日实现的营业收入(今日应收)，编制会计分录如下。

借：应收账款　　　　　　　　　　　　　　　　　　　198 680
　　贷：主营业务收入　　　　　　　　　　　　　　　187 433.96
　　　　应交税费——应交增值税——销项税　　　　　11 246.04

(3) 同时冲减预收押金，编制会计分录如下。

借：预收账款　　　　　　　　　　　　　　　　　　　78 560
　　贷：应收账款　　　　　　　　　　　　　　　　　78 560

八、酒店营业成本的核算

酒店的营业成本是指酒店除客房部费用以外的各类经营业务的直接成本，包括餐饮成本、商品成本、其他成本等。从理论上讲，旅游酒店的客房营业成本应该是在为宾客提供服务过程中所消耗的人力、物力、财力价值，也应计入酒店营业成本，并将客房营业收入与其成本费用相互配比，求得经营成果。但是由于旅游饭店的客房具有一次性投资较大、日常经营中耗费物资较小，营业周期较短，各类经营业务间相互交叉，直接费用和间接费用不易划分等特点，造成了计算旅游酒店客房营业成本的困难，而且计算求得的成本也不准确。

为了简化酒店的会计核算，实际工作中，除出售商品和耗用原材料、燃料的商品部、餐饮部按其销售的商品和耗用的原材料、燃料计算营业成本以外，其他各种服务性的经营活动，均不核算营业成本，而将其因提供服务而发生的各种支出，分别计入"销售费用""管理费用"和"财务费用"账户中。因此，酒店在进行客房部的会计核算时，可以设立"销售费用"账户核算其费用消耗，而不设立"主营业务成本"账户核算成本。应该指出，不核算客房部营业成本，并不等于客房部没有营业成本，只不过是将其支出都作为费用了。

特别值得强调的是，酒店其他部门的一些服务项目，如搬行李、预订、开房等工作所发生的费用，是直接为客房产品的销售服务的，所以这些费用应直接计入客房部门的销售费用中。在客房部门销售费用核算中，应该注意以下问题。

(1) 建立和健全客房原始记录，尤其是客房产品销售记录、物料用品消耗记录、客房设备维修记录等。

(2) 与客房产品销售有关的费用支出，都应计入客房部门的费用中。

(3) 加强客房客用消耗品的管理与核算。

任务小结

餐饮企业的产品成本只核算耗用的原材料成本，其他成本项目均列入有关费用中核算；餐饮业的产品成本是以全部产品为核算对象，核算综合成本。餐饮业饮食制品成本的核算有"领料制"和"以存计耗"两种核算方法，饮食制品定价可采用成本加成法和毛利率法。客房收入在酒店的营业收入中占有很大的比重，客房的经营情况可以由客房出租率和租金收入率来反映。旅游饭店在进行客房部的会计核算时，可以设立"销售费用"账户核算其费用消耗，而不设立"主营业务成本"账户核算成本。饭店其他部门的一些服务项目，如搬行李、预订、开房等工作所发生的费用，是直接为客房产品的销售服务的，所以这些费用应直接计入客房部门的销售费用中。

任务考核

一、填空题

1. 餐饮企业的产品成本只核算耗用的(　　)，其他成本项目，如工资、折旧费、物料消耗和其他费用等均列入(　　)中核算；餐饮业的产品成本以全部产品为核算对象，核算(　　)。

2. 餐饮制品耗用原材料成本的具体计算方法，通常有(　　)和(　　)两种方法。

3. 以存计耗法，也称(　　)，适用于没有条件实行领料制的企业。

4. 饮食自制品销售价格的计算有(　　)和(　　)。

5. 餐饮有价票券分为两种：一种是(　　)使用的有价票券；另一种是(　　)使用的有价票券。

6. 采用多次循环使用的票券时，企业要根据这种情况增设(　　)和(　　)账户。

7. 酒店的收费方式主要有(　　)和(　　)。

8. (　　)和(　　)是衡量酒店经营情况的重要指标。

9. 搬行李、预订、开房等工作所发生的费用，应直接计入客房部门的(　　)中。

二、会计核算

1. 某餐厅财务部 2021 年 8 月 18 日收到收款台报送的当日营业收入报表，如表 7-6 所示。

表 7-6 营业收入报表

2021 年 8 月 18 日　　　　　　　　　　　　　　　　金额单位：元

项　　目	现　金	支　票	签　单	定　金	合　计
(1) 中餐	4 670.00	6 600.00	1 150.00	600.00	13 020.00
(2) 西餐	2 980.00				2 980.00
(3) 快餐	860.00				860.00
(4) 盒饭	280.00				280.00
合计	8 790.00	6 600.00	1 150.00	600	17 140.00

说明：支票 6 600.00 元是结算以前欠款；签单 1 150.00 元为当日赊欠；定金 600.00 是预定明日酒席。

要求：根据上述资料，做出会计处理。

2. 假日餐厅 2021 年 10 月发生如下经济业务。

(1) 1 日，从肉联厂购进鲜肉 200 千克，单价每千克 10 元，贷款以转账支票支付。鲜肉直接送操作间备用。

(2) 2 日，从菜市场购进各种新鲜蔬菜共 100 千克，贷款总计 500 元，以现金支付，蔬菜直接送操作间备用。

(3) 3 日，操作间领用大米 400 千克，每千克账面价格为 2 元；领用面粉 300 千克，每千克账面价格为 2 元。

操作间 10 月末盘存各种副食原材料价值 1 600 元。

要求：请对 10 月的原材料收发业务进行会计处理，并计算该餐厅 10 月的原材料成本(该餐厅采用"领料制"方法核算)。

3. 汉拿餐厅新推出菜肴"西芹百合"，每份用西芹 500 克，每千克 20 元；百合 100 克，每千克 800 元，其他调配料 10 元。该餐厅的销售毛利率为 40%。请计算其售价。

三、综合测评

盛京大酒店有客房 100 间，其中一等房间 10 间，每天租金 300 元；二等房间 50 间，每天租金 200 元；三等房间 40 间，每天租金 100 元。9 月，客房实际租金收入 350 000 元，其中一等房出租 10 天，二等房出租 30 天，三等房出租 10 天，则该月酒店租金收入率和客房出租率各是多少？

知识链接

财税〔2016〕140 号第九条规定，提供餐饮服务的纳税人销售的外卖食品，按照"餐饮服务"缴纳增值税。该规定终结了外卖食品按"销售货物"17%缴税，堂食按"餐饮服务"6%缴税的历史，"外卖"和"堂食"税率扯平了。餐饮服务指通过同时提供饮食和饮食场所的方式为消费者提供饮食消费服务的业务活动，因此，没有饮食场所的单纯外卖企业，应按销售货物缴税。

关键词汇中英对照

餐饮服务业	Food Service Industry
有价票券	Paper Representing Value
租金收入率	Rental Income Rate
客房出租率	Occupancy Rate

项目八　农村集体经济组织及农民专业合作社会计核算

🔍 能力目标

1. 能够根据《村集体经济组织会计制度》正确核算集体组织的资产与负债。
2. 能够根据《农民专业合作社财务会计制度》正确核算农民合作社成员往来与收益。

🔍 知识目标

1. 掌握生物资产核算的方法。
2. 掌握合作社首次分配与二次分配的核算。
3. 掌握特殊负债科目一事一议资金、专项应付款等科目的核算。

🔍 素质目标

1. 培养学生正确认识农业、服务农业的意识。
2. 培养学生区分企业利润分配与合作社盈余分配的能力。
3. 培养学生了解国家扶持政策并对扶持资金的管理核算能力。

🔍 思政目标

1. 了解国家"三农"政策和顺应亿万农民对美好生活的向往做出的重大决策。
2. 熟知"两个一百年"奋斗目标，树立富强、民主、文明、和谐的社会主义核心价值观。

项目情境

农村集体经济是指主要生产资料归农村社区成员共同所有,实行共同劳动,共同享有劳动果实的经济组织形式。党的十一届三中全会以来,我国农村集体经济改变了过去"三级所有、队为基础"的基本经济体制,村级集体经济成为农村基本的经济组成部分。并且,伴随着家庭联产承包责任制的推行,村级集体经济改变了过去"集体所有、统一经营"体制一统天下的格局,在家庭分散经营与集体统一经营相结合的双层经营体制基础上,衍生出多种实现形式,尤其是在家庭联产承包责任制基础上,一些农民顺应市场经济的发展,在农村社区或突破社区界限,自发成立了农民专业合作社以及股份制、股份合作制等多种形式的经济组织,提高了组织化程度和收入水平。

目前我国农村存在两种经济形式,即农民专业合作社与传统的农村集体经济组织,农民专业合作社具有如下特征。

(1) 农民专业合作社是农民自发组织起来的。我国农村实行家庭承包经营后,面对日益激烈的市场竞争,农民自觉产生了联合起来的要求,用组织起来的力量,共同进入市场,以提高农产品的竞争力,增加自己的收入。在农民专业合作社的发展过程中,没有来自政府的行政干预,是农民自发组织起来的。

(2) 农民专业合作社实行"入社自愿、退社自由"的原则。农民专业合作社成员资格是开放的,不仅仅局限于同一社区的农民,规模大一点的合作社,其成员往往分布在不同的村庄、乡镇,甚至更大的范围。

(3) 农民专业合作社是专业的经济组织。农民专业合作社以同类农产品的生产或者同类农业生产经营服务为纽带,来实现成员共同的经济目的,其经营服务的内容具有很强的专业性。

(4) 农民专业合作社是新的独立的市场主体。联合起来的农民通过专业合作社参与市场活动,提高了农业生产和农民进入市场的组织化程度,也是一个新的市场主体,依法登记的农民专业合作社具有法人资格。

思考:果木培育费用如何进行会计核算?

会计核算流程图

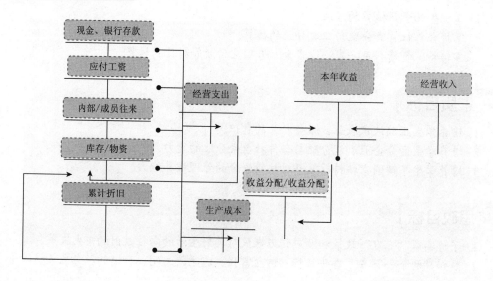

任务一　农村集体经济组织业务与财务核算

任务引入

村财乡管制度就是村级财政由乡政府代管,其目的是监督村级财务,杜绝村干部铺张浪费、乱开支的现象发生,以促进农村的党风廉政建设。具体体现在:村集体财务在所有权、使用权和决策权三权不变的前提下,在坚持村级所有、乡级服务、民主管理的原则下,委托乡镇(区)农村财务管理服务中心进行统一监督管理。当前,"村财乡管"一般采用以下三种形式:①村委会所有的资金、账目都上交给乡镇的农经站或者信用社管理,村委会需要用款先由村委会拿出预算,再报经乡镇农经站或信用社和乡镇政府审核、批准;②在钱的使用上实行资金的使用权、管理权、审批权分开;③多数乡镇采取村委会会计人员统一集中在乡镇办公,用管住会计人员的办法来管理村委会的资金和财产。严格实行一支笔审批,设立村民理财小组,各项开支发票经理财小组审核后,由村主任审批报销。

一、农村集体经济组织及会计的特点

(一) 农村集体经济组织

农村集体经济组织最初产生于 1949 年后的合作化运动,农户将自己的生产资料(土地、较大型农具、耕畜)交出来形成集体,从而组建成以生产队为单位的集体经济组织。中国农村集体经济组织起源于人民公社,人民公社以"政社合一"和集体统一经营为特征,是当时计划经济体制下农村政治经济制度的主要特征,代表着农村计划经济时代。党的十一届三中全会之后,随着改革开放的深入,农村家庭联产承包责任制逐步建立,原交由集体统一生产经营的大型牲畜、农具、耕地等生产资料全部分配到以家庭为单位的农户,随之,农业经营形式转为一家一户模式,集体从事农业生产经营基本不复存在。现在,一般意义上的集体经济组织是指生产队(现在所说的村委会),也就是说,以生产队为单位的集体经济组织是农村承包地、林地,以及其他生产资料的实际控制人或所有人。

由于农业生产及农村集体经济组织的特殊性,我国财政部颁布《村集体经济组织会计制度》,该制度于 2005 年 1 月 1 日起实施。农村集体经济组织的会计工作组织形式可以采用"村级会计委托代理制",将村级财务工作委托代理机构办理,也可以采用"村财村管"的管理体制,自行组建村会计机构管理农村集体经济组织财务及会计工作。

2017 年 10 月 1 日起实施的《中华人民共和国民法总则》赋予了农村集体经济组织特别法人地位,为支持农业和农村发展,国家出台了一系列涉农税收优惠政策,如对农业生产者销售的自产农产品免征增值税;纳税人购进农业生产者销售自产的免税农业产品允许扣除进项税额;企业从事农、林、牧、渔业项目减免企业所得税,等等。上述税收优惠政策和税制改革措施,符合条件的农村集体经济组织均可适用或受益,大大降低了实际税负,有利于减轻其发展的成本。

(二) 农村集体经济组织会计特点

《村集体经济组织会计制度》与以往的制度相比,更加体现了财务公开和民主管理的精神,并特别强调了包括货币资金、销售、采购、存货、固定资产、投融资等业务的内部控制程序和做法,这对做好村务公开和民主管理,加强村集体经济组织会计核算工作的规范化和制度化、完善化具有极大的推动作用。农村集体经济组织会计,在确认、计量时仍然坚持"会计主体、持续经营、会计分期、货币计量"四大基本假设和"权责发生制"这一会计基础,但在一些具体核算规则上则有着自身的特点,这些特点主要体现在以下三个方面。

(1) 在主体界定方面,为适应双层经营的需要,村集体经济组织应实行统一核算和分散核算相结合的两级核算体制。凡是作为发包单位的村集体经济组织发生的收支、结算、分配等会计事项都必须按该制度的规定进行核算。但由于村集体经济组织所属的各承包单位实行单独核算,因而其发生的经济业务不计入村集体经济组织的账内。由于农村集体经济组织以发展经济为主,同时负有管理职能,因此,在会计核算上不仅要完成组织的收入、费用和收益的核算,还必须承担起作为基层政府对货币资金的提留、调拨、投放和收回的资金控制与运用职能。

(2) 农村集体经济组织会计要素的设置有特殊要求。从整体上来看,农村集体经济组织也设置了六大会计要素,即资产、负债、所有者权益、收入、费用和损益。在会计科目的设置上,根据村集体经济组织的实际经营特点,设置了一些专用会计科目,例如,资产类中专门设置了"牲畜(禽)资产""林木资产"科目,负债中单独设置了"一事一议资金"科目,收入中将发包及上交收入、补助收入进行单独核算等。

(3) 适应村集体经济组织会计基础工作现状,一些核算内容和方法大大简化。例如,所有者权益中将资本公积和盈余公积合并为"公积公益金"科目;损益类项目中不再单独设置财务费用和营业费用,而是将其核算内容合并到其他支出科目;固定资产可以按年或按季、按月提取折旧,而不必按月计提折旧;长期投资只要求用成本法核算,也不要求期末计提各种减值准备;不要求编制现金流量表,等等。

(三) 农村集体组织会计科目

根据 2005 年 1 月 1 日财政部颁布实施的《村集体经济组织会计制度》的要求,农村集体经济组织会计科目如表 8-1 所示。

表 8-1 农村集体经济组织会计科目

序 号	科目名称及科目编码	会计科目核算要求
	资产类	
1	库存现金(101)	核算农村集体经济组织的库存现金
2	银行存款(102)	核算农村集体经济组织存入银行、信用社或其他金融机构的款项
3	短期投资(111)	核算农村集体经济组织购入的各种能随时变现并且持有时间不超过一年(含一年)的股票、债券等有价证券投资
4	应收账款(112)	核算农村集体经济组织与外部单位、外部个人发生的各种应收及暂付款项
5	内部往来(113)	核算农村集体经济组织与所属单位、农户的经济往来业务
6	库存物资(121)	核算农村集体经济组织库存的各种原材料、农户材料、农产品、工业产成品等物资
7	牲畜(禽)资产(131)	核算农村集体经济组织购入或培育的牲畜(禽)的成本;本科目设置"幼畜及育肥畜"和"产役畜"两个二级科目
8	林木资产(132)	核算农村集体经济组织购入或营造的林木成本;本科目设置"经济林木"和"非经济林木"两个二级科目

(续表)

序 号	科目名称及科目编码	会计科目核算要求
9	长期投资(141)	核算农村集体经济组织不准备在一年内(不含一年)变现的投资,包括股票投资、债券投资和农村集体经济组织兴办企业等投资
10	固定资产(151)	核算农村集体经济组织所有的固定资产原值
11	累计折旧(152)	核算农村集体经济组织为所有固定资产计提的折旧
12	固定资产清理(153)	核算农村集体经济组织因出售、报废和毁损等原因转入清理的固定资产净值,以及在清理过程中所发生的清理费用和清理收入
13	在建工程	核算农村集体经济组织进行工程建设、设备安装、农业基本建设设施大修理等发生的实际支出;购入不需要安装的固定资产,不通过本科目核算
特1	无形资产	核算农村集体经济组织可能购入的无形资产
特2	拨付所属单位资金	核算农村集体经济组织可能发生的向其下属单位拨付的资金
负债类		
14	短期借款(201)	核算农村集体经济组织从银行、信用社和有关单位、个人借入的期限在一年以内(含一年)的各种借款;农村集体经济组织借入的期限在一年以上(不含一年)的借款在"长期借款及应付款项"科目核算
15	应付款项(202)	核算农村集体经济组织与外部单位和外部个人发生的偿还期在一年以下(含一年)的各种应付及暂收款项等
16	应付工资(211)	核算农村集体经济组织应付给其管理人员及固定员工的报酬总额;上述人员的各种工资、奖金、津贴、福利补助等,不论是否在当月支付,都应通过本科目核算;农村集体经济组织应付给临时员工的报酬,不通过本科目核算,而在"应付款项"或"内部往来"科目中核算
17	应付福利费(212)	本科目核算农村集体经济组织从收益中提取,用于集体福利、文教、卫生等方面的福利费(不包括兴建集体福利等公益设施支出),包括照顾烈军属、五保户、困难户的支出,计划生育支出,农民因公伤亡的医药费、生活补助及抚恤金等
18	长期借款及应付款项(221)	核算农村集体经济组织从银行、信用社和有关单位、个人借入的期限在一年以上(不含一年)的借款及偿还期在一年以上(不含一年)的应付款项
19	一事一议资金(231)	核算农村集体经济组织兴办生产、公益事业,按一事一议的形式筹集的专项资金
特3	专项应付款项	核算农村集体经济组织可能发生的接受具备专门用途的国家下拨资金
所有者权益		
20	资本(301)	核算农村集体经济组织实际收到投入的资本
21	公积公益金(311)	核算农村集体经济组织从收益中提取的和其他来源取得的公积公益金
22	本年收益(321)	核算农村集体经济组织本年度实现的收益
23	收益分配(322)	核算农村集体经济组织当年收益的分配(或亏损的弥补)和历年分配后的结存余额;本科目设置"各项分配"和"未分配收益"两个二级科目

(续表)

序　号	科目名称及科目编码	会计科目核算要求
	成本类	
24	生产(劳务)成本(401)	核算农村集体经济组织直接组织生产或对外提供劳务等活动所发生的各项生产费用和劳务成本
	损益类	
25	经营收入(501)	核算农村集体经济组织当年发生的各项经营收入
26	经营支出(502)	核算农村集体经济组织因销售商品、农产品、对外提供劳务等活动而发生的实际支出
27	发包及上交收入(511)	核算农户和其他单位承包集体耕地、林地、果园、鱼塘等上交的承包金及村(组)办企业上交的利润等；本科目设置"承包金"和"企业上缴利润"两个二级科目
28	补助收入(522)	核算农村集体经济组织收到的财政等有关部门的补助资金
29	其他收入(531)	核算农村集体经济组织除"经营收入""发包及上交收入"和"补助收入"以外的其他收入，如罚款收入、存款利息收入、固定资产及库存物资的盘盈收入等
30	管理费用(541)	核算农村集体经济组织管理活动发生的各项支出，如管理人员的工资、办公费、差旅费、管理用固定资产的折旧和维修费用等
31	其他支出(551)	核算农村集体经济组织与经营管理活动无直接关系的其他支出，如公益性固定资产折旧费用、利息支出、农业资产的死亡毁损支出、固定资产及库存物资的盘亏、损失、防汛抢险支出、无法收回的应收款项损失、罚款支出等
32	投资收益(561)	核算农村集体经济组织对外投资取得的收益或发生的损失

农村集体经济组织会计制度与企业会计准则在会计核算过程中明显不同。由于农户生产合作、农产品饲养培育的特殊性，农村集体会计制度新增了"内部往来""牲畜(禽)资产""林木资产"等会计科目来准确反映、计量相关特殊资产；对于农村组织而言业务发生量比较少的投资业务、租赁业务、公积金业务等，农村集体经济组织会计制度做了适当的简化处理。因此，对于两大农业资产科目核算的理解与运用是真正理解农村集体会计制度中资产要素的关键。另外，从我国农村现有的小规模生产方式来看，本村农户与集体之间的内部交换业务是准确核算村集体资产的又一重点。我们通过"内部往来"科目不仅理清了集体与个人之间的利益关系，也为今后进一步变革村集体生产关系奠定了基础。

(四) 农村集体经济组织会计报表

农村集体经济组织会计报表在设置上与企业会计报表结构不同，农村集体经济组织会计报表体系包括科目余额表、收支明细表、资产负债表、收益及收益分配表、各类内部管理报表，详见表8-2。

表8-2　农村集体经济组织会计报表体系

报表名称	编报期间	编报时必须遵守的要求
科目余额表	月度/季度	月度/季度报表的格式由各省、自治区、直辖市的财政部门或农村经营管理部门制定
收支明细表	月度/季度	

(续表)

报表名称	编报期间	编报时必须遵守的要求
资产负债表	年度	年度报表必须按照《村集体经济组织会计制度》在全国范围内统一格式、统一编号
收益及收益分配表	年度	
各类内部管理报表	不定期	各农村集体经济组织根据需要自行确定

二、应收款项类

农村集体经济组织应收款项是指农村集体经济组织在日常生产经营活动中发生的各种应收但尚未收到的款项。从其生产的来源看，可以区分为与外部单位、个人发生的应收预付款项，以及与其内部下属承包单位、农户之间的应收款项两种。本村与外单位之间的应收款项直接使用"应收款项"科目，本村与内部村民、组员、下属单位等的应收应付经济往来业务，则使用"内部往来"科目。

"内部往来"期末借方余额合计数反映下属单位、农户欠农村集体经济组织的款项总额；期末贷方余额合计数反映农村集体经济组织拖欠下属单位、农户的款项总额。

【例8-1】英达村集体经济组织销售20 000千克苹果给某超级市场，价格60 000元，款项尚未收到。

  借：应收款项——某超市　　　　　　　　　　　　　60 000
    贷：经营收入　　　　　　　　　　　　　　　　60 000

【例8-2】4日后，收到购货方交付的银行转账支票一张，用于偿付前欠款。

  借：银行存款　　　　　　　　　　　　　　　　　　60 000
    贷：应收款项——某超市　　　　　　　　　　　60 000

【例8-3】村委会调查发现，非本村债务人张某因破产已无力归还拖欠2年的2 800元购货款，经批准转做坏账处理。

  借：其他支出　　　　　　　　　　　　　　　　　　2 800
    贷：应收款项——张某　　　　　　　　　　　　2 800

【例8-4】村主任韩某到县城参加短期培训，预借差旅费5 000元，以现金支付。

  借：内部往来——韩某　　　　　　　　　　　　　　5 000
    贷：库存现金　　　　　　　　　　　　　　　　5 000

【例8-5】韩某出差回来报销差旅费，同时返还多余的现金200元。

  借：管理费用　　　　　　　　　　　　　　　　　　4 800
    库存现金　　　　　　　　　　　　　　　　　200
    贷：内部往来——韩某　　　　　　　　　　　　5 000

【例8-6】预收赵某承包果园押金10 000元，年底结算出村民赵某承包果园应交承包金30 000元。

  借：库存现金　　　　　　　　　　　　　　　　　　10 000
    贷：内部往来——赵某　　　　　　　　　　　　10 000
  借：库存现金　　　　　　　　　　　　　　　　　　20 000
    内部往来——赵某　　　　　　　　　　　　　10 000
    贷：发包及上交收入　　　　　　　　　　　　　30 000

【例8-7】为铺设有线电视网络,决定采用一事一议方式在全村筹资 120 000 元。
借:内部往来——全村农户　　　　　120 000
　　贷:一事一议资金　　　　　　　　　　　120 000

【例8-8】经动员,共收到用于铺设有线电视网络的一事一议资金 110 000 元,存入银行指定账户。
借:银行存款　　　　　　　　　　　110 000
　　贷:内部往来——相关农户名　　　　　　110 000

三、库存物资

为全面反映和监督村集体经济组织存货的入库、出库和结存情况,村集体经济组织应设置"库存物资"账户进行存货的核算。该账户属于资产类账户,借方登记因外购、自制、委托加工完成、盘盈等原因而增加的物资的实际成本,贷方登记发出、领用、对外销售、盘亏、毁损等原因而减少的物资的实际成本,余额在借方,反映期末库存物资的实际成本。村集体经济组织生产入库的农产品和工业产成品,按生产该产品所发生的物资成本、人工费用等各项支出计价,生产入库的农产品不再按国家订购价或该项农产品大宗上市时的市场平均价计价。有关账务处理举例如下。

【例8-9】村集体经济组织赊购村民李某玉米种子 200 千克,单价 10 元/千克。
借:库存物资——玉米种子　　　　　2 000
　　贷:内部往来——李某　　　　　　　　　2 000

【例8-10】村集体经济组织领用玉米种子 200 千克,计 2 000 元,化肥 4 吨,每吨 1 000 元,用于农田生产及施肥,发生村民张某临时工资劳务费用 2 000 元。
借:生产(劳务)成本　　　　　　　　8 000
　　贷:库存物资——化肥　　　　　　　　　4 000
　　　　库存物资——玉米种子　　　　　　　2 000
　　　　内部往来——张某　　　　　　　　　2 000

【例8-11】村集体经济组织直接经营收获玉米 10 000 千克,已验收入库。
借:库存物资——玉米　　　　　　　8 000
　　贷:生产(劳务)成本　　　　　　　　　8 000

【例8-12】村集体经济组织出售当年入库的玉米 10 000 千克,每千克 1 元,现金收讫。
借:库存现金　　　　　　　　　　　10 000
　　贷:经营收入　　　　　　　　　　　　　10 000
借:经营支出　　　　　　　　　　　8 000
　　贷:库存物资——玉米　　　　　　　　　8 000

四、农户资产类

(一) 农业资产的种类

农业资产是指村集体经济组织拥有的牲畜(禽)和林木方面的资源,包括牲畜(禽)资产和林木资产两大部分。从形态上看,农业资产主要为活的动物和植物等生物资产,生物资产又可分为消耗性生物资产、生产性生物资产和公益性生物资产。

牲畜(禽)资产可分为产役畜和幼畜及育肥畜。产役畜即产畜和役畜。产畜是指供繁殖、剪毛、产奶及产蛋用牲禽和家禽；役畜是指供劳动役用的牲禽。产畜和役畜在性质上属于劳动资料，因此属于生产性农业资产。幼畜及育肥畜是指未成龄的小畜禽，是牧业和农业生产发展的基础，属于消耗性农业资产。

林木资产可分为经济林木和非经济林木。林木资产对村集体经济组织有两项用途：一是林木资产作为生产工具，能够重复地生产出产品，如果树的果实等，这种用于作为村集体经济组织生产工具的林木资产称为经济林木，其特点在于能够重复地生产出相应的产品，因而其成本是通过不断地生产出的产品的售出而获得的补偿，其性质有点类似于固定资产，因此也将此类林木资产称为生产性林木资产；二是在砍伐后能够出售，实现其成本补偿。这种无法重复地提供某一类农产品，而是只有通过砍伐后售出才能获得其成本补偿的林木资产称为非经济林木，其性质有点类似于存货，也称为消耗性林木资产。由于两类林木资产的成本补偿方式不一致，在进行会计核算时必须将两类林木资产严格区分开来，单独进行核算。

(二) 农业资产的特点

农业资产就是牲畜(禽)资产的幼畜、育肥畜、产畜和役畜及林木资产的经济林木和非经济林木，其具有以下特点。

(1) 农业资产是活体的动植物，本身具有生物生长及转化能力，因此在持有期间必然有自然价值增值的过程，这将是会计核算的一个重点。

(2) 由于活体动植物的生命跨度相当大，既有几十天即可出笼屠宰的肉鸡，也有可以存活几十年甚至上百年的珍稀林木，因此，农业资产实际上兼具流动资产与固定资产的双重属性，而且在一定条件下二者可以相互转化，这也给会计核算增加了难度。

(3) 绝大多数的农业资产在存活期间都需要不断追加投资以保证其生长质量，因此如何区分不同存活期限的农业资产并采用不同方法分别进行后续支出计量，也成为该类资产所特有的会计业务。

(4) 对于具备了长期资产性质的农业资产，考虑到其在以后若干期间产生收益、发生支出，我们必须对其成本进行分摊。《村集体经济组织会计制度》统一规定了计提折旧的预计净残值率为5%，并要求按照扣除净残值后的余额直线摊销。

(三) 农业资产的计价原则

农业资产具有特殊性，其价值随着生物的出生、成长、衰老、死亡等自然规律和生产经营活动不断变化。为了适应这一特点，村集体经济组织的农业资产应按以下原则进行计价：购入的农业资产应按照其实际支付的买价、相关的运费、包装费、保险费及税金作为购入时的初始成本；幼畜及育肥畜的饲养费用、经济林木投产前的培植费用和非经济林木郁闭前的培植费用按实际成本计入相关资产成本；产役畜、经济林木投产后，应将其成本扣除预计残值后的部分在其正常生产周期内按直线法分期摊销，预计净残值率按照产役畜、经济林木成本的5%确定。

需要说明三点：一是产役畜的饲养费用及购入或营造的经济林木投产后发生的管护费均作为期间费用，计入各期的经营支出。非经济林木郁闭后发生的管护费用计入其他支出；二是已提足折耗但未处理的产役畜、经济林木不再摊销；三是农业资产死亡毁损时，按规定程序批准后，按实际成本扣除应由责任人或者保险公司赔偿的金额后的差额计入其他支出。

(四) 牲畜(禽)资产的会计处理

应该设置"牲畜(禽)资产"科目用以核算村集体经济组织购入或培育的牲畜(禽)的成本，下设"幼畜及育肥畜"和"产役畜"两个二级科目。其借方登记因购买、接受投资、接受捐赠等原因而增加的牲畜(禽)资产的成本，以及幼畜及育肥畜的饲养费用；贷方登记因出售、对外投资、死亡毁损等原因而减少的牲畜(禽)资产的成本，以及役畜的成本摊销。

(1) 村集体经济组织购入幼畜及育肥畜时，编制会计分录如下。

借：牲畜(禽)资产——幼畜及育肥畜(购买价及相关税费)
　　贷：现金、银行存款等

(2) 发生饲养费用时，编制会计分录如下。

借：牲畜(禽)资产——幼畜及育肥畜
　　贷：应付工资、库存物资、现金等

(3) 幼畜成龄转作产役畜时，按实际成本编制会计分录如下。

借：牲畜(禽)资产——产役畜
　　贷：牲畜(禽)资产——幼畜及育肥畜

(4) 产役畜发生饲养费用时，编制会计分录如下。

借：经营支出
　　贷：应付工资、库存物资、现金等

(5) 产役畜的成本扣除预计残值后的部分应在其正常生产周期内，按照直线法分期摊销时，编制会计分录如下。

借：经营支出
　　贷：牲畜(禽)资产——产役畜

(6) 幼畜及育肥畜和产役畜对外销售时，按照实现的销售收入编制会计分录如下。

借：现金、银行存款等
　　贷：经营收入

同时，按照销售牲畜的实际成本编制会计分录如下。

借：经营支出
　　贷：牲畜(禽)资产——产役畜

(7) 以幼畜及育肥畜和产役畜对外投资时，按照合同、协议确定的价值编制会计分录如下。

借：长期投资(协议合同价)
　　贷：牲畜(禽)资产(账面价)
借或贷：公积公益金(协议价与账面价之差)

(8) 牲畜死亡毁损时，按规定程序批准后编制会计分录如下。

借：应收款等(按照过失人及保险公司应赔偿的金额)
　　其他支出(如发生净损失，则按照扣除过失人和保险公司应赔偿金额后的净损失)
　　贷：牲畜(禽)资产(按照牲畜资产的账面价值)
　　　　其他收入(如产生净收益，按照过失人及保险公司应赔偿金额超过牲畜资产账面价值的金额)

(五) 牲畜(禽)资产的会计核算举例

【例 8-13】 英达村接受甲公司作为投资的成年奶牛 100 头，双方作价 500 000 元，预计可以产奶 5 年；接受某农场捐赠的成年绵羊 100 头，市场公允价值 400 000 元，预计可产羊毛 5

年；用银行存款购买种猪幼崽 200 只，共支付 20 000 元。

借：牲畜(禽)资产——产役畜——奶牛	500 000
——产役畜——绵羊	400 000
——幼畜及育肥畜——种猪	20 000
贷：资本——甲公司	500 000
公积公益金	400 000
银行存款	20 000

【例 8-14】第一年为饲养绵羊投入饲料 10 000 元，固定饲养人工 10 000 元，同时根据 5% 的预计净残值率为绵羊计提年折旧。

借：经营支出	20 000
贷：库存物资	100 000
应付工资	100 000

绵羊的年折旧额：$400\,000 \times (1-5\%) \div 5 = 76\,000$ 元

借：经营支出	76 000
贷：牲畜(禽)资产——产役畜——绵羊	76 000

【例 8-15】使用 4 年后，英达村将该批绵羊以 100 000 元出售给某肉食品加工厂，款项收到后存入银行。

确认收入时会计分录如下。

借：银行存款	100 000
贷：经营收入	100 000

结转该批绵羊的摊余成本：

$400\,000 - 4 \times 76\,000 = 96\,000$ 元(或 $76\,000 + 400\,000 \times 5\% = 96\,000$ 元)，即此时该批绵羊的摊余成本仅剩下第 5 年折旧额及净残值金额。

借：经营支出	96 000
贷：牲畜(禽)资产——产役畜——绵羊	96 000

【例 8-16】本年度为哺育该批种猪幼崽耗费库存饲料 10 000 元，固定饲养人工 10 000 元。

借：牲畜(禽)资产——幼畜及育肥畜——种猪	20 000
贷：库存物资	100 000
应付工资	100 000

【例 8-17】购入的第 2 年年初，该批种猪幼崽已经成年，预计可以使用 4 年，转为成年产役畜处理，并从本年年末开始计提该批成年猪折旧。

该批种猪幼崽在转化为成年产役畜时，总成本等于初始采购成本及采购当年追加的哺育性支出之和，即 $20\,000 + 20\,000 = 40\,000$ 元。

借：牲畜(禽)资产——产役畜——种猪	40 000
贷：牲畜(禽)资产——幼畜及育肥畜——种猪	40 000

在第 2 年年末该批种猪的年折旧额为：$40\,000 \times (1-5\%) \div 4 = 9\,500$ 元。

借：经营支出	9 500
贷：牲(畜)禽资产——产役畜——种猪	9 500

【例 8-18】第 3 年，作为维持性支出，英达村为该批种猪共投入饲料、人工、资金等合计 6 400 元。

借：经营支出	6 400	
贷：库存物资(应付职工薪酬、银行存款等)		6 400

【例 8-19】 第 4 年年末，英达村将该批种猪当中的 160 头以 10 000 元出售给肉食品加工厂，款项收到存入银行。

确认收入时会计分录如下。

借：银行存款　　　　　　　　　　　　　　　　10 000
　　贷：经营收入　　　　　　　　　　　　　　　　　10 000

结转该批种猪 80%(160÷200×100%)的摊余成本为(40 000 − 3×9 500)×80%＝9 200 元。

借：经营支出　　　　　　　　　　　　　　　　9 200
　　贷：牲畜(禽)资产——产役畜——种猪　　　　　　9 200

(六) 林木资产的会计核算

林木资产是指农村集体经济组织购入或自行营造的林木，一般分为经济林木和非经济林木两种。二者的区别之处在于经济林木主要用于生产果品、药材、工业原料及油制品等，而非经济林木主要是成年后木质本身可以使用的木材。从常见的树种来看，苹果树、桑树、橡胶树等是经济林木，槐树、松树、柳树等是非经济林木。

根据制度要求，我们分别设置了"林木资产——经济林木"和"林木资产——非经济林木"两个二级科目进行不同内容的核算。从会计核算的角度来看，经济林木在投产成林、能够创造经济价值以后，应视同为一项普通的长期资产在每期计提折旧；非经济林木在郁闭成林后，不需要每期计提折旧。

(1) 村集体经济组织购入经济林木时，编制会计分录如下。

借：林木资产——经济林木(按购买价及相关税费)
　　贷：现金、银行存款等

(2) 购入或营造的经济林木投产前发生的培植费用，编制会计分录如下。

借：林木资产——经济林木
　　贷：应付工资、库存物资等

(3) 经济林木投产后发生的管护费用，编制会计分录如下。

借：经营支出
　　贷：应付工资、库存物资等

(4) 经济林木投产后，其成本扣除预计残值后的部分应在其正常生产周期内，按照直线法摊销，编制会计分录如下。

借：经营支出科目
　　贷：林木资产——经济林木

(5) 村集体经济组织购入非经济林木时，编制会计分录如下。

借：林木资产——非经济林木(按购买价及相关税费)
　　贷：现金、银行存款等

(6) 购入或营造的非经济林木在郁闭前发生的培植费用，编制会计分录如下。

借：林木资产——非经济林木
　　贷：应付工资、库存物资等科目

(7) 非经济林木郁闭后发生的管护费用，编制会计分录如下。

借：其他支出
　　贷：应付工资、库存物资等科目

(8) 按规定程序批准后,林木采伐出售时,编制会计分录如下。
借:银行存款等(按照实现的销售收入)
　　贷:经营收入
同时,按照出售林木的实际成本编制会计分录如下。
借:经营支出
　　贷:林木资产
(9) 以林木对外投资时,编制会计分录如下。
借:长期投资等(合同、协议价值)
　　贷:林木资产(账面价)
借或贷:公积公益金科目(合同或协议确定的价值与林木资产账面价值之间的差额)
(10) 林木死亡毁损时,按规定程序批准后,编制会计分录如下。
借:应收款等(按照过失人及保险公司应赔偿的金额)
　　其他支出(如发生净损失,则按照扣除过失人和保险公司应赔偿金额后的净损失)
　　贷:林木资产(按照林木资产的账面价值)
　　　　其他收入科目(按照过失人及保险公司应赔偿金额超过林木资产账面价值的金额)

(七) 林木资产的会计核算举例

【例8-20】 英达村于本年年初购入梨树树苗一批,总价款24 000元,款项尚未支付;购买当年及次年分别投入培植费用6 000元;第3年年初,该批梨树苗投产成林,预计可正常产果6年,当年发生管护费用7 600元,并于当年年末首次为该梨树林木计提折旧;第7年年末,因发生火灾造成该批梨树完全毁损,经调查认定由保险公司按成本价赔偿4 000元,村护林员王某赔偿2 500元,余额计入当期支出。

(1) 第1年购入时,编制会计分录如下。
借:林木资产——经济林木——梨树　　　　　24 000
　　贷:应付款项　　　　　　　　　　　　　　　24 000

(2) 第1年培植开支,编制会计分录如下。
借:林木资产——经济林木——梨树　　　　　6 000
　　贷:库存物资(应付职工薪酬、银行存款等)　　6 000

(3) 第2年培植开支,编制会计分录如下。
借:林木资产——经济林木——梨树　　　　　6 000
　　贷:库存物资(应付职工薪酬、银行存款等)　　6 000

(4) 第3年年初,梨树苗已投产成林,此时该批林木总成本为:24 000+6 000+6 000=36 000元。
当年发生的管护费用如下。
借:经营支出　　　　　　　　　　　　　　　　7 600
　　贷:库存物资(应付职工薪酬、银行存款等)　　7 600
当年年底应计提折旧额为:36 000×(1-5%)÷6=5 700元。
借:经营支出　　　　　　　　　　　　　　　　5 700
　　贷:林木资产——经济林木——梨树　　　　　5 700
第4年至第7年折旧的会计分录与第3年相同。

(5) 截至第7年年末,该梨树林木的摊余价值为:36 000-5×5 700=7 500元,扣除应由保险公司及村护林员赔偿款项以外,差额部分计入其他支出。

借: 应收款项——保险公司	4 000
内部往来——王某	2 500
其他支出	1 000
贷: 林木资产——经济林木——梨树	7 500

假定其他条件不变,保险公司按照市场价格应赔偿 8 000 元,则分录如下。

借: 应收款项——保险公司	8 000
内部往来——王某	2 500
贷: 林木资产——经济林木——梨树	7 500
其他收入	3 000

【例8-21】英达村于本年年初购入杨树树苗一批,总价款 6 000 元,款项以银行存款支付;购买当年及次年分别投入培植费用 1 000 元;第 3 年年初,该批杨树苗郁闭成林,支付现金管护费用 600 元;第 5 年年末,英达村以该批杨树对外长期投资,双方约定交易价格为 10 000 元。

(1) 第 1 年购入时,编制会计分录如下。

| 借: 林木资产——非经济林木——杨树 | 6 000 |
| 贷: 银行存款 | 6 000 |

(2) 第 1 年培植开支,编制会计分录如下。

| 借: 林木资产——非经济林木——杨树 | 1 000 |
| 贷: 库存物资(应付职工薪酬、银行存款等) | 1 000 |

(3) 第 2 年培植开支,编制会计分录如下。

| 借: 林木资产——非经济林木——杨树 | 1 000 |
| 贷: 库存物资(应付职工薪酬、银行存款等) | 1 000 |

(4) 第 3 年年初,杨树苗已郁闭成林,此时该批林木总成本为:6 000+1 000+1 000=8 000 元。当年发生的管护费用如下。

| 借: 其他支出 | 600 |
| 贷: 库存现金 | 600 |

(5) 截至第 5 年年末,该批杨树林木的总成本仍然是第 3 年年初郁闭成林时的历史成本 8 000 元。

借: 长期投资	10 000
贷: 林木资产——非经济林木——杨树	8 000
公积公益金	2 000

假定其他条件不变,假定双方约定该批杨树的交易价格为 6 500 元,则分录如下。

借: 长期投资	6 500
公积公益金	1 500
贷: 林木资产——非经济林木——松树	8 000

五、固定资产核算

按照《村集体经济组织会计制度》的规定,村集体经济组织的房屋、建筑物、机器、设备、工具、器具和农业基本建设设施等,凡使用年限在一年以上,单位价值在 500 元以上的列为固定资产。由于村集体经济组织兼具生产经营和社区管理的双重职能,用于社区管理和公益事业的固定资产,如村办小学和敬老院的房屋、建筑物、设备、车辆等,虽然不能给村集体经济组织带来直接的经济利益,但能为村集体经济组织提供服务潜能,也列入村集体经济组织的固定资产,也应该按照使用年限和净产值计提折旧。对于之前没有计提折旧的固定资产,按使用年限补提折旧或当成新的固定资产从现在开始计提折旧。

固定资产按经济用途可分为生产经营用固定资产和非生产经营用固定资产。生产经营用固定资产是指直接用于生产经营或生产服务的各种固定资产,如生产经营用房屋及建筑物、机器、设备、工具、器具及农业基本建设设施等;属于农业基本建设设施的固定资产,如晒场、水渠、道路、桥涵、贮窖、堤坝、水库、鱼池、水塘、蓄水池等。非生产经营用固定资产指不直接用于生产经营或生产服务的各种固定资产,如医务室、广播站、幼儿园、学校、文化活动室等的用房、设备等。

在建工程完工后,对不形成固定资产的工程支出(如:修路、清理鱼塘、平整学校操场、农业基本设施维护等)应分别做如下账务处理:①小于10万元的,必须结转到"经营支出""其他支出"等科目;②等于或大于10万元的,应先结转到"固定资产"科目,然后再通过计提"折旧"来进行续期摊销,但每年摊销不应少于10万元。

> **注意:**
> 工程项目完工后即使不转入"固定资产"科目,发生的工程项目也都应该通过"在建工程"科目核算。

【例8-22】2021年6月,英达村委会为村办小学平整操场发生支出20 000元,清理鱼塘发生支出20 000元,上述款项已用信用社存款支付。两项工程完工后,均未形成固定资产。

(1) 发生时,编制会计分录如下。
借:在建工程——平整学校操场　　　　　　　　　　　20 000
　　　　　　——清理鱼塘　　　　　　　　　　　　　20 000
　　贷:银行存款——信用社　　　　　　　　　　　　　　40 000

(2) 完工结转时,编制会计分录如下。
借:其他支出——平整学校操场　　　　　　　　　　　20 000
　　经营支出——清理鱼塘　　　　　　　　　　　　　20 000
　　贷:在建工程——平整学校操场　　　　　　　　　　　20 000
　　　　　　　——清理鱼塘　　　　　　　　　　　　　20 000

假设上例清理鱼塘支出为120 000元,以信用社存款支付,账务处理如下。

(1) 发生时,编制会计分录如下。
借:在建工程——清理鱼塘　　　　　　　　　　　　　120 000
　　贷:银行存款——信用社　　　　　　　　　　　　　　120 000

(2) 结转时,编制会计分录如下。
借:固定资产——鱼塘整治　　　　　　　　　　　　　120 000
　　贷:在建工程——清理鱼塘　　　　　　　　　　　　　120 000

(3) 摊销(第1年),编制会计分录如下。
借:经营支出——清理鱼塘　　　　　　　　　　　　　100 000
　　贷:累计折旧——鱼塘整治　　　　　　　　　　　　　100 000

(4) 摊销(第2年),编制会计分录如下。
借:经营支出——清理鱼塘　　　　　　　　　　　　　20 000
　　贷:累计折旧——鱼塘整治　　　　　　　　　　　　　20 000

村集体经济组织由于生产经营的需要，有时需对原有固定资产进行改建或扩建。改建扩建后固定资产按原有固定资产的账面价值，加上由于改建扩建而增加的支出，减去改建扩建过程中发生的变价收入后的余额作为固定资产的原值。在原有固定资产的基础上进行改建扩建，不增加固定资产数量，只增加其价值。

村集体经济组织的固定资产，统一采用"平均年限法"按月计提折旧；生产经营用固定资产计提的折旧，计入"生产(劳务)成本或经营支出"科目；管理用固定资产计提的折旧，计入"管理费用"科目；公益性用途等固定资产计提的折旧，计入"其他支出"科目。计提固定资产折旧时，以月初应提折旧的固定资产账面原值为依据，当月增加的固定资产当月不提折旧，从下月起计提折旧；当月减少的固定资产当月照提折旧，从下月起停止计提。

固定资产因不适用或不需用而出售、因使用期满无使用价值正常报废、因发生意外事故造成毁损等，都会引起固定资产的减少，由这些原因引起减少的固定资产应对其进行清理，固定资产清理核算是通过"固定资产清理"账户进行的。

【例8-23】村集体经济组织一台机器设备毁损，其账面原价为40 000元，累计已计提折旧10 000元，支付清理费用1 000元，残料变价收入2 000元。

(1) 注销机器原价及累计折旧，会计分录如下。
借：固定资产清理　　　　　　　　　　30 000
　　累计折旧　　　　　　　　　　　　10 000
　　　贷：固定资产　　　　　　　　　　　　40 000

(2) 支付清理费用，会计分录如下。
借：固定资产清理　　　　　　　　　　1 000
　　　贷：银行存款　　　　　　　　　　　　1 000

(3) 取得残料变价收入，会计分录如下。
借：银行存款　　　　　　　　　　　　2 000
　　　贷：固定资产清理　　　　　　　　　　2 000

(4) 结转设备毁损损失，会计分录如下。
借：其他支出　　　　　　　　　　　　29 000
　　　贷：固定资产清理　　　　　　　　　　29 000

若相应残料变价收入大于固定资产清理余额，则做相反的会计分录，借记"固定资产清理"，贷记"其他收入"。

六、对外投资类

《村集体经济组织会计制度》根据持有目的及时间将对外投资划分为短期投资与长期投资两种。短期投资指能够随时变现并且持有时间不准备超过一年(含一年)的股票、债券等有价证券投资。长期投资指不准备在一年内(不含一年)变现的有价证券投资。在整个投资业务核算中，始终贯穿着一条简化核算的操作原则。这是因为对于村级组织而言，从事对外有价证券、实务投资的业务数量少、金额小，而且往往局限在与本村组织有直接生产上下游关系的企业、个人上。在不影响会计信息使用的大前提下，农村集体经济组织会计对短期投资、长期投资业务均做出了适当简化的处理。

(一) 短期借款

农村集体经济组织在取得短期投资时，假如购买的股票、债券、基金实际支付价格中包含已宣告但尚未领取的现金股利、已到付息期但尚未收到的债券利息的,该部分股利、利息不再单独列示,而是直接计入短期投资的取得成本中;以后实际收到该股利、利息的,直接冲减对应金额的短期投资取得的成本。

【例8-24】英达村于2021年3月6日以银行存款购入X公司股票。该股票单价2.7元,共10 000股,另支付交易税费2 600元。购买时,该股票每股含有已宣告但尚未实际支付的股利0.3元。3月10日,X公司将上述股利存入英达村组织银行账户中。4月10日,英达村以27 400元将X股票卖出。

(1) 3月6日,购入该股票的成本为:$2.7 \times 10\,000 + 2\,600 = 29\,600$元。

借:短期投资——X股票　　　　　　　　　　　29 600
　　贷:银行存款　　　　　　　　　　　　　　　　　29 600

(2) 3月10日,收到股利为:$0.3 \times 10\,000 = 3\,000$元。

借:银行存款　　　　　　　　　　　　　　　　3 000
　　贷:短期投资——X股票　　　　　　　　　　　　3 000

(3) 4月10日,出售该股票时,总成本为:$29\,600 - 3\,000 = 26\,600$元。

借:银行存款　　　　　　　　　　　　　　　　27 400
　　贷:短期投资——X股票　　　　　　　　　　　　26 600
　　　　投资收益　　　　　　　　　　　　　　　　　800

(二) 长期投资

农村集体经济组织在进行长期投资核算时实质上采用了成本法的核算模式,对于发生的投资损益直接计入"投资收益"科目,不考虑投资收益是否冲减初始投资成本,收回投资时按实际收回价款或价值与账面价值的差额计入"投资收益"科目。

【例8-25】英达村于2021年3月6日以银行存款购入Y公司股票。该股票单价2.7元,共10 000股,另支付交易税费2 600元。2021年5月15日,Y公司宣告发放2020年股利,每股0.2元。2021年5月22日,上述款项存入英达村银行账户中。2022年4月10日,以31 500元将Y股票卖出,另支付相关税费2 400元。

(1) 2021年3月6日,购入该股票的成本为:$2.7 \times 10\,000 + 2\,600 = 29\,600$元。

借:长期投资——Y股票　　　　　　　　　　　29 600
　　贷:银行存款　　　　　　　　　　　　　　　　　29 600

(2) 2021年5月15日,Y公司宣告股利后,应收股利为:$0.2 \times 10\,000 = 2\,000$元。

借:应收款项——应收股利　　　　　　　　　　2 000
　　贷:投资收益　　　　　　　　　　　　　　　　　2 000

(3) 2021年5月22日,收到股利。

借:银行存款　　　　　　　　　　　　　　　　2 000
　　贷:应收款项——应收股利　　　　　　　　　　　2 000

(4) 2022年4月10日,出售该股票的所得为:$31\,500 - 2\,400 = 29\,100$元。

借:银行存款　　　　　　　　　　　　　　　　29 100
　　投资收益　　　　　　　　　　　　　　　　　500
　　贷:长期投资——Y股票　　　　　　　　　　　　29 600

七、应付职工薪酬类

在农村集体经济组织进行薪酬核算时,将应该支付给管理人员、固定员工的报酬总额计入"应付工资"科目;将来源于农村组织的集体收益用于农村集体教科文卫支出、生活困难补助、抚恤金等的支出归入"应付福利费"科目核算。新制度中,对应付福利费下设了 18 个固定二级科目,包括"福利费结存""计划生育""五保户、烈军属""困难、低保""学校""幼儿园""治安""丧葬费补助""老人退休补助""征兵民兵""环境卫生""公共设施维护""文体活动""路灯费用""农村医疗保险""农村养老保险""农民失业保险""其他"。同时,针对在劳动过程中雇佣的临时人员,一般通过"内部往来"或"应付款项"科目进行核算。

【例 8-26】英达村考核上月员工出勤情况,并分别计算出不同部门员工的薪酬,具体如下。

(1) 本村固定在编人员工资为:管理人员 6 000 元,生产劳动人员 10 000 元,牲畜(禽)饲养人员 3 000 元,密闭非经济林木护理人员 2 000 元,村在建发电厂施工人员 4 000 元。

(2) 本期因自建发电厂导致务农人手短缺,临时雇佣外来人员培植经济林木幼苗,工资 1 000 元。

(1) 固定人员工资:
借:管理费用 6 000
  生产(劳务)成本 10 000
  牲畜(禽)资产 3 000
  其他支出 2 000
  在建工程 4 000
  贷:应付工资 25 000

(2) 临时外来务工人员工资:
借:林木资产 1 000
  贷:应付款项 1 000

【例 8-27】英达村研究决定从本年度实现的收益当中提取 10 000 元计入福利费项目,同时支付本村五保户赵某生活补助现金 1 000 元,支付吴某军烈属优抚款项 1 500 元。

(1) 提取福利费:
借:收益分配——各项分配 10 000
  贷:应付福利费 10 000

(2) 支付各种福利费:
借:应付福利费——五保户(赵某) 1 000
        ——军烈属(吴某) 1 500
  贷:库存现金 2 500

八、一事一议资金类

《村集体经济组织会计制度》中的一事一议资金,是指因兴办生产、公益事业,按照一事一议的原则由农村集体经济组织出面筹集的专项资金,该筹资方案一经通过就形成了本村集体经济组织的长期负债。在我国不断进行农村地区税费改革的大前提下,通过一事一议的方式向广大村民筹资已经成为集体公益事业开发的主要资金来源。

一事一议资金在用途上主要面向农村农田水利建设、村级公路维修、农村环保植树造林、农村集体用生产设备等，在实务中存在筹资与酬劳两种类型。通过一事一议资金筹集的款项，与流动负债下应付福利费的区别在于：应付福利费更倾向于直接补助到村民成员手中，金额小，补助行为瞬间完成，受众零星分散；一事一议资金用于村集体大型公用公益事业，金额大，收益持续时间长，基本上涵盖了本村级单位的全体成员。

村集体组织使用一事一议资金后，可能购建某种有形资产，通过在建工程结转至固定资产；也可能完成某项修桥补路的具体劳务，不形成固定资产。二者的核算差异表现在前者最终会增加一项固定资产，而后者一般作为期间费用计入管理费用或其他支出；二者相似之处在于最终都要将一事一议资金结转至公积公益金科目。

【例8-28】 英达村打算下半年购买2台风力发电机，用于满足本村日益增长的生产生活需求，于7月1日研究决定采取一事一议资金方式筹资140 000元。7月10日村民将上述款项足额缴存到指定银行账户。7月16日发电机运抵本村，共支付117 000元，其后发生安装调试费21 000元，于7月23日投产使用。

(1) 7月1日，通过一事一议资金方案，会计分录如下。

借：内部往来——全体村民　　　　　　　140 000
　　贷：一事一议资金——发电机　　　　　　　140 000

(2) 7月10日，资金筹足，会计分录如下。

借：银行存款　　　　　　　　　　　　　140 000
　　贷：内部往来——全体村民　　　　　　　　140 000

(3) 7月16日，购入发电机，会计分录如下。

借：在建工程——发电机　　　　　　　　117 000
　　贷：银行存款　　　　　　　　　　　　　　117 000

(4) 发生安装调试费，会计分录如下。

借：在建工程——发电机　　　　　　　　21 000
　　贷：银行存款(应付款项、库存物资等)　　　21 000

(5) 7月23日，正式投产使用，会计分录如下。

借：固定资产——发电机　　　　　　　　138 000
　　贷：在建工程——发电机　　　　　　　　　138 000

(6) 完工后，将实际使用的一事一议资金转入公积公益金账户，会计分录如下。

借：一事一议资金——发电机　　　　　　138 000
　　贷：公积公益金　　　　　　　　　　　　　138 000

九、"公积公益金"科目

"公积公益金"科目核算村集体经济组织从收益中提取的和其他来源取得的公积公益金。从收益中提取公积公益金时，借记"收益分配"科目，贷记本科目。收到应计入公积公益金的征用土地补偿费及拍卖荒山、荒地、荒水、荒滩等使用权价款，或者收到由其他来源取得的公积公益金时，借记"银行存款"科目，贷记本科目。收到捐赠的资产时，借记"银行存款""库存物资""固定资产"等科目，贷记本科目。按国家有关规定，并按规定程序批准后，公积公益金转增资本、弥补福利费不足或弥补亏损时，借记本科目，贷记"资本""应付福利费"或"收益分配"科目。本科目的期末贷方余额，反映村集体经济组织的公积公益金数额。

【例8-29】英达村收到征地补偿费200万元,按国家规定不低于80%分配给农户,其余集体留存。

借:银行存款　　　　　　　　　　　　　　　　　　　　　2 000 000
　　贷:应付款——征地补偿费——农户　　　　　　　　　　　2 000 000
借:应付款——征地补偿费——农户　　　　　　　　　　　　1 600 000
　　贷:库存现金　　　　　　　　　　　　　　　　　　　　1 600 000
借:应付款——征地补偿费——农户　　　　　　　　　　　　400 000
　　贷:公积公益金　　　　　　　　　　　　　　　　　　　400 000

任务小结

农村集体经济组织会计,在确认、计量时仍然坚持"会计主体、持续经营、会计分期、货币计量"四大基本假设和"权责发生制"这一会计基础,但在一些具体核算规则上则有着自身的特点。村集体经济组织应实行统一核算和分散核算相结合的两级核算体制,设置了六大会计要素,即资产、负债、所有者权益、收入、支出和收益。在会计科目的设置上,根据村集体经济组织的实际经营特点,设置一些专用会计科目。为适应村集体经济组织会计基础工作现状,一些核算内容和方法大大简化。应收款项分为"应收款项"科目和"内部往来"科目,分别核算集体组织与外部和内部的往来款。生产入库的农产品不再按国家订购价或该项农产品大宗上市时的市场平均价计价,而是按成本计价。农业资产是指村集体经济组织拥有的牲畜(禽)和林木方面的资源,包括牲畜(禽)资产和林木资产两大部分。一事一议资金,是指因兴办生产、公益事业,按照一事一议的原则由农村集体经济组织出面筹集的专项资金,该筹资方案一经通过就形成了本村集体经济组织的长期负债。

任务考核

一、选择题

1. 农村集体应付福利费从(　　)提取。
   A. 应付工资　　　B. 经营收入　　　C. 本年收益　　　D. 公积公益金
2. 以下属于村集体其他收入项目的是(　　)。
   A. 经营收入　　　　　　　　　　　B. 发包及上交收入
   C. 补助收入　　　　　　　　　　　D. 罚款收入
3. 一事一议资金属于(　　)类科目。
   A. 资产　　　　　B. 负债　　　　　C. 成本　　　　　D. 所有者权益
4. 国家征用集体土地给农户的补偿部分形成集体负债,留存部分形成集体组织的(　　)。
   A. 资产　　　　　B. 负债　　　　　C. 成本　　　　　D. 所有者权益
5. 村集体组织使用一事一议资金后,最终将转至(　　)科目。
   A. 长期借款　　　B. 短期借款　　　C. 公积公益金　　D. 股本
6. 农村集体经济组织会计报表体系包括(　　)。
   A. 科目余额表　　　　　　　　　　B. 收支明细表
   C. 资产负债表　　　　　　　　　　D. 收益及收益分配表
7. 农村集体经济组织农业资产计提折旧的预计净残值率为(　　)。
   A. 10%　　　　　B. 1%　　　　　　C. 2%　　　　　　D. 5%

二、分录题

英达村村委会 2021 年 12 月发生如下经济业务。

(1) 1 日，接受某外资粮农组织捐赠人民币 20 万元，款项存入银行。

(2) 2 日，归还本月到期的 3 年期银行长期借款，本金 30 万元，最后一期利息 2 万元。

(3) 2 日，为筹措农副产品收购款，从丙信用社借入 3 个月借款 6 万元，规定年利率 6%，到期一次还本付息。

(4) 3 日，为准备越冬施肥，用银行存款 14 万元购买化肥一批，当日收到化肥，存入仓库。

(5) 4 日，从丁物资公司赊购苹果树幼苗一批，约定价格 19 万元。幼苗运抵本村，立即支付现金 1 万元用于培植费用。

(6) 5 日，开出银行转账支票一张，交付给丁物资公司，票面金额 29 万元，用于偿还本次购买苹果树苗款及上月拖欠款项 10 万元。

(7) 7 日，村技术员李旺到县城参加为期一周的农机技术培训班学习，预借差旅费现金 0.5 万元。

(8) 10 日，购入一台需要安装的活塞式抽水机，支付银行存款 7 万元，在安装过程中投入银行存款 1 万元，使用了价值 2 万元的库存零件，完工后正常投入使用。

(9) 11 日，计提本月固定资产折旧 2 万元，其中农用生产设备 1.7 万元，村委会办公设备 0.3 万元。

(10) 14 日，计提上月本村应支付的工资。其中固定在编人员工资为：管理人员 1 万元，生产劳动人员 5 万元，牲畜(禽)饲养人员 2 万元，林木护理人员 3 万元，临时雇外来人员培植经济林木幼苗，工资 1 万元。

(11) 15 日，从银行提取现金 14 万元，除支付上述各项工资 12 万元外，还直接支付了应发的各项福利费总计 2 万元。

(12) 16 日，李旺出差回来，返还多余的现金 0.1 万元。

(13) 19 日，收到上月销售农产品应收款项 15 万元，存入银行。

(14) 21 日，计算出村民刘某应缴纳的鱼塘承包收入 8 万元，暂未收到款项。

请编制会计分录。

三、综合测评

(1) 英达村 2021 年 1 月购入幼驴 100 头，每头幼驴 480 元，运输费 2 000 元；购入 50 头幼牛，价值 30 000 元，全部用银行存款支付。

(2) 2021 年购买的幼畜发生的费用如下：应付养驴人员工资为 10 000 元，喂驴用的饲料为 14 000 元；养牛人员工资为 12 000 元，喂牛用的饲料为 18 000 元。

(3) 2021 年 12 月 31 日，英达村当年购买的 100 头幼驴已经成龄，转为役畜。

(4) 2022 年 1 月，英达村饲养役畜驴发生费用 10 000 元，用银行存款支付。

(5) 2022 年 1 月 3 日，英达村开始摊销役畜驴的成本。役畜驴预计使用 8 年，制度规定净残值率为成本的 5%。

知识链接

公益性生物资产，是指以防护、环境保护为主要目的的生物资产，包括防风固沙林、水土保持林和水源涵养林等，公益性生物资产不计提减值准备。

关键词汇中英对照

村集体组织	Village Collective Organizations
内部往来	Inter Office Account
一事一议	One Project One Discussion
林木资产	Forest Assets
库存物资	Stock Material

任务二　农民专业合作社会计核算

任务引入

专业合作社并非我国农村地区所特有，从世界范围来看，目前国际上最大的"非政府组织"恰恰是"国际合作社联盟"。隶属于该组织体系内的数千个不同行业、产业的合作社，为全球尤其是经济欠发达地区的经济发展、社会进步做出了不可磨灭的贡献。联合国2009年12月21日通过了一项决议，宣布2012年为"国际合作社年"。另外，在我国农民合作社发展较成熟的地区，已经尝到合作社甜头的社员正在筹建更高层次的"农民专业合作社联社"。种种迹象表明，专业合作社这种特殊的组织形式今后仍将具有长期的生命力。农民专业合作社是在农村家庭承包经营的基础上，同类农产品的生产经营或者同类农业生产经营服务的提供者、利用者，实行自愿联合、民主管理的互助性经济组织。经工商行政管理部门批准后，农民专业合作社取得法人资格。农民专业合作社组织将在今后中国农村经济改革中发挥重要作用。

一、农民专业合作社组织会计

（一）农民专业合作社概述

农民专业合作社是农民自愿参加的，以农户经营为基础，以某一产业或产品为纽带，以增加成员收入为目的，实行资金、技术、采购、生产、加工、销售等互助合作的经济组织。农民专业合作社以其成员为主要服务对象，提供与农业生产经营有关的技术、信息等服务。农民专业合作社的定义不包括农村地区现有的信用合作社、供销社和农村集体经济组织。

我国2007年7月1日实施的《中华人民共和国农民专业合作社法》，确立了农民专业合作社的市场主体地位。农民专业合作社应当遵循以下原则：成员以农民为主体，以服务成员为宗旨，谋求全体成员的共同利益；入社自愿、退社自由；成员地位平等，实行民主管理；盈余主要按照成员与农民专业合作社的交易量(额)比例返还。

农民专业合作社依照《中华人民共和国农民专业合作社法》登记，取得法人资格。这种特殊的组织形式，不同于任何其他的市场主体，农民专业合作社对由成员出资、公积金、国家财政直接补助、他人捐赠及合法取得的其他资产所形成的财产，享有占有、使用和处分的权利，并以上述财产对债务承担责任。农民专业合作社成员以其账户内记载的出资额和公积金份额为限对农民专业合作社承担责任。国家保护农民专业合作社及其成员的合法权益,任何单位和个人不得侵犯。

《财政部 国家税务总局关于农民专业合作社有关税收政策的通知》规定,对农民专业合作社销售本社成员生产的农业产品,视同农业生产者销售自产农业产品免征增值税。增值税一般纳税人从农民专业合作社购进的免税农业产品,可按9%的扣除率计算抵扣增值税进项税额。对农民专业合作社向本社成员销售的农膜、种子、种苗、化肥、农药、农机,免征增值税。

(二) 农民专业合作社会计特点

农民专业合作社会计与农村集体经济组织会计和其他企业会计有着明显的区别,农民专业合作社会计更具备专业化经济组织的特点。我国由财政部颁布并于2008年1月1日起实施的《农民专业合作社财务会计制度》,充分体现了以下特点。

(1) 农民专业合作社会计核算要为成员设立单独账户,准确记载成员的出资、量化到该成员的公积金份额及该成员与本社的交易量等。

(2) 将成员和非成员的交易分别核算。

(3) 将国家财政补助、他人捐赠及当年依法提取的公积金按比例量化到每个成员,以明晰合作社与成员的财产关系,保护成员的合法权益。

(4) 计算当年可分配盈余时,要根据法律和章程的规定分别计算,按交易量(额)计算可返还的数额,至少不能低于可分配盈余的60%。

(5) 在核算成员出资及股金时有特殊要求,股份不同,权利权益亦不同。

(6) 会计核算的结果应定期向成员公开。

(7) 退社成员财产关系处理具有特殊性。

(三) 农民专业合作社会计科目

我国在2007年7月1日实施了《中华人民共和国农民专业合作社法》的基础上,于2008年1月1日配套实行《农民专业合作社财务会计制度(试行)》,为变革农村生产关系提供了有力的法律保障。农民专业合作社财会制度设置了资产类、负债类、所有者权益类、成本类、损益类等37个一级会计科目(见表8-3),并为极少数可能涉及特殊业务的合作社设置了4个特殊科目。这些会计科目多数与企业的会计科目相似或相近,各个合作社都应按制度要求组织会计核算工作。但是,针对农民专业合作社法人的特殊性,《农民专业合作社财务会计制度》设置了一些富有特色的会计科目,如成员往来、委托加工物资、委托代销商品、委托代购商品、受托代销商品、应付盈余返还等科目。农民专业合作社组织在进行负债业务核算时,需要注意如下两个方面。

1. 合作社应付款项的核算范围

在合作社会计制度规定的应付款项内容中,包含了"成员往来"贷方的余额合计数。严格来说,"成员往来"贷方表示合作社拖欠本社成员的款项,既有立即可偿还也有准备在长时间分次偿还部分,因此将"成员往来"贷方的余额按时间标准分别归集到流动负债、长期负债为宜。但是从简化操作的角度出发,在不影响信息使用的前提下,合作社会计制度规定"成员往来"期末贷方的余额直接以其合计数字归集到流动负债的"应付款项"项目中。

2. 关于合作社支付给成员的报酬

合作社会计制度规定,应支付给本社管理人员、固定成员的日常工资、奖金、津贴、补助等通过"应付职工薪酬"科目核算,不再单设"应付职工薪酬——职工福利"。在年末向本社成员分配盈余时,使用"应付盈余返还""应付剩余盈余"科目。

表8-3 农民专业合作社会计科目表

顺序号	科目编号	科目名称	顺序号	科目编号	科目名称
		资产类	19	211	应付款项
1	101	库存现金	20	212	应付职工薪酬
2	102	银行存款	21	221	应付盈余返还
特1	109	其他货币资金	22	222	应付剩余盈余
3	113	应收款项	23	231	长期借款
4	114	成员往来	24	235	专向应付款项
5	121	产品物资			**所有者权益类**
特2	122	包装物	25	301	股金
6	124	委托加工物资	26	311	专项基金
7	125	委托代销商品	27	321	资本公积
8	127	受托代购商品	28	322	盈余公积
9	128	受托代销商品	29	331	本年盈余
10	131	对外投资	30	332	盈余分配
11	141	牲畜(禽)资产			**成本类**
12	142	林木资产	31	401	生产成本
特3	149	其他农业资产			**损益类**
13	151	固定资产	32	501	经营收入
14	152	累计折旧	33	502	其他收入
15	153	在建工程	34	511	投资收益
16	154	固定资产清理	35	521	经营支出
17	161	无形资产	36	522	管理费用
特4	171	长期待摊费用	37	529	其他支出
		负债类			
18	201	短期借款			

(四) 农民专业合作社会计报表的特点

根据《农民专业合作社财务会计制度》的规定，农民专业合作社除应编制资产负债表、盈余及盈余分配表、收支明细表外，还要求编制成员权益变动表、成员账户和财务状况说明书，并应规定向有关部门及时报送财务报告，报表体系构成见表8-4。各级农村经营管理部门，应对所辖地区报送的财务报告进行审查，然后逐级汇总上报，并在规定时间内报送农业农村部。

表8-4 农民专业合作社会计报表体系

报表名称	编报时间	编报时必须遵循的要求
科目余额表	月度/季度	月报/季度报表的格式由各省、自治区、直辖市的财政部门或农村经营管理部门制定
收支明细表	月度/季度	
资产负债表	年度	年度报表必须按照《农民专业合作社财务会计制度(试行)》在全国范围内统一格式、统一编号
盈余及盈余分配表	年度	
成员权益变动表	年度	
各类内部管理报表	不定期	各农村集体经济组织根据需要自行确定

二、合作社资产的核算

(一) 库存现金和银行存款

库存现金和银行存款的核算与农村集体经济组织核算没有区别,与企业会计核算也没有区别。

【例8-30】兴农专业合作社从开户信用社提取现金5 000元备用,该业务导致合作社的现金增加及银行存款减少,会计核算如下。

　　借: 库存现金　　　　　　　　　　　　　　　　　5 000
　　　　贷: 银行存款　　　　　　　　　　　　　　　　5 000

【例8-31】兴农专业合作社临时工朱丽出差时借款3 000元,以现金付讫,会计核算如下。

　　借: 应收款项——朱丽　　　　　　　　　　　　　3 000
　　　　贷: 库存现金　　　　　　　　　　　　　　　　3 000

(二) 应收款项类

农民合作社在生产经营过程中发生的应收款项按照对象可以划分为对外、对内两类。凡是本社与外单位、个人产生的应收预付款,均通过"应收款项"科目核算;凡是本社与合作社社内农户、单位发生的应收应付款项,均通过"成员往来"科目核算。对比农村集体会计制度来看,对外业务从科目名称到核算内容保持一致;对内业务的科目名称则从"内部往来"变成了"成员往来"。另外,合作社会计还要使用"成员往来"科目完成对内部社员的盈余分配。

【例8-32】兴农专业合作社本期销售给新大地商业批发行苹果一批,成本10 000元,售价20 000元;销售给新天地连锁超市蔬菜一批,成本15 000元,售价18 000元。

　　确认收入,会计分录如下。
　　借: 应收款项——新大地　　　　　　　　　　　　20 000
　　　　　　　　——新天地　　　　　　　　　　　　18 000
　　　　贷: 经营收入　　　　　　　　　　　　　　　38 000

　　结转成本,会计分录如下。
　　借: 经营支出　　　　　　　　　　　　　　　　　25 000
　　　　贷: 产品物资——苹果　　　　　　　　　　　　10 000
　　　　　　产品物资——蔬菜　　　　　　　　　　　　15 000

【例8-33】收到新大地交付的转账支票20 000元,存入银行;接到法院通知,新天地超市因经营不善破产,本社作为债权人可获得破产清偿财产2 000元,款项存入银行。

　　收到新大地款项,会计分录如下。
　　借: 银行存款　　　　　　　　　　　　　　　　　20 000
　　　　贷: 应收款项——新大地　　　　　　　　　　　20 000

　　收到新天地超市破产财产分配,会计分录如下。
　　借: 银行存款　　　　　　　　　　　　　　　　　2 000
　　　　其他支出　　　　　　　　　　　　　　　　　16 000
　　　　贷: 应收款项——新天地超市　　　　　　　　　18 000

【例8-34】兴农专业合作社向本社果农朱军销售化肥一批,成本2 000元,售价3 000元,款项尚未收到。

确认收入，会计分录如下。
借：成员往来——朱军　　　　　　　　　3 000
　　贷：经营收入　　　　　　　　　　　　　　　3 000
结转成本，会计分录如下。
借：经营支出　　　　　　　　　　　　2 000
　　贷：产品物资　　　　　　　　　　　　　　　2 000

【例8-35】合作社用银行存款为果农朱军代垫优质果树苗采购款10 000元；朱军上月上交合作社的水果中有部分未达到本社收购协议要求，按约定对其处以1 000元的罚款。
借：成员往来——朱军　　　　　　　　11 000
　　贷：银行存款　　　　　　　　　　　　　　　10 000
　　　　其他收入　　　　　　　　　　　　　　　1 000

【例8-36】本月收购朱军水果一批，总价款6 000元。收购时支付60%贷款，余款待下月结清。
借：产品物资　　　　　　　　　　　　6 000
　　贷：银行存款　　　　　　　　　　　　　　　3 600(6 000×60%)
　　　　成员往来——朱军　　　　　　　　　　　2 400

【例8-37】年终结算前，确认本年度应该返还朱军盈余18250元，分配剩余盈余2 650元，将上述款项转入朱军个人的成员账户。
借：应付盈余返还——朱军　　　　　　18 250
　　应付剩余盈余——朱军　　　　　　2 650
　　贷：成员往来——朱军　　　　　　　　　　　20 900

【例8-38】确认本年度合作社与朱军之间的"成员往来"科目借贷方发生额，并以银行存款为朱军结清相关款项(假定双方本年度只发生上述交易)。
合作社应收款(成员往来借方)＝3 000＋11 000＝14 000元
合作社应付款(成员往来贷方)＝2 400＋20 900＝23 300元
合作社尚拖欠朱军款＝23 300－14 000＝9300元，以银行存款结清。
借：成员往来——朱军　　　　　　　　9 300
　　贷：银行存款　　　　　　　　　　　　　　　9 300

(三) 存货类

农民专业合作社会计制度在处理存货资产的问题上，主要侧重于分清存货的性质。凡是本社自产自用类存货，均使用"产品物资"科目，并根据不同的实物形态分设材料、低值易耗品、包装物、产成品等明细科目。凡是本社委托给外单位、个人代加工或代销售的存货，使用"委托加工物资""委托代销物资"科目核算。凡是本社接受下属社员委托代购、代销的存货，则使用"委托代购商品""受托代销商品"专属科目进行核算。

"产品物资"与村集体会计制度中的"库存物资"近似，"委托加工物资"与企业会计准则的核算要求类似，下面将重点讨论合作社与内部社员之间的存货交易。

【例8-39】兴农专业合作社接受村民赵某以稻谷进行投资。双方协商作价12 000元，赵某在合作社中享有10 000元的资本金份额。

借：产品物资——材料——稻谷	12 000	
贷：股金——赵某		10 000
资本公积		2 000

【例8-40】 兴农专业合作社本期培育新品樱桃一批，共发生种肥农药、人工培植等支出7 000元，樱桃验收入库，结转生产成本。

借：产品物资——产成品(樱桃)	7 000	
贷：生产成本		7 000

【例8-41】 兴农专业合作社本月4日收到村民钱某60 000元存款，为其采购新品樱桃幼树一批。10日采购完毕，共支付50 000万元价款，合作社按本社协议收取2%的手续费。该批树苗验收后交付给钱某，同时返还剩余购货款。

(1) 收到购货款，会计分录如下。

借：银行存款	60 000	
贷：成员往来——钱某		60 000

(2) 采购完毕，收到树苗，会计分录如下。

借：受托代购商品	50 000	
贷：银行存款		50 000

(3) 10日，扣除手续费、返还多余金额，并结清内部交易，会计分录如下。

借：内部往来——钱某	60 000	
贷：受托代购商品		50 000
经营收入		1 000(50 000×2%)
银行存款		9 000

【例8-42】 兴农专业合作社5日接受本社农户李某委托，为其代卖3吨大蒜，双方约定销售价格为4 500元。7日该批大蒜售出，实际取得销售收入4 800元，款项存入银行。8日，结清内部交易。

(1) 5日，接受代销委托，会计分录如下。

借：受托代销商品	4 500	
贷：成员往来——李某		4 500

(2) 7日，收到销售款，会计分录如下。

借：银行存款	4 800	
贷：受托代销商品		4 500
经营收入		300

(3) 8日，结清内部交易，会计分录如下。

借：成员往来——李某	4 500	
贷：银行存款		4 500

(4) 若7日实际销售收入为4400元，则会计分录如下。

借：银行存款	4 400	
经营支出	100	
贷：受托代销商品		4 500

(四) 对外投资类

考虑到合作社实际发生的投资行为较少，合作社财务会计制度在规定投资业务核算时本着简化处理的原则,将村集体制度中的"短期投资""长期投资"合并表述为"对外投资"。"对外投资"科目的使用与村集体会计制度的要求相同,并且不再区分投资行为的目的与持有期长短。合作社可以用于对外投资的资产类型包括货币资金、实物资产、无形资产等。

【例8-43】 兴农专业合作社8日在证券市场购入某公司股票30 000元,其中包含已宣告但尚未支付的股息3 000元,另支付手续费300元。下月10日,以31 000元的价格将该股票售出。

(1) 8日,购入股票,会计分录如下。

借:对外投资　　　　　　　　　　　　　　　　30 300
　　贷:银行存款　　　　　　　　　　　　　　　　30 300

(2) 下月10日,售出股票,会计分录如下。

借:银行存款　　　　　　　　　　　　　　　　31 000
　　贷:对外投资　　　　　　　　　　　　　　　　30 300
　　　　投资收益　　　　　　　　　　　　　　　　　700

(五) 固定资产类

合作社的固定资产包括房屋、建筑物、机器、设备、工具、器具和农业基本建设设施等劳动资料,凡使用年限在一年以上,单位价值在500元以上的列为固定资产。有些主要生产工具和设备,单位价值虽低于规定标准,但使用年限在一年以上的也可列为固定资产。固定资产取得包括购入和自行建造两种形式,自行建造的固定资产又分为自营工程和出包工程两种。

1) 自营工程

自营工程通过"在建工程"科目进行核算,核算合作社为工程所发生的实际支出,以及改扩建工程等转入的固定资产净值。

2) 出包工程

出包工程是指合作社以出包方式进行的自制、自建固定资产工程,工程的具体支出由承包单位核算。采用这种方式建造固定资产,合作社将与承包单位结算的工程价款作为工程成本,通过"在建工程"核算,此时,"在建工程"科目为合作社与承包单位的结算科目。

【例8-44】 兴华养猪合作社建造饲料加工车间一座,发包给建筑公司,工程价款450 000元,预付工程价款300 000元,工程完工验收合格后,补付剩余工程价款150 000元。

(1) 以银行存款预付工程价款时,会计分录如下。

借:在建工程——出包工程　　　　　　　　　　300 000
　　贷:银行存款　　　　　　　　　　　　　　　300 000

(2) 工程完工验收合格后,以银行存款补付工程价时,会计分录如下。

借:在建工程——出包工程　　　　　　　　　　150 000
　　贷:银行存款　　　　　　　　　　　　　　　150 000

(3) 结转工程成本时,会计分录如下。

借:固定资产　　　　　　　　　　　　　　　　450 000
　　贷:在建工程——出包工程　　　　　　　　　450 000

对不形成固定资产的工程支出,如修路、维护农业基本设施等,应结转"经营支出""其他支出"等账户。

(六) 无形资产类

农民专业合作社财务会计制度将无形资产固定为合作社必须列报的资产类一级科目,体现了合作社比农村集体经济组织更接近于现代企业的特征。合作社无形资产核算与企业会计准则的明显不同之处在于合作社会计制度不考虑自行研制、开发无形资产的投入。凡是合作社自行研发的无形资产,直接按照依法申请取得无形资产时发生的注册费、律师费等实际支出,借记"无形资产"。另外,为简化核算,合作社会计制度规定无形资产从使用之日起,按直线法分期平均摊销,摊销年限不超过10年。

【例8-45】兴农专业合作社自行研究出一项新品樱桃树苗的嫁接培植技术,按法律程序向专利主管部门申请取得专利,支付相关注册费1 200元,律师费800元。

借:无形资产　　　　　　　　　　　　　　2 000
　　贷:银行存款　　　　　　　　　　　　　　　2 000

【例8-46】接上例,兴农合作社认为该项培植技术可以领先同行5年,因此决定以5年时间按照直线法计提折旧。

借:管理费用　　　　　　　　　　　　　　400(2000/5)
　　贷:无形资产　　　　　　　　　　　　　　　400

三、合作社负债的核算

(一) 应付盈余类

合作社对本社成员进行盈余分配可分为两个阶段:首先按交易量(额)分配,其次按出资额、累积额分配。在不同的分配阶段使用不同的会计科目进行核算。

1. 按交易量(额)分配

"应付盈余返还"科目专门用来核算合作社可分配盈余中应按成员与本社交易量(额)返还给成员的金额。根据合作社会计制度的规定,按交易量(额)返还的盈余额度不得低于可分配盈余的60%。

【例8-47】兴农专业合作社2021年度弥补亏损、提取公积后的可分配盈余为300 000元,本社章程规定返还总额为可分配盈余的80%。该年度本社与社员交易总额为1 000 000元,其中农户甲、乙、丙交易额分别为100 000元、50 000元、80 000元。合作社根据各自交易额占全社成员总交易额的比例计提盈余,并用银行存款结清。

(1) 本年可分配盈余中应返还社员的金额如下。

300 000×80% = 240 000元

(2) 甲、乙、丙农户各自的交易额比例如下。

甲:(100 000 / 1 000 000)×100% = 10%

乙:(50 000 / 1 000 000)×100% = 5%

丙:(80 000 / 1 000 000)×100% = 8%

(3) 计算甲、乙、丙各自应分得盈余额度如下。

甲:240 000×10% = 24 000元

乙:240 000×5% = 12 000元

丙:240 000×8% = 19 200元

(4) 计提应分配盈余,会计分录如下。

借:盈余分配——各项分配　　　　　　　　55 000
　　贷:应付盈余返还——甲　　　　　　　　　24 000
　　　　　　　　　　——乙　　　　　　　　　12 000
　　　　　　　　　　——丙　　　　　　　　　19 200

借：应付盈余返还——甲	24 000	
——乙	12 000	
——丙	19 200	
贷：成员往来——甲		24 000
——乙		12 000
——丙		19 200

(5) 用银行存款支付盈余，会计分录如下。

借：成员往来——甲	24 000	
——乙	12 000	
——丙	19 200	
贷：银行存款		55 000

2. 按出资额、累积额分配

"应付剩余盈余"科目是指合作社在按交易量(额)分配盈余以后，利用可分配盈余的剩余部分再次对社员进行分配的盈余。根据合作社会计制度规定，合作社应该综合考虑：①成员账户中记载的出资额；②成员账户中记载的公积金份额；③国家财政直接补助和他人捐赠形成财产平均量化到成员账户中的份额。该次分配集中体现了农民专业合作社"资合"的特点。

【例8-48】接上例，根据章程规定，兴农专业合作社将剩余盈余中的总额15%部分对社员进行再次分配。2021年年末兴农专业合作社所有者权益合计300 000元。本社农户丁个人账户记载的出资额1 500元、资本公积与盈余公积之和1 000元、专项基金500元。本社企业A农资供销公司账户记载的出资额40 000元、资本公积与盈余公积之和18 000元、专项基金2 000元。合作社分别计提上述剩余盈余，并以银行存款结清。

(1) 本年可供分配的剩余盈余金额如下。

300 000×15%＝45 000元

(2) 农户丁、企业A剩余盈余分配比例如下。

农户丁：(1 500＋1 000＋500)/300 000＝1%

企业A：(40 000＋18 000＋2 000)/300 000＝20%

(3) 农户丁、企业A应分得的剩余盈余金额如下。

农户丁：45 000×1%＝450元

企业A：45 000×20%＝9 000元

(4) 计提剩余盈余，会计分录如下。

借：盈余分配——各项分配	9 450	
贷：应付剩余盈余——丁		450
——A		9 000
借：应付剩余盈余——丁	450	
——A	9 000	
贷：成员往来——丁		450
——A		9 000

(5) 用银行存款支付盈余，会计分录如下。

借：成员往来——丁	450	
——A	9 000	
贷：银行存款		9 450

(二) 专项应付类

专项应付款项是指合作社接受国家财政直接补助而收到的货币资金。根据合作社会计制度的要求,首先将该笔资金列为合作社的债务,以后在使用过程中结转为使用期当期费用或形成某项实物资产、无形资产。

【例8-49】 兴农专业合作社收到县政府下拨的农业补助资金100 000元,存入银行。

借:银行存款　　　　　　　　　　　　　　100 000
　　贷:专项应付款　　　　　　　　　　　　　100 000

【例8-50】 兴农专业合作社使用上述财政补助当中的26 000元为技术员秦某支付参加省农机技术培训班培训费。

借:专项应付款　　　　　　　　　　　　　　26 000
　　贷:银行存款　　　　　　　　　　　　　　26 000

【例8-51】 兴农专业合作社使用上述财政补助当中的45 000元购买一台不需要安装的专用设备。

借:固定资产　　　　　　　　　　　　　　　45 000
　　贷:银行存款　　　　　　　　　　　　　　45 000

同时,按规定将该笔专项应付款转入专项基金。

借:专项应付款　　　　　　　　　　　　　　45 000
　　贷:专项基金　　　　　　　　　　　　　　45 000

四、合作社所有者权益的核算

(一) 专项基金类

同村集体组织会计制度相比,农民专业合作社会计制度再次恢复了资本公积与盈余公积两个一级科目,以此分别核算生产过程与非生产过程产生的公积金。另外,合作社会计制度中完全不同于企业会计、村集体会计的一点是增设了"专项基金"科目,用来核算合作社接受国家财政补助或接受捐赠的内容。"专项基金"与前述负债类要素中"专项应付款项"的区别在于二者是一项多环节复杂业务中先后两个不同的核算步骤。合作社接受国家的货币性补助,首先作为一项负债计入"专项应付款项",在以后的使用过程中假如利用该资金形成了某项非货币资产,则应在增加某项非货币资产的同时转销"专项应付款项"。该账务处理充分体现了国家财政对合作社的政策扶持。

【例8-52】 兴农专业合作社接受某国际粮农组织捐赠农用仪器一批,价值20 000元。

借:固定资产　　　　　　　　　　　　　　　20 000
　　贷:专项基金——捐赠资金　　　　　　　　20 000

(二) 本年盈余

本年盈余是指农民专业合作社在一定期间(月、季、年)内生产组织经营和提供劳务服务活动所取得的净收入,即总收入与总支出的差额,它反映农民专业合作社一定期间的财务成果,是反映和考核农民专业合作社生产经营和提供劳务服务活动质量的一项综合性财务指标。

农民专业合作社本年盈余总额按下列公式计算:

$$盈余总额 = 经营收益 + 其他收入 - 其他支出$$

其中：

经营收益＝经营收入＋投资收益－经营支出－管理费用

为了反映和监督农民专业合作社盈余的总体情况，合作社应设置"本年盈余"账户，用于核算合作社在年度内实现的盈余(或亏损)总额，该账户属于权益类账户。会计期末结转本年盈余时，将"经营收入"和"其他收入"账户的余额转入本账户的贷方，同时将"经营支出""管理费用"和"其他支出"账户的余额转入本账户的借方。"投资收益"账户的净收益，转入本账户的贷方，如为投资净损失，则转入本账户的借方。

年度终了，应将本年收入和支出相抵后结出的本年实现的盈余，转入"盈余分配"账户贷方，如为净亏损，则转入"盈余分配"账户的借方，结转后本账户应无余额。

(1) 结转各项收入，会计分录如下。

借：经营收入
　　其他收入
　　贷：本年盈余

(2) 结转各项支出，会计分录如下。

借：本年盈余
　　贷：经营支出
　　　　管理费用
　　　　其他支出

(3) 结转投资盈余，会计分录如下。

借：投资收益
　　贷：本年盈余

(4) 转账后，根据借贷方发生额之差，转入"盈余分配"账户，会计分录如下。

借：本年盈余
　　贷：盈余分配——未分配盈余

(三) 盈余分配

农民专业合作社的盈余分配，是指把当年已经确定的盈余总额连同以前年度的未分配盈余按照一定的标准进行合理分配。盈余分配是合作社财务管理和会计核算的重要环节，关系到合作社及其成员的切身利益，具有很强的政策性。因此，合作社必须严格遵守法律、法规和章程等有关规定，按要求搞好盈余分配工作。

农民专业合作社在进行年终盈余分配工作以前，要准确地核算全年收入和支出，清理财产和债权、债务，搞好代购代销和劳务服务合同的结算兑现，结清有关账目，真实完整地登记成员个人账户，确保盈余分配及时兑现，保障盈余分配工作的顺利进行。

农民专业合作社在做好各项准备工作的基础上，按照《中华人民共和国农民专业合作社法》和《农民专业合作社会计制度》，编制当年的盈余分配方案，经农民专业合作社成员大会批准后，方可执行。盈余分配的顺序如下。

(1) 弥补亏损。合作社用本年度的盈余直接弥补以前年度的亏损。

(2) 提取盈余公积。合作社的盈余公积主要用于弥补亏损、扩大再生产或者转为成员出资。

(3) 盈余返还。合作社弥补亏损和提取公积金后的可分配盈余，按成员与本社交易量(额)比例返还，返还总额不得低于可分配盈余的 60%。

(4) 剩余盈余分配。合作社按前项规定返还后的剩余部分，以成员账户中记载的出资额和公积金份额，以及本社接受国家财政直接补助和他人捐赠形成的财产平均量化到成员的份额，按比例分配给本社成员。

【例8-53】 兴农专业合作社本年度实现盈余12 000元,根据经批准的盈余分配方案,按本年盈余的5%提取公积金。提取盈余公积后,当年可分配盈余的70%按成员与本社交易额比例返还给成员,其余部分平均分配给全体成员。

(1) 结转本年盈余时,会计分录如下。

借:本年盈余	12 000
贷:盈余分配——未分配盈余	12 000

(2) 提取公积金时,按规定的比例计算出提取金额(12 000×5%=600),会计分录如下。

借:盈余分配——各项分配——提取公积金	600
贷:盈余公积	600

(3) 按成员与本社交易额比例返还盈余时,根据成员账户记录的成员与本社交易额比例,计算出返还给成员的金额(12 000 - 600)×70%=7 980元,会计分录如下。

借:盈余分配——各项分配——盈余返还	7 980
贷:应付盈余返还——所有成员的总金额	7 980

(4) 分配剩余盈余时,根据成员账户记录的成员出资额和公积金份额,以及国家财政直接补助和他人捐赠形成的财产平均量化到成员的份额,按比例分别计算出分配给每个成员的金额。返还给成员的其余部分的总金额为12 000 - 600 - 7 980=3 420元,会计分录如下。

借:盈余分配——各项分配——分配剩余盈余	3 420
贷:应付剩余盈余——所有成员的总金额	3 420

(5) 结转各项分配时,会计分录如下。

借:盈余分配——未分配盈余	12 000
贷:盈余分配——各项分配	2 000

任务小结

农民专业合作社财会制度设置了资产类、负债类、所有者权益类、成本类、损益类等37个一级会计科目,针对农民专业合作社法人的特殊性,设置了一些富有特色的会计科目,如成员往来、委托加工物资、委托代销商品、委托代购商品、受托代销商品、应付盈余返还等。农民合作社在生产经营过程中发生的应收款项按照对象可以划分为对外、对内两类。凡是本社自产自用类存货,均使用"产品物资"科目,"产品物资"与村集体会计制度中的"库存物资"近似。合作社对本社成员进行盈余分配可分为两个阶段:首先按交易量(额)分配,其次按出资额、累积额分配。在不同的分配阶段使用不同的会计科目进行核算。专项应付款项是指合作社接受国家财政直接补助而收到的货币资金。根据合作社会计制度的要求,首先将该笔资金列为合作社的债务,以后在使用过程中结转为使用期当期费用或形成某项实物资产、无形资产。

任务考核

一、填空题

1. 在合作社会计制度规定的应付款项内容中,包含了( )贷方的余额合计数。
2. 凡是本社自产自用类存货,均使用( )科目,并根据不同的实物形态分设( )、( )、( )、( )等明细科目。
3. 合作社财务会计制度在规定投资业务核算时本着简化处理的原则,将村集体制度中的

( )、( )合并表述为( )。

4. 合作社对本社成员进行盈余分配可分为两个阶段：首先按( )分配，其次按( )、( )分配。

5. 专项应付款项是指合作社接受( )而收到的货币资金，首先将该笔资金列为合作社的( )，以后在使用过程中结转为使用期当期费用或形成( )、( )。

二、分录题

沈阳兴盈果木种植合作社是一家2008年成立的农民专业合作社，2021年有关固定资产核算的部分经济业务如下。

(1) 3月5日，合作社以存款3 000元购买水泵一台，用现金支付运杂费、安装费350元。

(2) 2月10日，合作社购买电脑一台，用银行存款支付价款5 000元。

(3) 5月4日，合作社建办公室3间，用银行存款购各种材料价值30 000元，用现金支付工人工资6 000元，运杂费4 000元，现建成投入使用。

(4) 6月18日，合作社收到市科委捐赠的全新电脑一台，价值6 000元。

(5) 7月29日，合作社出售农用车一台，账面价值3 000元，已提折旧2 000元，出售时，用现金支付清理费400元，双方协议价1 000元，款项已收。

请根据以上资料编制相关会计分录。

三、综合测评

某合作社收到国家直接财政补助资金10万元，其中7万元用来购买办公室，1万元用来购买电脑，1万元用来做农业技术推广，1万元用于成员培训。如何进行会计核算？

知识链接

《农民专业合作社会计制度》所列示的一级科目中，没有渔业资产，但在附注中指出，可以根据需要增设"其他农业资产"一级科目。考虑到目前已经有不少专业的养鱼合作社，这些合作社的主业即为养鱼，从会计核算重要性原则出发，像这类以渔业为主的合作社，可以将其他农业资产科目直接变更为渔业资产，其科目编号即使用"其他农业资产"科目编号。

关键词汇中英对照

农民专业合作社	Farmers' Professional Cooperatives
专项应付款	Special Payables
应付盈余	Surplus Payable
产品物资	Product Supplies
交易量	Trading Volume
交易额	Turnover

参考文献

[1] 傅胜. 行业会计比较[M]. 大连：东北财经大学出版社，2011.
[2] 柴庆娇. 行业会计实务[M]. 北京：化学工业出版社，2008.
[3] 刘晓峰. 多种经营会计[M]. 北京：机械工业出版社，2011.
[4] 黄启国. 行业会计比较[M]. 北京：高等教育出版社，2014.
[5] 财政部会计资格评价中心. 初级会计实务[M]. 北京：中国财政经济出版社，2015.